MEDAT ✚ BIOLOGIE
DAS ÜBUNGSBUCH
1. AUFLAGE

Zuschriften, Lob und Kritik bitte an

MedGurus Verlag
Am Bahnhof 1
74670 Forchtenberg
Deutschland

Email: buecher@medgurus.de

Bibliografische Information der Deutschen Nationalbibliothek

Die Deutsche Nationalbibliothek verzeichnet diese Publikation in der Deutschen Nationalbibliografie; detaillierte bibliografische Daten sind im Internet über http://dnb.dnb.de abrufbar.

Alle Rechte vorbehalten
© by MedGurus Verlag · Hetzel, Lechner, Pfeiffer GbR, Forchtenberg

1. Auflage März 2016

Layout: Marte Kiessling
Umschlag: Baska Wolna
Satz: Leonie Ambrosius
Lektorat: Eva Zaumberger, Katrin Koziol, Leonie Lang

Druck und Bindung: Schaltungsdienst Lange oHG, Berlin

Das Werk einschließlich aller seiner Teile ist urheberrechtlich geschützt. Jede Verwertung außerhalb der engen Grenzen des Urheberrechtsgesetzes ist ohne Zustimmung des Verlages unzulässig und strafbar. Das gilt insbesondere für Vervielfältigungen, Übersetzungen, Mikroverfilmungen und die Einspeicherung und Verarbeitung in elektronischen Systemen.

Printed in Germany ISBN-13: 978-3-944902-29-6

INHALTSVERZEICHNIS

1 **VORWORT** 6

2 **ALLGEMEINES** 8

    2.1 Fragestellung im BMS 9

    2.2 Lernstoff 10

    2.3 Bücherempfehlungen Biologie 11

    2.4 MC-Fragen 12

    2.5 Lob, Kritik und Anregungen 12

3 **CYTOLOGIE** 14

    3.1 Eukaryonten 14

    3.2 Zellmembran 15

    3.3 Zytoplasma 17

    3.4 Zellorganellen 17

        3.4.1 Zellkern 18

        3.4.2 Mitochondrien 19

        3.4.3 Endoplasmatisches Retikulum 20

        3.4.4 Ribosomen 20

        3.4.5 Golgi-Apparat 21

        3.4.6 Lysosomen 22

        3.4.7 Zentriolen 22

        3.4.8 Zytoskelett 23

        3.4.9 Zell-Kontakte 24

    3.5 Zilien, Flagellen (Geißeln), Microvilli 25

    3.6 Stofftransport in der Zelle 27

    3.7 Mitose und Meiose 27

4 **GENETIK ALLGEMEIN** 32

    4.1 Gene, Chromosomen und Genom 32

    4.2 Mendel'sche Regeln und Vererbung 34

    4.3 Gen-Kopplung und Crossing-over 40

    4.4 Nicht-chromosomale Vererbung der Mitochondrien 41

    4.5 Mutationen und deren Auslöser 42

5 GENETIK AUF MOLEKULARER EBENE 48

5.1 DNA Aufbau, Replikation, Reparatur 48
5.2 RNA und Splicing 52
5.3 Genetischer Code 53
5.4 Aufbau eukaryotischer Gene 54
5.5 Proteinbiosynthese 55

6 FORTPFLANZUNG UND ENTWICKLUNG DES MENSCHEN 60

6.1 Der weibliche Zyklus 60
6.2 Oogenese und die Eizelle 64
6.3 Spermien und Spermatogenese 64
6.4 Befruchtung und Embryonalentwicklung 65
6.5 Aufbau und Funktion der Plazenta 71

7 EVOLUTION 76

7.1 Chemische Evolution 76
7.2 Biogenese und Protobionten (Vorläuferzellen) 78
7.3 Endosymbiontentheorie 78
7.4 Grundeigenschaften des Lebens 79
7.5 Darwins Evolutionstheorie 80
7.6 Artbegriff und Artenbildung 82
7.7 Evolutionsfaktoren 83
7.8 Die Entwicklung des Menschen 87

8 ÖKOLOGISCHE ASPEKTE 90

8.1 Wechselbeziehungen zwischen Organismus und Umwelt 90
8.2 Biotische und abiotische Faktoren 91
8.3 Lebensraum, Population und ökologische Nische 92
8.4 Biologisches Gleichgewicht und Energiefluss in Ökosystemen 95

9 DER KÖRPER DES MENSCHEN – GRUNDLAGEN 98

9.1 Definition von Gewebe 99
9.2 Verdauungssystem, Ernährung 104

	9.3	Herz- und Gefäßsystem	108
	9.4	Atmungssystem	112
	9.5	Nervensystem	114
	9.6	Sinnesorgane	120
	9.7	Blut	124
	9.8	Lymphe und lymphatische Gewebe	127
	9.9	Immunsystem	129
	9.10	Hormonsystem	134
	9.11	Niere und ableitende Harnwege	137
	9.12	Geschlechtsorgane	139
	9.13	Haut	141

10 ANTWORTBOGEN 144

11 LÖSUNGSSCHLÜSSEL 150

12 ANTWORTEN 155

	12.1	Cytologie	155
	12.2	Genetik allgemein	165
	12.3	Genetik auf molekularer Ebene	172
	12.4	Fortpflanzung und Entwicklung des Menschen	177
	12.5	Evolution	182
	12.6	Ökologische Aspekte	190
	12.7	Der Körper des Menschen – Grundlagen	194

13 BUCHEMPFEHLUNGEN 216

14 LITERATURVERZEICHNIS 218

1 VORWORT

Danke für den Erwerb des Übungsbuchs **Biologie im MedAT.**

Hinter dem Namen **MedGurus** steht eine Initiative von motivierten Medizinstudenten und inzwischen fertigen Ärzten, die es sich zur Aufgabe gemacht haben Medizininteressierten zu ihrem Studienplatz zu verhelfen. Es ist uns ein Anliegen Chancengleichheit bei der Vorbereitung auf den Medizinertest herzustellen und keine Selektion durch überteuerte Vorbereitungskurse und -materialien zu betreiben. Wir haben daher in den vergangenen Jahren viel Zeit und Herzblut in die Erstellung von Vorbereitungskursen und Übungsmaterialien für den Medizinaufnahmetest investiert, um Dir diese Bücher und Kurse zu studentisch fairen Preisen anbieten zu können. In dieser Zeit hatten wir das Glück und die Gelegenheit mehrere hundert Medizininteressierte auf ihrem Weg zum Studienplatz begleiten zu dürfen.

Das Konzept unserer Buchreihe ist simpel. Der Leitfaden zum MedAT erklärt umfangreich und anhand von Beispielen die Lösungsstrategien für die einzelnen Untertests. Daneben gibt es unsere Übungsbücher zu den jeweiligen Untertests, die ausreichend Aufgaben bereitstellen, um die Lösungsstrategien ausgiebig einzustudieren. Dabei werden unsere Bücher regelmäßig auf den neusten Stand gebracht und an die ständigen Änderungen im MedAT angepasst.

Für Dein Feedback zu unseren Büchern haben wir immer ein offenes Ohr. Deine Wünsche, Anregungen und Verbesserungsvorschläge setzen wir gerne um. Wir sind für Dich unter folgender E-Mail-Adresse erreichbar: **buecher@medgurus.de** Du findest uns auch unter **www.facebook.com/medgurus** bzw. „MedGurus Vorbereitung & Verlag". Hier veröffentlichen wir auch regelmäßig Neuigkeiten zum Test.

Übrigens werden fünf Prozent der Gewinne der **MedGurus** für karitative Zwecke gespendet. Detaillierte Informationen zu unseren geförderten Projekten findest Du auf unserer Homepage **www.medgurus.de.**

Jetzt wünschen wir Dir viel Spaß bei der Bearbeitung, eisernes Durchhaltevermögen für die Vorbereitung und nicht zuletzt großen Erfolg für den MedAT!

Dein Autorenteam

Anselm Pfeiffer, Alexander Hetzel und Constantin Lechner

Mehr unter **www.medgurus.de** – **Eine Initiative von und für Studenten**

Wenn Du der Meinung bist, dass dieses Buch zu Deinem Erfolg im MedAT beitragen konnte, dann vergiss uns nicht. Sag Danke mit einer Bewertung auf **amazon.de**

EINLEITUNG

2 ALLGEMEINES

Der „Basiskenntnistest für medizinische Studien", kurz „BMS" ist Teil der Aufnahmeprüfung „MedAT" für das Medizinstudium in Österreich. Er ist sowohl Bestandteil des MedAT-H (Humanmedizin), als auch MedAT-Z (Zahnmedizin). Der „BMS" ist ein Wissenstest, der schulisches Vorwissen im Bereich Naturwissenschaften abprüft. Der Test setzt sich aus vier Fächern zusammen. Im **MedAT 2016** stehen für 94 Fragen 75 Minuten Bearbeitungszeit zur Verfügung. Die Fragen werden ausschließlich auf deutsch gestellt und entsprechen Matura bzw. Abiturniveau. Untenstehend ist beispielhaft der Aufbau des MedAT-H abgebildet. Der Aufbau des BMS und die Anzahl der darin abgeprüften Fragen sind im MedAT-Z identisch.

Testteil	Untertest	Aufgabenanzahl	Zeitvorgabe	Zeit/Aufg.	Punkte	Wertung
Basiskenntnistest für medizinische Studien	Biologie	40	30 Min.	0:45 Min.	40	40 %
	Chemie	24	18 Min.	0:45 Min.	24	
	Physik	18	16 Min.	0:53 Min.	18	
	Mathematik	12	11 Min.	0:55 Min.	12	
Textverständnis	5 Texte	12	35 Min.	2:55 Min.	12	10 %
Vormittag gesamt		106	110 Min		106	50 %
Mittagspause 1 Stunde						
Kognitive Fähigkeiten und Fertigkeiten	Figuren zusammensetzen	15	20 Min.	1:20 Min.	15	40 %
	Merkfähigkeit Einprägungsphase	8 Ausweise	8 Min.	1:00 Min.		
	Zahlenfolgen	10	15 Min.	1:30 Min.	10	
	Implikationen erkennen	10	10 Min.	1:00 Min.	10	
	Merkfähigkeit Abrufphase	25	15 Min.	0:36 Min.	25	
	Wortflüssigkeit	15	20 Min.	1:20 Min.	15	
Soziales Entscheiden	je 5 Entscheidungen	10	15 Min.	1:30 Min.	10	10 %
Nachmittag gesamt		85	103 Min.		85	50 %
MedAT-H gesamt		191	213 Min.		191	100 %

Der BMS ist der Einstieg in den MedAT. Sowohl im Aufnahmetest für Zahn-, als auch für Humanmediziner wird der BMS am Vormittag gestellt. Die Fragen werden nach Stoffgebieten sortiert abgefragt und die Bearbeitungszeit ist pro Fach genau festgelegt.

2.1 FRAGESTELLUNG IM BMS

Wie bei allen Aufgaben im MedAT gibt es auch hier fünf Auswahlmöglichkeiten (A) bis (E), von denen nur eine richtig ist. Für jede richtig gelöste Frage wird 1 Punkt vergeben, für jede falsch gelöste Aufgabe 0 Punkte. Es gibt also keinen Punktabzug für eine falsch gelöste Aufgabe.

Die Fragen können auf zwei unterschiedliche Art und Weisen gestellt werden. Die erste Möglichkeit sind **Einzelaussagen.**

Wie unterscheiden sich Tier- und Pflanzenzellen?

(A) Tierzellen besitzen keine Mitochondrien.
(B) Pflanzenzellen haben keinen Golgiapparat und keine Ribosomen.
(C) Tierzellen haben keine Zellwand, keine Vakuole und keine Chloroplasten.
(D) Pflanzenzellen besitzen Geißeln und Plasmide.
(E) Pflanzenzellen speichern ihre Energie in Form von Glykogen.

In diesem Bsp. wäre Aussage (C) richtig.

Die zweite Möglichkeit sind **Kombinationsfragen** mit ein bis n möglichen Aussagen. Dabei wurden im MedAT 2013 bis zu sieben Aussagen gestellt, die es zu überprüfen galt.

Welche Aussage(n) zu Ribosomen trifft/treffen zu?

I. Ribosomen dienen bei der Zellteilung zur Ausbildung der Spindelfasern.
II. Ribosomen kommen nicht in Bakterien vor.
III. An den Ribosomen findet die Transkription statt.
IV. Mit Hilfe der Ribosomen werden die t-RNA-Moleküle hergestellt.
V. Ribosomen dienen der Proteinbiosynthese.
VI. Ribosomen sind Makromoleküle aus Proteinen und Ribonukleinsäure.
VII. Ribosomen kommen im Zytoplasma, in Mitochondrien und in den Chloroplasten vor.
(A) I., III. und VII. sind richtig
(B) II. und VI. sind richtig.
(C) III., V., VI. und VII. sind richtig.
(D) V., VI. und VII. sind richtig.
(E) Alle sind richtig.

In diesem Bsp. wäre Antwort (D) zutreffend.

2.2 LERNSTOFF

Die Stichwortlisten des VMC Graz gibt Dir eine Übersicht über den prüfungsrelevanten Stoff. Das Inhaltsverzeichnis des Buches bildet die Stichwortliste ab und zusätzlich findest Du zu Beginn eines jeden Buchkapitels den Lernstoff übersichtlich dargestellt. Dieser wurde durch folgende Punkte erweitert:

1. Klare Definition schwammig formulierter Überbegriffe. Weitläufige Sammelbegriffe haben wir für Dich durch präzise Themenangaben ersetzt, um deinen Lernrahmen genau abzustecken.

2. Gewichtung der Themenblöcke durch Schwerpunkte, die in den letzten Jahren im MedAT verstärkt abgefragt wurden. Diese Themenbereiche sind durch „MedAT 2013, 2014 oder 2015" gekennzeichnet.

TIPP! Diese Schwerpunktthemen sollten in Deiner Vorbereitung besondere Berücksichtigung finden, da einige Themen wiederholt abgefragt wurden. Da die Testfragen aus einem Pool zusammengestellt werden, der sich aus bewährten und an den Testteilnehmern der letzten Jahre geprüften Fragen zusammensetzt, ist die Wahrscheinlichkeit hoch, dass sich auch in den Folgejahren einige Fragen wiederholen werden.

Das Übungsbuch ist so konzipiert worden, dass Übungsfragen nach den Themenblöcken der Stichwortliste des VMC Graz sortiert wurden. Wir wollen Dir damit die Möglichkeit geben Lerninhalte gezielt abfragen zu können, nachdem Du Dir die entsprechenden Kapiteln im Lehrbuch angeeignet hast. So kannst Du Dein Wissen überprüfen und Lücken aufdecken bzw. schließen. Wir halten das für die effektivste Vorbereitung.

Unser Ziel ist es Dir mit diesem Übungsbuch einen verständlichen, logischen und v.a. leichten Zugang zu dem äußerst umfassenden Lernstoff des BMS – Basiskenntnistest Medizinstudium im MedAT zu gewähren. Der klare Aufbau des Buchs soll Dir helfen, den Lernstoff strukturiert erfassen und bewältigen zu können. In unserem Buch **„MedAT – Der Leitfaden"** findest Du praktische Hinweise zum Thema **„Lernen lernen"**. Für eine effektive Vorbereitung und zum langfristigen Abspeichern von Lerninhalten empfehlen wir Dir Dich vor Lernbeginn mit diesem Thema vertraut zu machen.

Ein frühzeitiges und zielgerichtetes Vorbereiten auf den BMS wird auch von Seiten der Testhersteller empfohlen, denn die Fragen werden auf Oberstufenniveau gestellt und gehen ins Detail. Eine Vorbereitungszeit von mindestens fünf Wochen, besser aber mehreren Monaten sollte der Prüfungsanforderung gerecht werden.

Aber welche Bücher eignen sich am besten für die Vorbereitung auf den Teil Biologie im MedAT? Antworten dazu findest Du im Kapitel Bücherempfehlungen Biologie.

2.3 BÜCHERMPFEHLUNGEN BIOLOGIE

Das Feld der Vorbereitungsbücher ist dicht gesät und die Qual der Wahl groß. Seit der ersten Testdurchführung des MedAT im Jahr 2013 sammeln wir Rückmeldungen von Kursteilnehmern, mit welchen Büchern sie sich den Lernstoff angeeignet haben, in wieweit das Inhaltsverzeichnis der Bücher mit der Stichwortliste des VMC Graz übereinstimmt und, ob die Bücher empfehlenswert sind.

Wir haben eine anonyme Online – Befragung im Jahr 2015 durchgeführt, an der sich 65 MedAT TeilnehmerInnen beteiligten. Es wurden 11 prüfungsrelevante Vorbereitungsbücher für das Fach Biologie mit einer Note 1 (sehr gut) bis 5 (sehr schlecht) bewertet und kommentiert. Die Auswertung hat zwei klare Gewinner hervorgebracht, die wir uneingeschränkt empfehlen können. Diese beiden Bücher decken in Kombination den gesamten Lernstoff ab und sind inhaltlich gut strukturiert.

Neben diesen beiden Lehrbüchern empfehlen wir sich zu aller erst mit den Übungsfragen auf dem VMC Graz auseinander zu setzen. Diese Fragen sollen Dir ein Gefühl geben, was Prüfungsniveau ist.

Platz	Titel	Sehr gut	Gut	Teils teils	Schlecht	Sehr schlecht
1	LINDER Biologie SII Schroedel Verlag ISBN: 978-3507109308	60,87% (14)	17,39% (4)	13,04% (3)	8,70% (2)	0,00% (0)
2	Der Körper des Menschen Thieme Verlag ISBN: 978-3133297165	42,86% (15)	40,00% (14)	17,14% (6)	0,00% (0)	0,00% (0)
3	Duden Basiswissen Schule Biologie Bibliographisches Institut ISBN: 978-3411046133	23,81% (5)	33,33% (7)	33,33% (7)	9,52% (2)	0,00% (0)
4	Kurzlehrbuch Biologie Thieme Verlag ISBN: 978-3131409836	22,22% (4)	22,22% (4)	55,56% (10)	0,00% (0)	0,00% (0)
5	Kurzlehrbuch Histologie Thieme Verlag ISBN: 978-3131355744	21,43% (3)	7,14% (1)	71,43% (10)	0,00% (0)	0,00% (0)
6	Crashkurs MedAT: Biologie TOKAstudent ISBN: 978-3950374438	21,43% (3)	35,71% (5)	21,43% (3)	7,14% (1)	14,29% (2)
7	MEDI-LEARN Skriptenreihe 2014/15: Biologie ISBN: 978-3956580017	18,75% (3)	37,50% (6)	31,25% (5)	6,25% (1)	6,25% (1)
8	mediscript Kurzlehrbuch Biologie Urban & Fischer Verlag ISBN: 978-3437433221	15,00% (3)	50,00% (10)	30,00% (6)	0,00% (0)	5,00% (1)

9	T-Med Skriptum Biologie	8,33% (2)	54,17% (13)	29,17% (7)	8,33% (2)	0,00% (0)
10	Biologie für Mediziner Springer Verlag ISBN: 978-3662461778	6,67% (1)	40,00% (6)	40,00% (6)	13,33% (2)	0,00% (0)
11	IFS Studentenkurse Skriptum Biologie & Chemie	5,00% (1)	30,00% (6)	50,00% (10)	10,00% (2)	5,00% (1)

Wir möchten darauf hinweisen, dass wir uns von den Skripten kommerzieller Vorbereiter distanzieren wollen und raten daher vom Kauf dieser Kompendien ab. Seit vielen Jahren gibt es hervorragende Bücher bekannter Verlage auf dem Markt, die die Themengebiete nicht nur bestens abdecken, sondern auch didaktisch besser erklären. Meist sind die Skripte kommerzieller Anbieter nur eine billige Abschrift des Originals. Darüber hinaus ändern sich Inhalte durch neue Erkenntnisse rasch. Um nicht auch noch die Richtigkeit des Lernstoffes überprüfen zu müssen, empfehlen wir Bücher namhafter Verlage in der neusten Auflage.

2.4 MC-FRAGEN

Die Fragen in diesem Buch sind im Multiple-Choice-Format, die in Form und Schwierigkeit dem Originaltest nahe kommen. Der Schwierigkeitsgrad der Fragen war in den letzten Jahren nicht konstant. Im MedAT 2013 wurden viele Detailfragen gestellt und im MedAT 2014 und 2015 wurden v.a. Grundlagen abgefragt. Getreu dem Motto „hope for the best, prepare for the worst" haben wir Fragen mit unterschiedlichem Niveau erstellt. Sei also nicht verunsichert, wenn Du manche Fragen nicht auf Anhieb lösen kannst. Zu jeder Frage gibt es eine ausführliche Antwort, die Dir als Lernhilfe dienen soll. Die Antworten zu den Fragen findest Du am Ende des Buches unter Lösungen.

2.5 LOB, KRITIK UND ANREGUNGEN

Leider kommt es trotz intensiver Bemühungen hin und wieder zu kleinen Fehlern. Daher haben wir zu jedem Buch eine Seite auf unserer Homepage eingerichtet auf der Du alle Korrekturen zur aktuellen Auflage findest. Falls Dir ein Fehler auffällt, der dort noch nicht korrigiert ist, teile uns diesen bitte per Mail an buecher@medgurus.de mit oder poste ihn direkt auf der Seite. Folge einfach dem nebenstehenden QR-Link.

CYTOLOGIE

3 CYTOLOGIE

Lernstoff

- ✓ Eukaryonten
- ✓ Zellmembranen (**MedAT 2015!**)
- ✓ Zytoplasma
- ✓ Zellorganellen (**MedAT 2013 und 2014!**)
  - Zellkern
  - Mitochondrien
  - Endoplasmatisches Retikulum
  - Ribosomen
  - Golgi-Apparat
  - Lysosomen (**MedAT 2015!**)
  - Zentriolen
  - Zytoskelett
- ✓ Zell-Zell-Kontakte (Desmosomen, Hemidesmosomen)
- ✓ Zilien, Flagellen (Geißeln), Mikrovilli
- ✓ Stofftransport innerhalb der Zelle

3.1 EUKARYONTEN

1. Was findet man in <u>keiner</u> eukaryotischen Zelle?

   (A) Plastiden
   (B) Zellwand
   (C) Plasmid
   (D) Ribosomen
   (E) Zytoplasma

2. Welche Aussage(n) zu eukaryotischen und prokaryotischen Zellen ist/sind richtig?

   I. Zu den prokaryotischen Zellen zählen Bakterien und Archaeen.
   II. Die Ribosomen prokaryotischer Zellen sind immer kleiner (Sedimentationskoeffizient 70 S), als bei eukaryotischen Zellen (Sedimentationskoeffizient 80 S).
   III. Die DNA bei eukaryotischen Zellen liegt unter anderem im Zellkern.
   IV. Die DNA prokaryotischer Zellen ist auf engem Raum angeordnet und wird als Nukleoid/Kernäquivalent bezeichnet.
   V. Die DNA bei prokaryotischen Zellen liegt ringförmig vor und ist durch Histone stabilisiert.

   (A) I., II., III. und IV. sind richtig.
   (B) I. und II. sind richtig.
   (C) Alle Aussagen sind richtig.
   (D) I., III. und IV. sind richtig.
   (E) I., II. und III. sind richtig.

3. Welche dieser Zellorganellen lassen sich bei tierischen Zellen nicht finden?

   (A) Zellmembran
   (B) Karyoplasma
   (C) Zytoplasma
   (D) Kernmembran
   (E) Zellwand

3.2 ZELLMEMBRAN

4. Welche Aussage zur Zellmembran ist richtig?

   I. Die Zellmembran besteht aus einer Lipiddoppelschicht.
   II. Durch die Zellmembran findet ein Stoffaustausch statt.
   III. Das Fluid-Mosaik-Modell beschreibt den Aufbau der Zellmembran.
   IV. Für den erleichterten Stoffaustausch der Zellen, befinden sich spezielle Ionenkanäle und Ionenpumpen in der Zellmembran.
   V. Die nach außen ragenden Glykoproteine und Glykolipide bilden die sog. Glykokalix.

   (A) I., II. und III. sind richtig.
   (B) II., III., IV. sind richtig.
   (C) I., II., III. und IV. sind richtig.
   (D) Alle Aussagen sind richtig.
   (E) Nur Aussage III. ist richtig.

5. Für welche der folgenden Teilchen ist die Zellmembran permeabel?

   I. O2
   II. CO2
   III. Proteine
   IV. Fettsäuren
   V. Glucose

   (A) I. und II. sind richtig.
   (B) I., II. und III. sind richtig.
   (C) I., II. und IV. sind richtig.
   (D) I. und II. sind richtig.
   (E) Alle sind richtig.

6. Welche Aussage zum aktiven Transport trifft <u>nicht</u> zu?

   (A) Die Energie für den aktiven Transport wird durch die Hydrolyse von ATP bereitgestellt.
   (B) Am häufigsten erfolgt aktiver Transport mit geladenen Teilchen.
   (C) Ein aktiver Transport kann gegen einen Konzentrationsgradienten erfolgen.
   (D) Ein aktiver Transport kann gegen einen elektrischen Gradienten erfolgen.
   (E) Ein aktiver Transport passiert ohne Zuführung von Energie von außen in Richtung eines Konzentrations- oder Potentialgefälles.

7. Durch welche der folgenden Charakteristika unterscheiden sich Carrier von Kanalproteinen der Plasmamembran?

   (A) Carrier Proteine sind Glykoproteine, wohingegen Kanalproteine Lipoproteine sind.
   (B) Carrier Proteine transportieren Moleküle entlang des elektrochemischen Gradienten,- Kanalproteine transportieren Moleküle entgegen des elektrochemischen Grandienten.
   (C) Carrier können aktiv Stoffe transportieren, wohingegen Kanalproteine das nicht können.
   (D) Carrier Proteine werden an frei schwimmenden cytoplasmatischen Ribosomen synthetisiert, Kanalproteine werden im Gegensatz dazu an gebundenen Ribosomen des endoplasmatischen Retikulums hergestellt.
   (E) Carrier Proteine binden nicht an die Stoffe, die sie transportieren, Kanalproteine jedoch schon.

8. Welche Aussage(n) zur Biomembran trifft/treffen zu?

   I. Die Biomembran besteht bei Eukaryoten aus einer Lipideinzelschicht.
   II. Die Lipide der Biomembran weisen einen hydrophoben Kopfteil und einen hydrophilen Schwanzteil auf.
   III. Cholesterin, falls in großen Mengen vorhanden, erhöht die Zähflüssigkeit der Membran.
   IV. Nach dem Flüssig-Mosaik-Modell können Lipide und integrale Proteine ungehindert in der Lipidmatrix seitlich diffundieren.

   (A) Nur. IV. ist richtig.
   (B) III. und IV. sind richtig.
   (C) Alle sind richtig.
   (D) II., III. und IV. sind richtig.
   (E) I., II. und III. sind richtig.

3.3 ZYTOPLASMA

9. Was bildet den größten Bestandteil des Zytoplasmas?

   (A) Wasser
   (B) Proteine
   (C) Lipide
   (D) Polysaccharide
   (E) RNA

3.4 ZELLORGANELLEN

10. Ein Organell unterscheidet sich von einem Organ dadurch, dass ein Organell

    (A) eine Substruktur einer Zelle ist.
    (B) nur eine bestimmte Art von Gewebe aufweist.
    (C) größer als ein Organ ist.
    (D) keine spezielle Funktion hat.
    (E) nicht anfärbbar ist.

11. Welche dieser Zellorganellen besitzen zwei Membranen?

    I. Chloroplast
    II. Zellkern
    III. Ribosom
    IV. Lysosom
    V. Mitochondrium

    (A) I., II. und V.
    (B) I., II. und III.
    (C) I. und II.
    (D) I., II., III. und IV.
    (E) Alle Aussagen sind richtig.

Zellkern

12. Was ist kein Bestandteil des Zellkerns?

    (A) Zellmembran
    (B) Kernporen
    (C) Nucleolus
    (D) Chromosomen
    (E) Zytoplasma

13. Welche Aussage zum Zellkern ist falsch?

    (A) Die äußere Kernmembran geht fliessend in das raue endoplasmatische Retikulum über.
    (B) Die Translation läuft im Zellkern ab.
    (C) Reife Erythrozyten der Säugertiere enthalten keinen Zellkern.
    (D) Der Stoffaustausch zwischen Kern und Zellplasma erfolgt durch die Kernporen mittels Kernporenkomplex.
    (E) Es gibt Zellen mit mehr als einem Zellkern.

Mitochondrien

14. Welche Aussage(n) über Mitochondrien ist/sind falsch?

    I. Mitochondrien besitzen eine eigene DNA.
    II. Mitochondrien sind sowohl in eukaryotischen als auch in prokaryotischen Zellen vorhanden.
    III. Mitochondrien sind wichtig für die Energiegewinnung der Zelle.
    IV. Besonders viele Mitochondrien befinden sich in Muskelzellen, Nervenzellen, Sinneszellen und Eizellen.

    (A) I. und II. sind falsch.
    (B) Nur II. ist falsch.
    (C) Nur IV. ist falsch.
    (D) Nur V. ist falsch.
    (E) I., II. und IV. sind falsch.

15. Welche Aussage über Mitochondrien ist falsch?

    (A) Ihre innere Membran ist eingestülpt und bildet die Cristae.
    (B) Ihre äußere Membran ist für Makromoleküle relativ permeabel.
    (C) In den Mitochondrien wird ATP synthetisiert.
    (D) Mitochondrien werden von der Mutter vererbt.
    (E) Reife Spermien des Menschen enthalten Mitochondrien.

16. Welche der folgenden Aussagen über mitochondriale Proteine ist richtig?

    (A) Alle mitochondrialen Proteine werden im Mitochondrium codiert und synthetisiert.
    (B) Manche mitochondrialen Proteine werden im Mitochondrium codiert und synthetisiert. Andere werden aus dem Cytoplasma importiert.
    (C) Alle mitochondrialen Proteine werden aus dem Cytoplasma importiert.
    (D) Mitochondriale Proteine sind die Produkte anderer mitochondrialer Proteine.
    (E) Alle mitochondrialen Proteine sind Enzyme.

Endoplasmatisches Retikulum

17. Welche Aussage(n) zum endoplasmatischen Retikulum trifft/treffen zu?

    I. Man unterscheidet zwischen glattem und rauem endoplasmatischen Retikulum.
    II. Das glatte endoplasmatische Retikulum spielt eine zentrale Rolle in der Proteinbiosynthese.
    III. Das raue endoplasmatische Retikulum ist ein röhrenförmiges Membransystem.
    IV. Im endoplasmatischen Retikulum geschieht die Synthese von Lipiden und Steroidhormonen.
    V. In Muskelzellen wird das endoplasmatische Retikulum als sarkoplasmatisches Retikulum bezeichnet.

    (A) I., II. und III. sind richtig.
    (B) I., II., IV. und V. sind richtig.
    (C) Alle Aussagen sind richtig.
    (D) I., III., IV. und V. sind richtig.
    (E) I., IV. und V. sind richtig.

18. An welchem Zellorganell findet die Lipidsynthese statt?

    (A) Glattes endoplasmatisches Retikulum
    (B) Raues endoplasmatisches Retikulum
    (C) Golgi-Apparat
    (D) Lysosom
    (E) Mitochondrium

Ribosomen

19. Welche Aussage zu Ribosomen ist <u>falsch</u>?

    (A) Ribosomen liegen als zwei getrennte Untereinheiten vor, wenn sie nicht während der Translation aktiv sind.
    (B) Die große ribosomale Untereinheit hat drei Bindungsstellen, an die eine tRNA binden kann.
    (C) Ribosomen können frei im Zytosol vorkommen oder am rauen endoplasmatischen Retikulum anliegen.
    (D) Ribosomen bestehen nur aus rRNA.
    (E) Ribosomen können wiederholt verwendet werden.

20. Welche Aussage(n) zu den Ribosomen trifft/treffen zu?

   I. An den Ribosomen findet die Eiweißsynthese statt.
   II. Prokaryoten-Ribosomen gehören zum 80S Typ, Eukaryoten-Ribosomen zum 70S Typ.
   III. Den Verbund von Ribosomen nennt man Polysom.
   IV. Ribosomen bestehen zu 40% aus rRNA und zu 60% aus Proteinen.
   V. Prokaryotische Ribosomen befinden sich frei im Cytoplasma oder ans Endoplasmatische Retikulum angelagert.

   (A) I., II., III. und V. sind richtig.
   (B) I., IV. und V. sind richtig.
   (C) I., II., III. und IV. sind richtig.
   (D) I. und III. sind richtig.
   (E) Alle Aussagen sind richtig.

Golgi-Apparat

21. Welche Funktionen erfüllt der Golgi-Apparat?

   (A) ATP-Synthese
   (B) Abbau von Fettsäuren
   (C) Ca^{2+}-Speicherung bei quergestreifter Muskulatur
   (D) Bildung von Zellorganellen
   (E) Lipid- und Proteinmodifikation

22. Der Golgi-Apparat …?

   (A) kommt nur in Tieren vor.
   (B) kommt nur in Prokaryoten vor.
   (C) ist ein Anhängsel, das die Zelle in ihrer Umgebung umherbewegt.
   (D) ist ein Ort schneller ATP-Synthese.
   (E) modifiziert und verpackt Proteine.

Lysosomen

23. Welche Aufgabe besitzen Lysosomen?

   (A) Aufbau von Lipiden
   (B) Aufbau von giftigen Substanzen
   (C) H_2O_2-Synthese
   (D) Auto- und Heterophagie
   (E) Abschnürung von Vesikeln mit Exportproteinen

24. Welche Aussage(n) zu den Lysosomen trifft/treffen zu?

   I. Lysosomen dienen dem Transport von Makromolekülen (Transmitter/Hormone), die im Golgi-Apparat synthetisiert wurden.
   II. Der pH-Wert im Inneren eines Lysosoms ist basisch.
   III. Bei einem Aufbruch eines Lysosoms kommt es zur Selbstverdauung der Zelle.
   IV. Der programmierte Zelltod ist eine wichtige Aufgabe der Lysosomen.

   (A) Nur IV. ist richtig.
   (B) II., III. und IV. sind richtig.
   (C) II. und IV. sind richtig.
   (D) Alle Aussagen sind richtig.
   (E) I., II. und IV. sind richtig.

Zentriolen

25. Welche Aussage zu Zentriolen ist <u>falsch</u>?

   I. Sie sind beteiligt an der Bildung des Spindelapparats.
   II. Sie sind strukturell den Basalkörpern der Zilien und Geißeln ähnlich.
   III. Sie kommen in fast allen Eukaryoten, außer Angiospermen und manchen Protisten, vor.
   IV. Sie sind zylinderförmig.
   V. Sie bestehen bei den meisten Säugetieren aus 27 Mikrotubuli.

   (A) I., II., III. und IV. sind richtig.
   (B) I., III. und IV. und V. sind richtig.
   (C) Alle Aussagen sind richtig.
   (D) II., IV. und V. sind richtig.
   (E) Nur I. ist richtig.

26. Welche Aussage(n) zu Zentriolen ist/sind <u>richtig</u>?

   I. Ein Zentriol hat eine zylinderförmige Struktur.
   II. Sie sind in tierischen und in einigen pflanzlichen Zellen enthalten.
   III. Sie bestehen aus 27 Mikrotubuli.
   IV. Sie sind wichtig für die Ausbildung des Spindelapparates.
   V. Der Basalkörper einer Zilie besitzt einen ähnlichen Aufbau wie ein eukaryotisches Zentriol

   (A) Nur II. ist richtig.
   (B) I. und II. sind richtig.
   (C) Alle Aussagen sind richtig.
   (D) I., II., IV. und V. sind richtig.
   (E) III., IV. und V. sind richtig.

Zytoskelett

27. Welche Aussage(n) zu den Aufgaben des Zytoskeletts ist/sind <u>richtig</u>?

   I. Es gibt der Zelle Halt, Reißfestigkeit und Form.
   II. Es fixiert die Zellorganellen an ihrer Position innerhalb der Zelle.
   III. Es ermöglicht die Bewegung von Zellorganellen.
   IV. Es ist an der bei vielen Zellen beobachteten Zytoplasmaströmung beteiligt.

   (A) I., II. und IV. sind richtig.
   (B) I., II. und III. sind richtig.
   (C) I., III. und IV. sind richtig.
   (D) Alle Aussagen sind richtig.
   (E) Keine Aussage ist richtig.

28. Mikrofilamente…

   (A) bestehen aus Polysacchariden.
   (B) sind die treibende Kraft für Cilien und Geißeln.
   (C) bestehen aus Aktin.
   (D) helfen mit, die Zellorganellen in ihrer Position zu halten.
   (E) helfen bei der Bildung des Spindelapparates mit.

29. Aus welchen Komponenten besteht das Zytoskelett einer eukaryoten Zelle?

   I. Aktinfilamenten
   II. Intermediärfilamenten
   III. Mikrotubuli
   IV. Plasmodesmen
   V. Connexin

   (A) I., II. und IV. sind richtig.
   (B) I., II. und V. sind richtig.
   (C) I., II. und III. sind richtig.
   (D) Keine Antwort ist richtig.
   (E) II., III. und V. sind richtig.

Zell-Kontakte

Lernstoff

1. Verschließende Verbindungen
   - Zonula occludens (Tight junctions)

2. Haftende Verbindungen
   - Zell-Zell-Verbindungen
     - Desmosomen
   - Zell-Matrix-Kontakte
     - Hemidesmosomen

3. Kommunizierende Verbindungen
   - Gap-junctions
   - Synapse

30. Was ist keine Form einer Zell-Zell-Verbindung?

   (A) Desmosomen
   (B) Tight junctions
   (C) Gap junctions
   (D) Hemidesmosomen
   (E) Synapsen

31. Welche Aussage zu Desmosomen ist <u>falsch</u>?

    (A) Sie verbinden benachbarte Plasmamembranen.
    (B) Jedes Desmosom besitzt auf der zytoplasmatischen Seite eine dichte Struktur, die als desmosomale Plaque bezeichnet wird.
    (C) Die Keratinfilamente, die in der Plaque verankert sind, sind Teil der Desmosomen.
    (D) Desmosomen kommen im Epithelgewebe vor.
    (E) Sie erlauben die Bewegung von Stoffen im Interzellularraum.

3.5 ZILIEN, FLAGELLEN GEISSELN, MICROVILLI

32. Welche Aussage zu Zilien und Flagellen ist <u>falsch</u>?

    (A) Zilien kommen gewöhnlich in großer Zahl vor.
    (B) Flagellen zeigen ein propellerartiges Bewegungsmuster.
    (C) Zilien und eukaryotische Geißeln haben das gleiche Schlagmuster.
    (D) Zellen können beides, sowohl Zilien, als auch Geißeln gleichzeitig besitzen.
    (E) Zilien sind meist kürzer als Flagellen.

33. Was ist/sind die Aufgabe(n) von Zilien und Flagellen?

    I. Herbeistrudeln von Nahrungsteilchen
    II. Fortbewegung
    III. Transport von Partikeln und Flüssigkeit innerhalb des Organismus
    IV. Kontaktaufnahme zu anderen Organismen
    V. Fortpflanzung

    (A) I. und II. sind richtig.
    (B) I., II. und III. sind richtig.
    (C) I., II., IV. und V. sind richtig.
    (D) I., II., III. und IV. sind richtig.
    (E) Alle sind richtig.

34. Welche Aussage zu den Flagellen ist falsch?

(A) Die Flagellen bestehen vollständig aus Proteinen.
(B) Die Flagellen können in zwei gegenüberliegenden Gruppen an den Zellpolen stehen, was auch als amphitrich bezeichnet wird.
(C) Holotrich bezeichnet zahlreiche Flagellen, die gleichmäßig über die gesamte Zelloberfläche verteilt sind.
(D) Das Bewegungsmuster der Flagellen bei Bakterien ähnelt einem Propeller.
(E) Monotrich bezeichnet das Flagellum bzw. die Flagellen, die an einem oder beiden Polen der Zelle stehen.

35. Welche Aussage(n) über Desmosomen und ihre Funktion ist/sind richtig?

I. Sie bilden eine Verbindung zwischen zwei Zellen.
II. Die zelleigenen Aktinfilamente werden mit denjenigen anderer Zellen verbunden.
III. Der Interzellularraum ist dort, wo sich Desmosomen befinden, leicht verbreitert.
IV. Zwischen den Desmosomen befindet sich eine Kittsubstanz aus Glykoproteinen.
V. Desmosomen und gap junctions haben die gleiche Aufgabe.

(A) I., II., III. und V. sind richtig.
(B) II., III. und IV. sind richtig.
(C) I., III. und IV. sind richtig.
(D) I., II. und IV. sind richtig.
(E) Alle Aussagen sind richtig.

36. Welche Aussage beschreibt die Aufgabe von Hemidesmosomen?

(A) Sie dienen der Befestigung von Zellen auf der Basallamina.
(B) Sie dienen zur Verankerung von zwei Zellen.
(C) Sie dienen dem Kontakt zwischen dem Zellkern und dem Zytoplasma.
(D) Sie dienen zur Bindung intrazellulärer Strukturen untereinander.
(E) Sie verbinden das Cytoplasma benachbarter Zellen durch Zell-Zell-Kanäle direkt miteinander.

3.6 STOFFTRANSPORT IN DER ZELLE

37. Wie erfolgt der Stofftransport innerhalb der Zelle?

   I. Durch Plasmaströmung
   II. Durch Diffusion
   III. Durch gerichteten Vesikeltransport
   IV. Über das endoplasmatische Retikulum

   (A) I. und III. sind richtig.
   (B) Alle Antworten sind richtig.
   (C) I., II. und III. sind richtig.
   (D) II. und IV. sind richtig.
   (E) II., III. und IV. sind richtig.

3.7 MITOSE UND MEIOSE

HINWEIS! Mitose und Meiose sind alte Bekannte im MedAT und werden jedes Jahr abgefragt.

38. Welche Aussage(n) zur Mitose ist/sind <u>richtig</u>?

   I. Bei der Mitose entstehen aus einer Zelle zwei identische Tochterzellen.
   II. Bei jeder Mitose entstehen 4 Tochterzellen.
   III. Die Mitose durchläuft verschiedene Stadien.
   IV. Die Prophase I ist kein Stadium der Mitose.
   V. Die Metaphase I ist ein Stadium der Mitose.

   (A) I., II., IV. und V. sind richtig.
   (B) I. und III. sind richtig.
   (C) IV., und V. sind richtig.
   (D) I., III. und IV. sind richtig.
   (E) Keine Aussage ist richtig.

39. Was geschieht <u>nicht</u> während der Prophase?

   (A) Das Zentrosom teilt sich.
   (B) Die Chromatinfäden werden zu Chromosomen spiralisiert.
   (C) Die Chromosomen ordnen sich in der Äquatorialebene an.
   (D) Zentrosome gehen zu den Polen der Zelle.
   (E) Zentrosome bilden Spindelfasern.

40. Was geschieht nicht während der Telophase?

 (A) Neue Kernmembranen werden gebildet.
 (B) Die Spindelfasern lösen sich auf.
 (C) Neue Kernkörperchen entstehen.
 (D) Die Spindelfasern trennen die beiden Chromatiden eines Chromosom..
 (E) Die Chromosomen dekondensieren.

41. Welche Aussage zur Robertson-Translokation, wie sie das unten stehende Karyogramm zeigt, trifft zu?

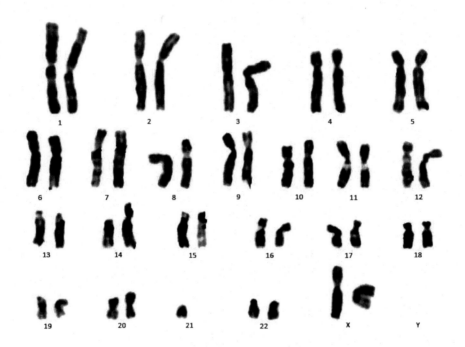

Abb. 1   Eigene Darstellung auf Grundlage von Wikimedia Commons „Mapa Genético o Cardiograma"

 (A) Bei der gezeigten Robertson-Translokation ist ein Chromosom 21 mit einem Chromosom 13 fusioniert.
 (B) Personen mit einer balancierten Robertson-Translokation haben ein erhöhtes Risiko Nachkommen mit Trisomie 21 zu bekommen.
 (C) Das Risiko für Nachkommen mit einer autosomalen Monosomie ist nicht erhöht.
 (D) Bei der dargestellten Robertson-Translokation kommt es zur Verlagerung eines Chromosomenabschnitts auf ein homologes Chromosom.
 (E) Die dargestellte Translokation ist mit hoher Wahrscheinlichkeit unbalanciert.

42. Welches Paar gehört zusammen?

    (A) G1-Phase – Jedes Chromosom besteht aus einer Chromatide.
    (B) G2-Phase – DNA Replikation
    (C) S-Phase – Überprüfung der Replikation auf Fehler
    (D) M-Phase – Zellwachstum
    (E) G0-Phase – Zellteilung

43. Welche Aussage(n) zur G2-Phase ist/sind <u>richtig</u>?

    I. Die DNA wird identisch repliziert.
    II. Unter bestimmten Voraussetzungen kann die Zelle in die G0-Phase eintreten.
    III. Es findet Proteinbiosynthese und RNA-Synthese statt.
    IV. In Vorbereitung der Mitose besteht jedes Chromosom aus zwei Chromatiden.
    V. Die G2-Phase ist ein Sicherheitspuffer zur Überprüfung der DNA-Replikation.

    (A) III., IV. und V. sind richtig.
    (B) Nur V. ist richtig.
    (C) Nur IV. ist richtig.
    (D) I., IV. und V. sind richtig.
    (E) I., II., IV. und V. sind richtig.

44. In welcher Phase der Mitose werden die Schwesterchromatiden getrennt?

    (A) Telophase
    (B) Anaphase
    (C) Metaphase
    (D) Prophase
    (E) Prometaphase

45. In welcher Phase des Zellzyklus findet die DNA-Replikation statt?

    (A) S-Phase
    (B) G1-Phase
    (C) G2-Phase
    (D) M-Phase
    (E) G0-Phase

46. Welche Aussage zur Meiose ist falsch?

   (A) Bei der Meiose erhält man 4 Tochterzellen.
   (B) In der Meiose kann es, im Gegensatz zur Mitose, zu einem Crossing-over kommen.
   (C) Bei der Meiose kann das genetische Material rekombiniert werden.
   (D) Die Meiose besteht immer aus zwei Teilungsschritten.
   (E) Bei der Meiose II kommt es zur Trennung der homologen Chromosomen.

GENETIK
ALLGEMEIN

4 GENETIK ALLGEMEIN

Lernstoff

- ✓ Mendel'sche Regeln (**MedAT 2014 und 2015!**)
- ✓ Zellteilung (**MedAT 2014 und 2015!**)
  - Mitose
  - Meiose
- ✓ Chromosomentheorie der Vererbung
  - Grundlagen: Gene, Chromosomen, Genom
  - Gen-Kopplung und Crossing-over
- ✓ Nicht-chromosomale Vererbung der Mitochondrien
- ✓ Das Genom bei Eukaryoten
- ✓ Mutationen und deren Auslöser (**MedAT 2013!**)
  - Spontane vs. induzierte Mutationen (Mutagene)
  - Gen-Mutationen: Substitution, Deletion, Duplikation, Insertion bzw. Addition
  - Chromosomen-Mutationen: Deletion, Duplikation, Inversion, Translokation, Insertion
  - Genom-Mutationen: Polyploidie, Aneuploidie

4.1 GENE, CHROMOSOMEN UND GENOM

47. Welche der folgenden Wortdefinitionen aus der Genetik ist <u>falsch</u>?

(A) Homozygotie bezeichnet reinerbige Individuen, die in Bezug auf ein Merkmal nur ein Allel aufweisen.
(B) Ein dihybrider Erbgang bezeichnet einen Erbgang, bei dem zwei verschiedene Merkmale vererbt werden.
(C) Heterozygotie bezeichnet einen Zustand, bei dem nur ein Allel eines Gens im sonst zweifach vorhandenen (diploiden) Chromosomensatz vorkommt.
(D) Rezessiv bedeutet, dass die Ausprägung eines Merkmals eines Lebewesens durch ein anderes Merkmal überdeckt werden kann.
(E) Als Parentalgeneration wird in der Genetik die Ausgangsgruppe einer Abstammungslinie bezeichnet.

48. In einer menschlichen Zelle befinden sich 22 Autosomen und 1 Y-Chromosom. Um welche Zelle handelt es sich?

    (A) Somazelle einer Frau
    (B) Somazelle eines Mannes
    (C) Eizelle
    (D) Spermium
    (E) Kann nicht genau differenziert werden.

49. Wie viele Chromosomen enthält ein menschliches männliches Spermium?

    (A) 46
    (B) 22
    (C) 23
    (D) 47
    (E) 21

50. Welche Aussage zum eukaryotischen Genom ist <u>falsch</u>?

    (A) Die X-ähnliche Form der Chromosomen tritt nur in einem kurzen Abschnitt während der Mitose, nämlich in der Metaphase, auf.
    (B) Nur ca. 3% der menschlichen DNA codiert für Proteine.
    (C) Die RNA-Synthese erfolgt in 3' → 5' Richtung.
    (D) Die Gesamtheit der in einem Individuum vorkommenden Chromosomen wird als Karyotyp bezeichnet.
    (E) Das Genom des Menschen weist ca. 20.000 – 25.000 Gene auf.

51. Welche Aussage zum eukaryotischen Genom im Vergleich zum prokaryotischen Genom ist <u>falsch</u>?

    (A) Eukaryotische Genome enthalten eine niedrigere Gendichte (Anteil kodierender DNA), als Genome der Prokaryoten.
    (B) Die Genexpression bei Eukaryoten und Prokaryoten durchläuft die gleichen Zwischenschritte.
    (C) Bei den Eukaryoten besteht kein Zusammenhang zwischen der Größe des Genoms und der Komplexität eines Organismus.
    (D) Die eukaryotische DNA befindet sich im Zellkern.
    (E) Transkription und Translation sind bei den Eukaryoten räumlich getrennt.

52. Welche Aussage zum menschlichen Genom ist <u>falsch</u>?

   (A) Das Genom ist in den Chromosomen lokalisiert.
   (B) Alle somatischen Zellen haben bis auf wenige Ausnahmen einen diploiden Chromosomensatz.
   (C) Alle Gameten haben einen haploiden Chromosomensatz.
   (D) Bei dem Karyotyp 46, XX handelt es sich um eine Frau mit gesundem Chromosomensatz.
   (E) Das humane Genom wurde vollständig im Jahr 1990 entschlüsselt.

4.2 MENDELSCHE REGELN UND VERERBUNG

Lernstoff

- ✓ Die drei Mendel´schen Regeln
- ✓ Autosomal-dominanter Erbgang
- ✓ Autosomal-rezessiver Erbgang
- ✓ Kodominante Vererbung
- ✓ Intermediäre Vererbung
- ✓ Geschlechtsgebundener (gonosomaler) Erbgang
- ✓ X-chromosomal dominanter Erbgang
- ✓ X-chromosomal rezessiver Erbgang

HINWEIS! Du solltest Dich mit allen drei Mendel´schen Regeln gut auskennen. Dieses Themengebiet wird sehr gerne abgefragt.

53. Welche Aussage zu den Mendel`schen Regeln ist <u>falsch</u>?

   (A) Beim intermediären Erbgang ist die F1-Generation optisch gleich.
   (B) Beim dominant-rezessiven Erbgang setzt sich ein Merkmal, das dominante, durch.
   (C) Kreuzt man zwei Rassen, die sich in zwei Merkmalen unterscheiden, so werden diese unabhängig von einander vererbt.
   (D) Kreuzt man die F1-Tochtergeneration des intermediären Erbgangs, so spaltet sich die F2-Generation in einem bestimmten Zahlenverhältnis auf.
   (E) Kreuzt man zwei heterozygote Erbsenpflanzen, die sich in einem Merkmal genotypisch unterscheiden, entstehen in der Tochtergene phänotypisch uniforme Nachkommen.

54. Was besagt die erste Mendel'sche Regel?

    I. Werden zwei Eltern, die sich in einem Merkmal homozygot unterscheiden, miteinander verpaart, dann sind die Nachkommen der ersten Generation bezogen auf das Merkmal gleich.
    II. Werden zwei Individuen miteinander gekreuzt, die beide gleichartig heterozygot sind, dann spaltet sich die zweite Filialgeneration sowohl im Genotyp als auch im Phänotyp auf.
    III. Bei intermediärer Vererbung weist je ein Viertel der Nachkommen eine der beiden reinerbigen Varianten und die Hälfte der Individuen die Mischform der 1. Generation auf.
    IV. Werden zwei Eltern, die sich in zwei Merkmalen reinerbig unterscheiden, miteinander gepaart, werden beide Merkmale unabhängig vererbt. Ab der F2-Generation treten neue, reinerbige Kombinationen auf.
    V. Kreuzt man reinerbig rotblühende mit reinerbig weißblühenden Individuen, zeigen alle Nachkommen der F1-Generation rote Blühten.

    (A) Nur I. ist richtig.
    (B) I. und V. sind richtig.
    (C) II. und III. sind richtig.
    (D) Nur IV. ist richtig.
    (E) Nur IV. und V. sind richtig.

55. Welche dieser Aussagen ist <u>falsch</u>?

    (A) Der Phänotyp ist das äußere Erscheinungsbild eines Organismus.
    (B) Der Genotyp ist die gesamte genetische Ausstattung eines Organismus.
    (C) Der Begriff Allel bezeichnet eine mögliche Zustandsform eines Gens.
    (D) Ein dominantes Allel muss reinerbig vorliegen, um im Phänotyp sichtbar zu werden.
    (E) Ein dihybrider Erbgang betrachtet zwei Merkmale (z. B. Farbe und Form)

56. Welcher Anteil an Nachkommen, deren Elterngeneration die Genotypen AaBb x AaBb aufweisen, wird den Genotyp aabb tragen?

    (A) 1/4
    (B) 1/8
    (C) 1/16
    (D) 1/32
    (E) 1/64

57. Wie bezeichnet man den Zustand, bei dem nur ein Allel eines Gens in einem sonst dipoliden Chromosomensatz vorkommt?

    (A) Heterozygotie
    (B) Hemizygotie
    (C) Homozygotie
    (D) Monozygotie
    (E) Aplozygotie

58. Welche der im Folgenden genannten Erbkrankheiten sind typische Beispiele für einen x-chromosomalen Erbgang?

    I. Rot-Grün-Blindheit
    II. Zystische Fibrose
    III. Marfan Syndrom
    IV. Turner Syndrom
    V. Bluterkrankheit

    (A) I. und IV. sind richtig.
    (B) Nur I. ist richitg.
    (C) I. und V. sind richtg.
    (D) Alle sind richtig.
    (E) Nur IV. ist richtig.

59. Ein Kind hat die Blutgruppe 0. Welche Genotypen können die Eltern aufweisen?

    (A) AB x 0
    (B) 0 x A
    (C) A x AB
    (D) B x AB
    (E) AB x AB

60. Die Dominanz eines Allels hat bei einem Individuum am ehesten Einfluss auf…

    (A) den Genotyp.
    (B) das Genom.
    (C) den Phänotyp.
    (D) den Idiotyp.
    (E) die Heterozygotie.

61. Welche Aussage/n trifft/treffen am ehesten zu?

    I. Es gibt dominant erbliche Erkrankungen, die homozygot eine schwere Erkrankung hervorrufen, aber heterozygot einen Selektionsvorteil bieten.
    II. Es gibt rezessiv erbliche Erkrankungen, die heterozygot eine schwere Erkrankung hervorrufen, aber homozygot einen Selektionsvorteil bieten.

    (A) Nur I. trifft zu.
    (B) Nur II. trifft zu.
    (C) Keine Aussage trifft zu.
    (D) Beide Aussagen treffen zu.

62. Welche der folgenden Aussagen ist <u>falsch</u>?

    (A) Als dominant wird ein Allel bezeichnet, welches sich im Phänotyp eines Individuums durchsetzt.
    (B) Durch intermediäre Erbgänge entstehen Mischformen der Elterngeneration.
    (C) Als F2-Generation versteht man in der Genetik die Nachkommen der zu betrachtenden Elterngeneration.
    (D) Ein vererbtes Merkmal, welches sich in den Nachkommen nicht durchsetzt, ist rezessiv.
    (E) In seinen Regeln postulierte Mendel grundlegende Gesetze der Vererbung.

63. Welche Aussage/n zu autosomal dominanter Vererbung treffen zu?

    I. Statistisch erkranken 50% der Nachkommen eines Menschen, der heterozygoter Anlageträger der krankheitsauslösenden Mutation ist.
    II. Ist der Partner des oben genannten Menschen ebenfalls heterozygot für diese Mutation, erkranken alle Nachkommen.
    III. Ist der oben genannten Mensch homozygot für diese Mutation und sein Partner trägt die Mutation nicht, sinkt das Risiko einer Erkrankung der Nachkommen im Vergleich zu Aussage II.
    IV. Ist der oben genannte Mensch homozygot für diese Mutation und sein Partner heterozygot, verändert sich das Risiko einer Erkrankung der Nachkommen nicht im Vergleich zu Aussage III.

    (A) Nur Aussage I. trifft zu.
    (B) Aussage I. und II. treffen zu.
    (C) Aussage II. und IV. treffen zu.
    (D) Aussage II. und III. treffen zu.
    (E) Aussage I. und IV. treffen zu.

64. Kodominanz…

   (A) kann nur bei einem haploiden Chromosomensatz auftreten.
   (B) bezeichnet den Zustand, bei dem ein Allel sich gegenüber dem anderen phänotypisch durchsetzt.
   (C) kann nur bei Homozygotie für ein Allel auftreten.
   (D) bezeichnet den Zustand, bei dem zwei Allele die sich beide gleichermaßen vollständig auf den Phänotyp auswirken.
   (E) kommt vor, wenn zwei Allele sich phänotypisch als eine Mischform darstellen.

65. Eine weiße Blume (Genotyp: ww) wird mit einer roten Blume (Genotyp: rr) gekreuzt. Bei einem intermediären Erbgang…

   (A) sind laut der 1. Mendel-Regel 50% der Blumen in der F1-Generation rosa (Genotyp: wr).
   (B) setzen sich bei einem Nachkommen mit dem Genotyp wr die Allele für weiße und rote Farbe beide vollständig durch.
   (C) ist nach Kreuzung der F1-Generation laut 2. Mendel-Regel ein Viertel der F2-Generation weiß.
   (D) ist nach Kreuzung der F1-Generation laut 2. Mendel-Regel ein Viertel der F2-Generation rosa.
   (E) unterscheidet sich der Genotyp der F1-Generation von einem rezessiven Erbgang.

66. Viele Erbkrankheiten werden autosomal-rezessiv vererbt. Eine Ausnahme bildet…

   (A) Mukoviszidose
   (B) Marfan-Syndrom
   (C) Lippen-Kiefer-Gaumen-Spalte
   (D) Thalassämie
   (E) Phenylketonurie

67. Das Fehlen der für Blutgruppen kodierende Allele A und B resultiert in…

   (A) dem Anknüpfen von Kohlenhydraten an die Erythrozytenoberfläche.
   (B) der Blutgruppe AB.
   (C) der Bildung von Rhesus-Antikörpern.
   (D) dem Fehlen einer Blutgruppe.
   (E) der Blutgruppe 0.

68. Welche Aussage/n zur Vererbung der Blutgruppen-Allele trifft/treffen zu?

    I.   A verhält sich dominant zu B und kodominant zu 0.
    II. B verhält sich kodominant zu A und dominant zu 0.
    III. 0 verhält sich rezessiv zu A und B.
    IV. B verhält sich rezessiv zu 0 und kodominant zu A.
    V.   A verhält sich dominant zu 0 und kodominant zu B.

    (A) Aussage I. und II. treffen zu.
    (B) Aussage II., III., und V. treffen zu.
    (C) Aussage III., IV. und V. treffen zu.
    (D) Aussage II. und III. treffen zu.
    (E) Aussage I., II. und IV. treffen zu.

69. Welche der folgenden Elternpaare kann kein Kind mit der Blutgruppe A zur Welt bringen?

    (A) Mutter mit dem Genotyp 00 & Vater mit dem Genotyp A0.
    (B) Mutter mit dem Genotyp AB & Vater mit dem Genotyp AA.
    (C) Mutter mit dem Genotyp A0 & Vater mit dem Genotyp BB.
    (D) Mutter mit dem Genotyp B0 & Vater mit dem Genotyp A0.
    (E) Mutter mit dem Genotyp 00 & Vater mit dem Genotyp AB.

70. Welche der folgenden Aussagen trifft/treffen zu?

    I.   Die Wahrscheinlichkeit für Eltern mit den Genotypen A0 und B0 ein Kind der Blutgruppe 0 zu zeugen ist 25%.
    II. Ein Kind der Blutgruppe B kann eine Mutter der Blutgruppe 0 haben.
    III. Bei der Blutgruppe AB setzen sich phänotypisch A und B gleichermaßen durch.
    IV. Die Hälfte der Kinder eines Elternpaares mit den Genotypen AB und B0 haben die Blutgruppe B.

    (A) Nur Aussage I. trifft zu.
    (B) Aussage I., II. und III. treffen zu.
    (C) Aussage III. und IV. treffen zu.
    (D) Aussage I., III. und IV. treffen zu,
    (E) Alle Aussagen treffen zu.

4.3 GEN-KOPPLUNG UND CROSSING-OVER

71. Welche Aussage zur Gen-Kopplung ist <u>richtig</u>?

   (A) Die Vererbung folgt den Mendel`schen Regeln.
   (B) Zwei oder mehr Gene können gemeinsam vererbt werden.
   (C) Zur Gen-Kopplung kommt es, weil gemeinsam vererbte Gene auf verschiedenen Chromosomen liegen.
   (D) Gen-Kopplung tritt auf, da die Anzahl der Gene die Anzahl der homologen Chromosomenpaare bei weitem unterschreitet.
   (E) Die Gene eines Chromosoms können nicht wieder entkoppelt werden.

72. Welche Aussage zur Gen-Kopplung ist <u>falsch</u>?

   (A) Gen-Kopplung tritt während der Mitose auf.
   (B) Die Rekombinationswahrscheinlichkeit verhält sich proportional zur Entfernung der Gene zueinander.
   (C) Die Wahrscheinlichkeit der Gen-Kopplung kann mittels einer Kopplungsanalyse berechnet werden.
   (D) Durch Crossing-over können Gene, die nahe bei einander liegen, auch wieder entkoppelt werden.
   (E) Gen-Kopplung tritt bei Tieren und Pflanzen auf.

73. Welche Aussage zum Crossing-over ist <u>falsch</u>?

   (A) Das Crossing-over kann während der Meiose auftreten.
   (B) Der wechselseitige Austausch von Teilstücken zwischen den Chromatiden führt zu einer Rekombination von Genen.
   (C) Je weiter zwei Gene voneinander entfernt sind, desto wahrscheinlicher werden sie durch ein Crossing-over entkoppelt bzw. ausgetauscht.
   (D) Das Crossing-over findet während der Zellteilung in der Telophase I statt.
   (E) Das Crossing-over findet im Karyoplasma statt.

74. Welche Aussage zum Crossing-over ist richtig?

(A) Das Crossing-over findet bei Prokaryonten statt.
(B) Beim Crossing-over kommt es i.d.R. zur Deletion des ausgetauschten Chromosomenbereichs.
(C) Durch das Crossing-over werden an die nachfolgende Generation Chromosomen weitergegeben, die eine Mischung aus väterlichen und mütterlichen Abschnitten darstellen.
(D) Das Crossing-over findet in der Äquationsteilung, also der Meiose II, statt.
(E) Die Überkreuzungen (Chiasmata), der Chromosomen können nur mit dem Elektronenmikroskop gesehen werden.

4.4 NICHT-CHROMOSOMALE VERERBUNG DER MITOCHONDRIEN

75. Welche(s) Zellorganell(en) besitzt/besitzen ein eigenes Genom?

I. Mitochondrien
II. Endoplasmatisches Retikulum
III. Chloroplast
IV. Golgi-Apparat

(A) I. und II. sind richtig.
(B) I., III. und IV. sind richtig.
(C) I. und IV. sind richtig.
(D) I. und III. sind richtig.
(E) Nur I. ist richtig.

76. Welche Aussage zur nichtchromosomalen Vererbung ist <u>falsch</u>?

   I. Mitochondrien und Plastiden besitzen ein eigenes Genom.
   II. Zellorganellen mit eigenem Genom vererben dieses unabhängig von den Chromosomen in eukaryotischen Zellen.
   III. Die DNA der Mitochondrien wird durch die paternale (Spermien) und maternale (Eizelle) Linie vererbt.
   IV. Die nichtchromosomale Vererbung funktioniert nach den Mendel'schen Regeln.
   V. Organellen mit eigenem Genom werden als semiautonom bezeichnet.

   (A) I. und II. sind falsch.
   (B) I., III. und IV. sind falsch.
   (C) I. und IV. sind falsch.
   (D) III. und IV. sind falsch.
   (E) Nur I. ist falsch.

4.5 MUTATIONEN UND DEREN AUSLÖSER

Lernstoff

- ✓ Spontane Muationionen und induzierte Mutationen (Mutagene)
  - Genmutation
  - Substitution
  - Deletion
  - Duplikation
  - Insertion bzw. Addition
- ✓ Chromosomenmutation
  - Deletion (Verlust eines Chromosomenstücks)
  - Duplikation (Wiederholung eines Abschnitts auf dem gleichen Chromosom)
  - Inversion (umgekehrter Einbau eines Chromosomensegments)
  - Translokation (Austausch von Segmenten zwischen zwei nicht homologen Chromosomen)
  - Insertion (Ein Chromosom besitzt ein zusätzliches Teilstück)
- ✓ Genommutation
  - Polyploidie
  - Aneuploidie
    - Monosomie X (Turner-Syndrom)
    - Trisomie 13 (Pätau-Syndrom)
    - Trisomie 18 (Edwars-Syndrom)
    - Trisomie 21 (Down-Syndrom)
    - Klinefelter-Syndrom (XXY)

77. Welche Mutationen können auftreten?

    I. Strichmutationen
    II. Punktmutationen
    III. Genommutationen
    IV. Monosomie
    V. Deletionen in der Chromosomenstruktur

    (A) II., III. und IV. sind richtig.
    (B) II., III., IV. und V. sind richtig.
    (C) I., III. und V. sind richtig.
    (D) I., II. und V. sind richtig.
    (E) Alle sind richtig.

78. Was gilt nicht als Auslöser von Mutationen?

    (A) UV-Strahlung
    (B) Nitrosamine
    (C) Röntgenstrahlung
    (D) Infrarotstrahlung
    (E) Chemische Substanzen, wie z.B. Asbest, Benzol, Acrylamid

79. Was ist Triploidie?

    (A) Ein dreifach vorliegendes Chromosom
    (B) Ein einfacher Chromosomensatz
    (C) Ein dreifacher Chromosomensatz
    (D) Ein doppelter Chromosomensatz
    (E) Das dritte Chromosomenpaar fehlt

80. Was ist Trisomie?

    (A) Ein dreifacher Chromosomensatz
    (B) Ein Chromosom liegt einzeln vor.
    (C) Ein Chromosom liegt dreimal vor.
    (D) Ein einfacher Chromosomensatz
    (E) Ein Chromosom fehlt.

81. Welche der folgenden Aussagen trifft nicht zu?

    (A) Chromosomenmutationen sind in Chromosomenpräparaten lichtmikroskopisch sichtbar.
    (B) Eine Deletion bedeutet, dass ein Abschnitt eines Chromosoms doppelt vorhanden ist, da ein auseinandergebrochenes Teilstück in die Schwesterchromatide eingegliedert wurde.
    (C) Das Cri-du-chat-Syndrom, bei dem es zur Deletion auf dem Chromosom 5 kommt, bezeichnet eine Chromosomenmutation.
    (D) Eine Insertion verschiebt das Leseraster nur dann, wenn nicht drei oder ein Vielfaches von drei Nukleotiden in eine DNA-Sequenz eingebaut wurden.
    (E) Eine Genduplikation kann während des Crossing-over auftreten.

82. Welche Aussage zur Gen-Mutation ist falsch?

    (A) Genmutationen werden häufig phänotypisch in Form von Proteinen exprimiert, die sich von den normalen (Wildtyp-)Proteinen unterscheiden.
    (B) Den Austausch einer Aminosäure nennt man Punktmutation.
    (C) Eine Genmutation liegt bereits vor, wenn sich in der DNA nur eine Base ändert.
    (D) Durch die Mutation einer Base kann die neue Sequenz für ein Stopp der Translation codieren.
    (E) Durch den Austausch einer Base kann es zur missense-Mutation kommen, die für eine andere Aminosäure codiert.

83. Bei welcher dieser Mutationen bzw. Abweichungen von der nachfolgenden Gensequenz (CCA ATG TGA C) handelt es sich um eine Punktmutation, bei der das Leseraster nicht verschoben wird (Substitution)?

    (A) CCA TGT GAC
    (B) CCC CCA TGT G
    (C) CCA ATG GAC
    (D) AAA ATG TGA C
    (E) CAA TGT GAC

84. Wobei handelt es sich um eine Frameshift-Mutation?
    DIE KUH MAG EIS AUF DEM HEU

    (A) DIE KUH MAK EIS AUF DEM HEU
    (B) DIE KUU MAG EIS AUF HEU
    (C) DIE KUM AGE ISA UFD EMH EU
    (D) DIE KUH MAG EIS MIT DEM HEU
    (E) KUH MAG EIS MIT DEM HEU

85. Wobei handelt es sich nicht um eine Genmutation?

    (A) Substitution
    (B) Insertion
    (C) Deletion
    (D) Stille Muation
    (E) Trisomie

86. Was versteht man unter einer sogenannten Substitution?

    (A) Basenaustausch
    (B) Einschub einer Base
    (C) Verlust einer Base
    (D) Stille Mutation
    (E) Nonsense Mutation

87. Welche Mutation führt bei der Translation zum Austausch einer Aminosäure gegen eine andere?

    (A) Nonsense-Mutation
    (B) Nullmutation
    (C) Missense-Mutation
    (D) Frameshift-Mutation
    (E) Stille Mutation

88. Der Leserahmen oder reading frame eines Gens wird durch welche Mutation nicht verschoben?

    (A) Duplikation eines Nukleotids
    (B) Insertion eines Nukleotids
    (C) Deletion eines Nukleotids
    (D) Austausch eines Nukleotids, z. B. bei einer Missense-Mutation
    (E) Insertion von zwei Nukleotiden

89. Was beinhaltet eine Aneuploidie?

    (A) Eine anormale Chromosomenzahl
    (B) Eine normale Chromosomenzahl
    (C) Ein einfacher Chromosomensatz
    (D) Ein mehrfacher Chromosomensatz
    (E) Ein zweifacher Chromosomensatz

90. Welche Aussage zu Genommutationen beim Menschen ist falsch?

    (A) Bei Genommutationen verändert sich die Zahl der Chromosomen.
    (B) Bei einem zusätzlichen Chromosom spricht man von Trisomie.
    (C) Bei Genommutationen können 47 Chromosomen auftreten.
    (D) Genommutationen können nicht erblich bedingt sein.
    (E) Bei einem fehlenden Chromosom an einer Stelle spricht man von Monosomie.

91. Wie viele Chromosomen weist ein Individuum mit Trisomie 18 (Edwards-Syndrom) auf?

    (A) 23
    (B) 22
    (C) 46
    (D) 47
    (E) 48

92. Bei welcher dieser Mutationen bzw. Abweichungen von der nachstehenden Gensequenz (GGTACCACTGATCTA) handelt es sich um eine Deletion?

    (A) GGTACCACTGGATCTA
    (B) GGTAGCACTGGATCTA
    (C) GGTACCACTGATCTAA
    (D) GGTACACTGATCTA
    (E) GGGGGTACCACTGAT

93. Welche Mutation führt zu einem Stoppcodon, welches einen vorzeitigen Abbruch der Polypeptidkette und meistens den vollständigen Funktionsverlust hervorruft?

    (A) Missense-Mutation
    (B) Nonsense-Mutation
    (C) Spleiß-Mutation
    (D) Frameshift-Mutation
    (E) Duplikation

GENETIK AUF MOLEKULARER EBENE

5 GENETIK AUF MOLEKULARER EBENE

Lernstoff

✓ DNA
  - Aufbau (**MedAT 2015!**)
  - Replikation
  - Reparatur
✓ RNA und Splicing (**MedAT 2014!**)
✓ Vom Gen zum Merkmal
  - Genetischer Code
  - Aufbau eukaryotischer Gene
✓ Proteinbiosynthese: Transkription und Translation (**MedAT 2014!**)

5.1 DNA AUFBAU, REPLIKATION, REPARATUR

HINWEIS! Mach Dich gut mit dem Aufbau der DNA vertraut. Im MedAT 2015 wurden dazu fragen gestellt.

94. Was kann keine Base der DNA sein?

    (A) Adenin
    (B) Guanin
    (C) Thymin
    (D) Cytosin
    (E) Uracil

95. Guanin liegt in einer DNA zu 21% vor. Zu wieviel % besteht die DNA aus Adenin?

    (A) zu 21%
    (B) zu 79%
    (C) zu 50%
    (D) zu 29%
    (E) zu 0%

96. Welche zwischenmolekulare Kräfte bzw. chemische Bindungen stabilisieren die DNA nicht?

    (A) Wasserstoffbrückenbindungen
    (B) Phosphodiesterbindungen
    (C) N-Glykosidische Bindungen
    (D) Van-der-Waals-Kräfte
    (E) Ionenbindung

97. Adenin liegt zu 25% in der DNA vor. Zu wie viel % besteht die DNA aus Thymin?

    (A) zu 50%
    (B) zu 0%
    (C) zu 20%
    (D) zu 25%
    (E) zu 100%

98. Welche Aussage zum Aufbau der DNA ist falsch?

    (A) Jedes Nukleotid besteht aus drei Bestandteilen.
    (B) Ein Nukleosid setzt sich aus einer Base und einem Zucker zusammen.
    (C) Als Zucker findet man eine Desoxyribose in der DNA.
    (D) Guanin und Adenin sind in einer DNA gepaart.
    (E) Die Basen sind untereinander durch Wasserstoffbrückenbindungen verbunden.

99. Was ist kein Unterschied zwischen dem Aufbau von DNA und RNA?

    (A) Die Ribose der RNA ist der DNA identisch bis auf die Hydroxygruppe an der 2´-Position im Pentose-Ring.
    (B) Die Base Thymin wird in der RNA durch Uracil ersetzt.
    (C) Im Gegensatz zur DNA werden die Basen der RNA über eine N-glykosidische Bindung an das C 1'-Atom des Zuckers gehängt.
    (D) Die RNA kann, im Gegensatz zur DNA, auch als Einzelstrang vorliegen.
    (E) Die RNA kann keine Helix als Raumstruktur ausbilden

100. Welche der folgenden Elemente ist kein Bestandteil der DNA?

    (A) Kohlenstoff
    (B) Wasserstoff
    (C) Phosphat
    (D) Schwefel
    (E) Sauerstoff

101. Guanin liegt zu 13% in der DNA vor. Wie viel % der DNA macht Thymin aus?

    (A) 13%
    (B) 37%
    (C) 74%
    (D) 87%
    (E) 50%

102. Welche Aussage(n) zur DNA und RNA trifft/treffen zu?

    I. Die Replikation der DNA findet im Zellkern statt.
    II. Für die Replikation der DNA ist eine DNA-Polymerase notwendig.
    III. Die mRNA wird außerhalb des Zellkerns translatiert.
    IV. Die Vorläufer-mRNA wird vor Austritt in das Zytoplasma noch weiter prozessiert.
    V. Die Translation findet im Karyoplasma statt.

    (A) I., II., III. und V. sind richtig.
    (B) I., II., III. IV. und V. sind richtig.
    (C) Nur V. ist richtig.
    (D) I., II., III. und IV. sind richtig.
    (E) I., III. und V. sind richtig.

103. Was macht die Helikase bei der Replikation?

    (A) Sie markiert den Startpunkt der Replikation.
    (B) Sie entwindet die Doppelhelix.
    (C) Sie synthetisiert ein Stück RNA.
    (D) Sie entfernt den Primer.
    (E) Sie verknüpft die beiden gebildeten Stränge.

104. Welche Aussage(n) zur Replikation ist/sind richtig?

   I. Enzyme, wie Polymerasen, Primasen oder Ligasen, spielen eine wichtige Rolle bei der Verdopplung der DNA.
   II. Die DNA-Ligase schließt die Bindung vom 3'-Ende des neuen zum 5'-Ende des alten DNA-Stückes.
   III. Die Replikation läuft nach dem Prinzip der semikonservativen Replikation ab.
   IV. Die Replikation muss geschehen, bevor sich die Zelle durch Meiose oder Mitose teilt.
   V. In der Elongationsphase synthetisiert die DNA-Polymerase die komplementären Stränge zu den Einzelsträngen.

   (A) Nur I. ist richtig.
   (B) I. und II. sind richtig.
   (C) I., II., III. und V. sind richtig.
   (D) Alle Aussagen sind richtig.
   (E) II., III. und IV. sind richtig.

105. Welche Funktion hat die Telomerase?

   (A) Das Enzym katalysiert die DNA Replikation am Ende eines Chromosoms.
   (B) Die Telomerase beschleunigt die Transkription.
   (C) Die Telomerase verlangsamt die Transkription.
   (D) Die Telomerase stellt die Endstücke eines Chromosoms wieder her.
   (E) Das Enzym verbindet die Okazaki Fragmente des Folgestrangs.

106. Was ist der hauptsächliche Unterschied zwischen dem Leit- und Folgestrang bei der DNA-Replikation?

   (A) Der Replikationsursprung liegt am jeweiligen 3'-Ende der alten DNA.
   (B) Die DNA-Polymerase kann nur am 3'-Ende neue Nukleotide am wachsenden Strang hinzufügen.
   (C) Die DNA-Polymerase arbeitet wechselnd am Leit- und am Folgestrang.
   (D) Am Folgestrang ist eine kontinuierliche Replikation nicht möglich, da er in die „falsche Richtung" verläuft.
   (E) Die DNA-Polymerase synthetisiert erst den Leit-, dann den Folgestrang.

5.2 RNA UND SPLICING

107. Was kann <u>keine</u> Base der RNA sein?

   (A) Adenin
   (B) Thymin
   (C) Guanin
   (D) Cytosin
   (E) Uracil

108. Was passiert beim Spleißen?

   (A) Beim Spleißen werden die Introns aus der RNA entfernt.
   (B) Beim Spleißen erfolgt eine Polyadenylierung am 5´-Ende.
   (C) Beim Spleißen entsteht aus mRNA die tRNA.
   (D) Beim Spleißen hilft die DNA-Polymerase durch Anheftung weiterer Nukleotide bei der DNA-Verlängerung.
   (E) Beim Spleißen entsteht im Cytoplasma aus der präRNA die reife mRNA.

109. Welche Aussage(n) trifft bzw. treffen zum Spleißen zu?

   I. Bakterien spleißen die mRNA vor der Translation.
   II. Alternatives Splicing belegt die „Ein-Gen-ein-Enzym-Hypothese".
   III. Die Informationsdichte der DNA wird durch alternatives Spleißen erhöht.
   IV. Beim Spleißen werden angrenzende Introns zu fertiger mRNA verknüpft.
   V. Mutationen, die Sequenzen betreffen, die für das Spleißen wichtig sind, können Krankheiten verursachen.

   (A) Nur II. und III. sind richtig.
   (B) Nur III. und V. sind richtig.
   (C) Alle Aussagen sind richtig.
   (D) Keine Aussage ist richtig.
   (E) II., III. und V. sind richtig.

5.3 GENETISCHER CODE

110. Welche Aussage zum genetischen Code ist <u>falsch</u>?

    (A) Bei der Translation können 20 bis 21 Aminosäuren in das wachsende Protein eingebaut werden.
    (B) Der genetische Code der RNA ist aus einem Vier-Buchstaben-Code aus den Basen A, U, C und G aufgebaut.
    (C) Jede Aminosäure kann durch mehrere Basentripletts codiert werden.
    (D) Ein Buchstabentriplett wird auch als Codon bezeichnet (z. B. AUG, GGC, etc.)
    (E) Jedes Gen weist ein Start- und ein Stoppcodon auf.

111. Das Anticodon der Threonin tRNA hat das Basentriplett 3'-ACG-5'. Welches der folgenden Basentripletts einer mRNA kodiert für Threonin?

    (A) 5'-TGC-3'
    (B) 5'-UGC-3'
    (C) 5'-TCG-3'
    (D) 5'-AUG-3'
    (E) 5'-UGA-3'

112. Ein einzelsträngiges RNA-Virus hat einen Basenanteil von 23% Guanin, wie hoch ist sein Cysteinanteil?

    (A) 23%
    (B) 27%
    (C) 77%
    (D) 54%
    (E) Kann mit diesen Angaben nicht berechnet werden.

113. Welche der folgenden mRNA-Sequenzen passt zu der gegebenen DNA-Sequenz?

    DNA   3´ - CCA GTA AAC GGA CTT CTT 5´
    mRNA   5´-   - 3´

    (A) 5´- GGU CAU UUG CCU GAA GAA – 3´
    (B) 5´- GGU CAU UUG CCU GTT GTT – 3´
    (C) 5´- GGT CAT TTG CCT GAA GAA – 3´
    (D) 5`- GGU CTA UUG GGT GAA GAA – 3´
    (E) 5´- GGT CTT TTG CCT GAA GAA – 3´

114. Der genetische Code ist?

    I. Eindeutig
    II. Degeneriert
    III. Universell
    IV. Ohne Komma und nicht überlappend

    (A) Nur I. und II. sind richtig.
    (B) Alle Antworten sind richtig.
    (C) Keine Antwort ist richtig.
    (D) Nur IV. ist richtig.
    (E) I., II. und III. sind richtig.

115. Welche Aussage(n) über den genetischen Code trifft/treffen zu?

    I. Die drei Stoppcodons sind UAG, UGA und UAA.
    II. Das Startcodon lautet AUG.
    III. AUG entspricht der Aminosäure Methionin.
    IV. Es gibt 64 mögliche Codon-Tripletts.

    (A) Nur I. ist richtig.
    (B) I., III. und IV. sind richtig.
    (C) Alle Aussagen sind richtig.
    (D) Nur IV. ist richtig.
    (E) II. und IV. sind richtig.

5.4 AUFBAU EUKARYOTISCHER GENE

116. Was ist kein Bestandteil eines prokaryotischen Gens?

    I. Promotor
    II. Enhancer
    III. Intron
    IV. Exon
    V. Operon

    (A) Nur II. ist richtig.
    (B) Nur III. ist richtig.
    (C) II. und III. sind richtig.
    (D) Alle sind richtig.
    (E) I., II. und V. sind richtig.

117. Was haben eukaryotische Gene, was prokaryotischen Genen fehlt?

(A) Exons
(B) Introns
(C) Promotor
(D) Enhancer
(E) Eukaryotische und prokaryotische Gene unterscheiden sich nicht im Aufbau.

5.5 PROTEINBIOSYNTHESE

118. Wo findet in der Zelle die Proteinbiosynthese statt?

(A) Im Zellkern
(B) In den Peroxisomen
(C) In den Lysosomen
(D) An den Ribosomen
(E) Im Golgi-Apparat

119. Was ist/sind kein(e) Schritt(e) der Transkription?

I. Hybridisierung
II. Initiation
III. Desoxygenierung
IV. Elongation
V. Termination

(A) I. und III. sind richtig.
(B) I. und II. sind richtig.
(C) III. und V. sind richtig.
(D) I. und V. sind richtig.
(E) Nur III. ist richtig.

120. Welche Aussage zur Transkription ist richtig?

(A) Sie erfordert Ribosomen.
(B) Die Transkription erfordert tRNAs.
(C) Sie erfolgt nur in Eukaryoten.
(D) Sie erzeugt nur mRNAs.
(E) Sie erzeugt RNA, die vom 5' – zum 3' – Ende verlängert wird.

121. Welche Aussage(n) über die Genexpression von Prokaryoten und Eukaryoten ist/sind richtig?

   I. Bei Prokaryoten gibt es keine räumliche Trennung von Transkription und Translation.
   II. Die Translation bei Eukaryoten findet im Cytoplasma statt.
   III. Bei Prokaryoten findet keine Modifikation der mRNA nach der Transkription und vor der Translation statt.
   IV. Bei Eukaryoten werden Introns herausgespleißt.
   V. Nicht codierende Abschnitte zwischen codierenden Sequenzen nennt man bei Eukaryoten Exons.

   (A) I., II., III. und IV. sind richtig.
   (B) I., III., IV. und V. sind richtig.
   (C) I., III. und IV. sind richtig.
   (D) I., II., III. und V. sind richtig.
   (E) Alle Aussagen sind richtig.

122. Welche Aussage beschreibt die Transkription richtig?

   (A) Die Transkription beschreibt die Synthese von Aminosäuren aus mRNA.
   (B) Die Transkription bezeichnet die Synthese von mRNA aus DNA.
   (C) Die Transkription verläuft semi-konservativ.
   (D) Die Transkription spielt sich am endoplasmatischen Retikulum ab.
   (E) Die Transkription dient der DNA Vermehrung.

123. Welche Aussage zur Translation und Transkription ist falsch?

   (A) Bei der Translation wirken tRNAs mit.
   (B) Bei der Translation wirken rRNAs mit.
   (C) Bei der Transkription werden RNAs erzeugt.
   (D) Die mRNA wird an Ribosomen erzeugt.
   (E) Die DNA codiert mRNA, tRNA und rRNA.

124. Ein Anticodon ist komplementär zu?

   (A) dem codogenen Strang
   (B) dem Codon
   (C) dem Intron
   (D) der tRNA
   (E) dem Protein

125. Wo findet die Translation statt?

   (A) Im Zellkern
   (B) Im Mitochondrium
   (C) Im Golgi-Apparat
   (D) An den Ribosomen
   (E) An der Zellmembran

126. Wie lauten die codogenen Basentripletts der DNA zu folgendem mRNA Ausschnitt?

   Codogener Strang   3´... ... ... 5´
   mRNA   5´... UGC GGC UAC ...3

   (A) 3´... GTA TTA GCA ... 5´
   (B) 3´... CAT AAT CGA ... 5´
   (C) 3´... ACG CCG ATG ... 5
   (D) 3´... GTA GCC GCA ... 5´
   (E) 5´... ACG CCG ATG ... 3´

FORTPFLANZUNG & ENTWICKLUNG DES MENSCHEN

6 FORTPFLANZUNG UND ENTWICKLUNG DES MENSCHEN

Lernstoff

- ✓ Der weibliche Zyklus (**MedAT 2013, 2014 und 2015!**)
- ✓ Oogenese und die Eizelle
- ✓ Spermien und Spermatogenese (**MedAT 2014 und 2015!**)
- ✓ Befruchtung bis Einnistung: Zygote, Morula, Blastozyste, Einnistung, Keimblätter (**MedAT 2014 und 2015!**)
- ✓ Embryonal- und Fetalentwicklung (**MedAT 2013, 2014 und 2015!**)
- ✓ Aufbau und Funktion der Plazenta (**MedAT 2014 und 2015!**)

6.1 DER WEIBLICHE ZYKLUS

!HINWEIS! Jahr für Jahr hat das Thema „weiblicher Zyklus" im MedAT Hochkonjunktur. Sei also vorbereitet.

127. Welche Aussage(n) zum Eierstock der Frau trifft/treffen zu?

   I. Die Eierstöcke werden auch Ovarien genannt.
   II. Im Eierstock werden Eizellen ausgebildet, die während der Geschlechtsreife monatlich ausgestoßen werden.
   III. Das Ovar produziert Östrogene und Gestagene.
   IV. Die Ovarien liegen i.d.R. paarig vor.

   (A) I., II., und IV. sind richtig.
   (B) I., III. und IV. sind richtig.
   (C) II. und IV. sind richtig.
   (D) Alle Aussagen sind richtig.
   (E) II. und III. sind richtig.

128. Welche der folgenden Aussagen ist/sind richtig?

   I. Geschlechtsverkehr kann ausschließlich zum Zeitpunkt des Eisprungs und in den 24 darauf folgenden Stunden zu einer Schwangerschaft führen.
   II. Eine Eizelle bleibt nach dem Eisprung ca. 24 Stunden befruchtungsfähig.
   III. Der Eisprung findet bei jeder Frau exakt am 14. Zyklustag statt.
   IV. Der erste Zyklustag entspricht dem ersten Tag der Regelblutung.
   V. Die Regelblutung findet am Ende eines jeden Zyklus statt.

   (A) Alle Aussagen sind richtig.
   (B) Keine Aussage ist richtig.
   (C) I., II., III. und IV. sind richtig.
   (D) II. und IV. sind richtig.
   (E) I. und II. sind richtig.

129. Welche Aussage zum weiblichen Zyklus ist richtig?

   (A) Der Menstruationszyklus wird ausschließlich durch in den Ovarien gebildeten Hormonen gesteuert.
   (B) Während der Menstruationsphase erreicht der Östrogenspiegel seinen Tiefpunkt.
   (C) Der Progesteronspiegel ist während der Menstruationsphase besonders hoch.
   (D) Der FSH-Spiegel ist in der zweiten Zyklushälfte deutlich höher als in der ersten.
   (E) Der Gelbkörper entwickelt sich in der Proliferationsphase.

130. Welche der folgenden Aussagen zum weiblichen Zyklus ist falsch?

   (A) Aufgrund des steigenden Progesteronspiegels in der Sekretionsphase kommt es zur Schleimhautabstoßung.
   (B) Sowohl in der Menstruations- als auch in der Follikelphase herrschen niedrige Progesteronspiegel.
   (C) In der Proliferationsphase wird die Gebärmutterschleimhaut aufgebaut.
   (D) In der zweiten Zyklushälfte ist die Basaltemperatur etwa 0,5 Grad höher als in der ersten Zyklushälfte.
   (E) Während des Eisprungs ist das Zervikalsekret besonders flüssig.

131. Welche der folgenden Aussagen ist <u>richtig</u>?

(A) Die Ovulation findet zu Beginn eines jeden Zyklus statt.
(B) In jedem Zyklus reifen zunächst mehrere Follikel heran, wovon jedoch nur einer zum sprungreifen Follikel wird.
(C) In jedem Zyklus entstehen insgesamt zwei sprungreife Follikel (jeweils einer in jedem der beiden Ovarien).
(D) Das Wachstum der Follikel wird in erster Linie durch das luteinisierende Hormon (LH) gefördert.
(E) Die Eizelle wird aus dem Ovar direkt in den Uterus entlassen.

132. Welche der folgenden Aussagen zum weiblichen Zyklus ist/sind <u>richtig</u>?

I. Der Gelbkörper produziert ausschließlich Progesteron.
II. hCG wird ausschließlich von der Plazenta gebildet.
III. hCG ist ab dem ersten Tag der Schwangerschaft nachweisbar.
IV. Die höchsten Progesteronspiegel liegen normalerweise um den 14. Zyklustag herum vor.
V. Östradiol wird von der Adenohypophyse ausgeschüttet.

(A) Keine Aussage ist richtig.
(B) Alle Aussagen sind richtig.
(C) II., III. und V. sind richtig.
(D) Nur III. ist richtig.
(E) III. und IV. sind richtig.

133. Welche der folgenden Aussagen zu Progesteron ist <u>falsch</u>?

(A) Progesteron ist ein Vertreter der Gestagene.
(B) Es wird vom Gelbkörper gebildet.
(C) Auch die Plazenta bildet Progesteron.
(D) Progesteron ist wichtig zur Aufrechterhaltung der Schwangerschaft.
(E) Progesteron fördert den Eisprung.

134. Welche der folgenden Aussagen ist falsch?

    (A) Der Gelbkörper entsteht nach dem Eisprung aus dem übrig gebliebenen Follikel.
    (B) Er bildet sich unter dem Einfluss des luteinisierenden Hormons.
    (C) Der Gelbkörper produziert Hormone.
    (D) Bei den vom Gelbkörper produzierten Hormonen handelt es sich in erster Linie um LH (luteinisierendes Hormon).
    (E) hCG ist nötig zur Aufrechterhaltung des Gelbkörpers, falls eine Befruchtung stattgefunden hat.

135. Welche der folgenden Aussagen zu FSH ist/sind richtig?

    I. FSH fördert die Follikelreifung.
    II. FSH wird im Eierstock gebildet.
    III. FSH spielt nur bei Frauen eine Rolle.
    IV. FSH ist das entscheidende Hormon für die Entwicklung des Gelbkörpers.
    V. FSH hat gemeinsam mit LH ca. in der Zyklusmitte einen Peak.

    (A) I., II. und III. sind richtig.
    (B) I., IV., und V. sind richtig.
    (C) I., II. und V. sind richtig.
    (D) I. und V. sind richtig.
    (E) Keine Aussage ist richtig.

136. Welche der folgenden Aussagen zu Östrogenen ist falsch?

    (A) Östrogene werden ausschließlich von den Follikeln in den Ovarien produziert.
    (B) Östrogene fördern die Entwicklung der weiblichen Geschlechtsorgane.
    (C) Östrogene gehören zu den Steroidhormonen.
    (D) LH (das luteinisierende Hormon) hat einen Einfluss auf die Östrogenbildung.
    (E) Auch Männer produzieren in geringen Mengen Östrogene.

137. Was wird mit einem gängigen Urin-Schwangerschaftstest aus dem Drogeriemarkt nachgewiesen?

    (A) Östrogen
    (B) Humanes Choriongonadotropin (hCG)
    (C) Follikelstimulierendes Hormon (FSH)
    (D) Thyreotropin (TSH)
    (E) Luteinisierendes Hormon (LH)

6.2 OOGENESE UND DIE EIZELLE

138. Welche Aussage zur Eizelle ist falsch?

(A) Das Zytoplasma der Eizelle ist reich an Nährstoffen.
(B) Bei den meisten Tierarten sind die Eizellen viel größer als die Spermien.
(C) Zweieiige Zwillinge entwickeln sich, wenn zwei separate Eizellen von zwei separaten Spermien befruchtet werden.
(D) Die Anzahl der Eizellen einer Frau erreicht zum Zeitpunkt der Pubertät ihr Maximum.
(E) Die Eizellen entstehen im Ovar.

139. Wie viele Eizellen produziert eine Frau während der gesamten Zeit der Geschlechtsreife?

(A) Keine
(B) Ca. 1.000
(C) Ca. 10.000
(D) Ca. 100.000
(E) Ca. 1.000.000

6.3 SPERMIEN UND SPERMATOGENESE

HINWEIS! Du solltest wissen, wie ein Spermium aufgebaut ist.

140. Wo befindet sich der Zellkern beim Spermium?

(A) Im Kopfteil
(B) Im Mittelstück
(C) Ein Spermium besitzt keinen Zellkern.
(D) Im Schwanzstück
(E) Im Akrosom

141. Was ist kein Bestandteil eines Spermatozoon (= Spermium)?

(A) Zwei Zentriolen
(B) Akrosom
(C) Mitochondrien
(D) Ribosomen
(E) Zellkern

142. Wo erfolgt die Lagerung und Ausreifung der Samenzellen beim Mann?

    (A) Nebenhoden
    (B) Hoden
    (C) Prostata
    (D) Samenleiter
    (E) Bulbourethraldrüse bzw. Cowpersche Drüse

6.4 BEFRUCHTUNG UND EMBRYONALENTWICKLUNG

HINWEIS! Dieser Themenkomplex wird sehr gerne abgefragt. Sei also vorbereitet. Du solltest u. a. wissen, wie sich die weiblichen Hormone in der Schwangerschaft grob verhalten. Wann passiert was in einer Schwangerschaft? Wann nistet sich die befruchtete Eizelle ein? Wann entwickeln sich die Organe? Etc.

143. Wo findet in der Regel die Befruchtung der Eizelle statt?

    (A) Im Eileiter
    (B) Im Ovarium
    (C) In der Gebärmutter
    (D) Im Ureter
    (E) Im Gebärmutterhals

144. Welcher dieser Begriffe beschreibt kein Entwicklungsstadium der befruchteten Eizelle?

    (A) Zygote
    (B) Morula
    (C) Blastozyste
    (D) Keimscheibe
    (E) Eizelle

145. Wie nennt man eine befruchtete Eizelle?

    (A) Oozyte
    (B) Zygote
    (C) Morula
    (D) Blastozyste
    (E) Keimblatt

146. Wie nennt man das Stadium der Embryogenese 4-5 Tage nach der Befruchtung?

   (A) Oozyte
   (B) Morula
   (C) Blastozyste
   (D) Keimblatt
   (E) Zygote

147. Wann findet die Einnistung der Blastozyste in die Uterusschleimhaut statt?

   (A) Am Tag der Befruchtung
   (B) Am Tag nach der Befruchtung
   (C) 6-8 Tage nach der Befruchtung
   (D) 10-12 Tage nach der Befruchtung
   (E) 14 Tage nach der Befruchtung

148. Welche Aussage über die Keimblätter ist falsch?

   (A) Das Mesoderm ist das mittlere Keimblatt.
   (B) Das Entoderm ist das innere Keimblatt.
   (C) Das Ektoderm ist das äußere Keimblatt.
   (D) Die Umformung der zweiblättrigen in eine dreiblättrige Keimscheibe findet in der dritten Woche nach der Befruchtung statt.
   (E) Nervengewebe wird vom Entoderm gebildet.

149. Wann ist der menschliche Embryo/Fetus besonders empfindlich gegenüber dem Auftreten von Fehlbildungen durch Strahlungsbelastung oder chemische Belastung?

   (A) Zum Zeitpunkt der Geburt
   (B) Während der ersten drei Monate
   (C) Während der letzten drei Monate
   (D) Als Zygote
   (E) In den letzten Stadien der Organbildung

150. Wie bezeichnet man die Außenschicht der drei Keimblätter?

    (A) Ektoderm
    (B) Entoderm
    (C) Mesoderm
    (D) Trophoblast
    (E) Dezidua

151. Das Mesoderm ist eines der drei primären Keimblätter des Embryos. Welche der folgenden Gewebe/Organe entwickeln sich daraus?

    (A) Herz-Kreislaufsystem, Bauchspeicheldrüse und Lungen
    (B) Haut, Nieren und Nervensystem
    (C) Kardiovaskuläres System, Muskeln, Knochen und Niere
    (D) Entoderm und Ektoderm
    (E) Kardiovaskuläres System, Haut, Nervensystem und Zähne

152. Welche Aussage ist falsch?

    (A) Das Mesoderm bildet das Muskelgewebe.
    (B) Das Entoderm bildet Leber, Galle und Pankreas.
    (C) Das Ektoderm bildet das Nervengewebe.
    (D) Die Knochen sind aus dem Entoderm entstanden.
    (E) Das Herz ist aus dem Mesoderm entstanden.

153. Welche der folgenden Aussagen zur Imprägnation ist/sind falsch?

    I. Bei der Eizelle angekommen, muss das Spermium zunächst die Corona radiata durchdringen.
    II. Anschließend muss es die Zona pellucida passieren.
    III. Für das Durchdringen der Zona pellucida sind Enzyme aus dem Akrosom, welches sich im Spermienkopf befindet, notwendig.
    IV. Unter Akrosomenreaktion versteht man das Verschmelzen der Akrosomenmembran mit der Zellmembran des Spermiums.

    (A) Alle Aussagen sind falsch.
    (B) Keine Aussage ist falsch.
    (C) I. und II. sind falsch.
    (D) III. und IV. sind falsch.
    (E) I. und III. sind falsch.

154. Welche der folgenden Aussagen zur Präimplantationsphase ist richtig?

    (A) Die Zygote beginnt nach etwa zehn Minuten mit den Furchungsteilungen.
    (B) Die befruchtete Eizelle wird als Blastomer bezeichnet.
    (C) Die Furchungsteilungen erfolgen im Uterus.
    (D) Etwa drei Tage nach der Befruchtung ist das Morulastadium erreicht.
    (E) In der Morula lassen sich zwei verschiedene Zellarten unterscheiden.

155. Welche der folgenden Aussagen zur Implantation ist/sind falsch?

    I.   Am vierten Tag nach der Befruchtung heftet sich die Eizelle an der Uteruswand an.
    II. Zwei Tage nach der Befruchtung löst sich die Zona pellucida auf.
    III. Die Implantation erfolgt im Morulastadium.
    IV. Die Implantation ist am siebten Tag nach der Befruchtung abgeschlossen.
    V.   Aus der inneren Zellmasse der Blastozyste entwickelt sich die Plazenta.

    (A) Alle Aussagen sind falsch.
    (B) Keine Aussage ist falsch.
    (C) I., III., IV. und V. sind falsch.
    (D) I., III. und IV. sind falsch.
    (E) Nur III. ist falsch.

156. Welche der folgenden Aussagen zur Embryonalentwicklung trifft/treffen zu?

    I.   Die untere Extremität ist der oberen in der Entwicklung immer etwas voraus.
    II. In der 4. Entwicklungswoche beginnt der Embryo Fruchtwasser zu schlucken.
    III. Bereits in der 4. Entwicklungswoche können erste Kontraktionen der Herzanlage erfolgen.
    IV. In der 6. Entwicklungswoche sind die Anlagen von Ohr und Auge bereits erkennbar.
    V.   Die Ausbildung der Fingerstrahlen beginnt in der 4. Entwicklungswoche.

    (A) Alle Aussagen sind richtig.
    (B) Keine Aussage ist richtig.
    (C) I., III. und IV. sind richtig.
    (D) I., II. und III. sind richtig.
    (E) III. und IV. sind richtig.

157. Welche der folgenden Aussagen zur Embryonalentwicklung ist falsch?

    (A) In der 8. Entwicklungswoche hat der Embryo bereits eindeutig menschliche Formmerkmale.
    (B) Am Ende der 8. Entwicklungswoche kann man das Geschlecht des Kindes erkennen.
    (C) Am Ende der 8. Entwicklungswoche sind Zehen und Finger erkennbar.
    (D) In der 8. Entwicklungswoche kann das Kind willkürlich Bewegungen durchführen.
    (E) Am Ende der 8. Woche ist das Kind bis zu 3 cm groß.

158. Welche der folgenden Aussagen zur Konzeption ist/sind richtig?

    I. Die Eizelle vollendet ihre zweite Reifeteilung erst nach der Imprägnation.
    II. Nach Eindringen des Spermiums kommt es über die Zonareaktion zum Polyspermieblock.
    III. Ein Spermium verfügt in der Regel über einen diploiden Chromosomensatz.
    IV. Die Kapazitation bezeichnet das Auflösen der Zona pellucida mittels Enzymen.
    V. Ca. eine Stunde nach dem Geschlechtsverkehr können Spermien bei der Eizelle angelangt sein und diese sofort befruchten.

    (A) I. und II. sind richtig.
    (B) II. und V. sind richtig.
    (C) Alle Aussagen sind richtig.
    (D) IV. und V. sind richtig.
    (E) I., IV. und V. sind richtig.

159. Welche der folgenden Aussagen ist falsch?

    (A) Die Konzeption findet in der Regel in der Ampulla der Tuba uterina statt.
    (B) Als Kapazitation bezeichnet man einen Reifungsprozess, den die Spermien durchlaufen müssen, bevor es zur Befruchtung kommen kann.
    (C) Die Zona pellucida besteht ausschließlich aus Follikelepithelzellen.
    (D) Die Vorkernverschmelzung wird Syngamie genannt.
    (E) Die Zygote weist einen diploiden Chromosomensatz auf.

160. Welche Aussage bezüglich der Keimblätter ist richtig?

    (A) In der 2. Entwicklungswoche sind drei Keimblätter vorhanden.
    (B) Die Haut entwickelt sich aus dem Entoderm.
    (C) Das Bindegewebe geht aus dem Mesoderm hervor.
    (D) Das mittlere Keimblatt wird auch Ektoderm genannt.
    (E) Die Organogenese findet größtenteils in der Fetalperiode statt.

161. Welche der folgenden Aussage(n) ist/sind falsch?

    I.   Als Embryo bezeichnet man das ungeborene Kind bis zur 12. Entwicklungswoche.
    II. Vom Zwei- bis zum Achtzellstadium spricht man von einer Zygote.
    III. Unter Konzeption versteht man die Reifung der Eizelle.
    IV. Das Gestationsalter bezeichnet das Alter des ungeborenen Kindes, gerechnet ab dem Eisprung.
    V.   Rechnet man mit dem Konzeptionsalter, so dauert eine Schwangerschaft durchschnittlich 40 Wochen.

    (A) Nur V. ist falsch.
    (B) I., II. und III. sind falsch.
    (C) Alle Aussagen sind falsch.
    (D) Keine Aussage ist falsch.
    (E) II., III., IV. und V. sind falsch.

162. Welche der folgenden Aussagen ist/sind richtig?

    I.   Das erste Trimenon ist hauptsächlich durch das starke Wachstum des Feten gekennzeichnet.
    II. Unter der Konzeption versteht man die Vereinigung des Spermiums mit der Eizelle.
    III. Die Organe werden gegen Ende des zweiten Trimenons angelegt.
    IV. Ein Frühgeborenes ist etwa ab der 16. Schwangerschaftswoche lebensfähig.
    V.   Die Befruchtung findet normalerweise im Cavum uteri statt.

    (A) Alle Aussagen sind richtig.
    (B) Keine Aussage ist richtig.
    (C) Nur II. ist richtig.
    (D) II. und IV. sind richtig.
    (E) II., IV. und V. sind richtig.

163. Bringe den Weg, den ein Spermium im Körper einer Frau bis zur Befruchtung der Eizelle zurücklegt, in die richtige Reihenfolge.

   I.   Tuba uterina (Eileiter)
   II. Vagina (Scheide)
   III. Uterus (Gebärmutter)
   IV. Zervix uteri (Gebärmutterhals)

   (A) II. – III. – IV. – I.
   (B) II. – IV. – III. – I.
   (C) I. – II. – III. – IV.
   (D) II. – I. – III. – IV.
   (E) IV. – III. – II. – I.

6.5 AUFBAU UND FUNKTION DER PLAZENTA

164. Welche Aussage zur Plazenta ist <u>falsch</u>?

   (A) Die Plazenta wiegt im Durchschnitt ca. 500 Gramm.
   (B) Die Plazenta ist mit dem Kind durch die Nabelschnur verbunden.
   (C) Die Plazenta wird bei der Geburt ausgestoßen.
   (D) Durch die Plazenta wird das Kind im Mutterleib mit Sauerstoff und Nährstoffen versorgt.
   (E) Die Plazenta kann Antikörper vom IgM Typ durch Pinozytose übertragen.

165. Welche Aussage zur Plazenta ist <u>falsch</u>?

   (A) Die Plazenta wiegt in der Regel ca. 500-600 g.
   (B) Sie hat einen Durchmesser von ca. 15-20 cm.
   (C) Die Plazenta wird nach der Geburt des Kindes geboren.
   (D) Die Plazenta ist ca. 2-3 cm dick.
   (E) Die Plazenta sitzt immer an der Uterusvorderwand.

166. Was ist/sind die Aufgabe(n) der Plazenta?

   I. Versorgung des ungeborenen Kindes mit Wasser, Sauerstoff, Vitaminen und Nährstoffen.
   II. Entsorgung von Kohlenstoffdioxid und anderen Abfallprodukten.
   III. Weitergabe mütterlicher Antikörper an das Kind.
   IV. Filtrierung sämtlicher Giftstoffe aus dem mütterlichen Blut.
   V. Produktion von Hormonen.

   (A) I., II. und IV. sind richtig.
   (B) I., II., III. und V. sind richtig.
   (C) Alle Aussagen sind richtig.
   (D) I. und II. sind richtig.
   (E) I., II. und III. sind richtig.

167. Welches Aussage zum Gelbkörper (Corpus luteum) ist richtig?

   (A) Er produziert ADH.
   (B) Er produziert FSH.
   (C) Er schüttet LH aus.
   (D) Er ist ein Teil der Plazenta.
   (E) Er ist eine vorübergehende endokrine Drüse.

168. Welche Aussage zur Plazenta ist richtig?

   (A) Die Plazenta wird fast ausschließlich aus der Uterusschleimhaut gebildet.
   (B) Das Chorion stellt den mütterlichen Anteil der Plazenta dar.
   (C) Die Zotten der Plazenta enthalten mütterliche Blutgefäße und werden von kindlichem Blut umspült.
   (D) Der mütterliche Anteil der Plazenta entwickelt sich aus der Dezidua.
   (E) Die Plazenta wiegt in der Regel etwa halb so viel wie das Kind.

169. Welche Aussage zur Plazenta ist richtig?

   (A) Aus dem Trophoblasten entwickelt sich ein Teil der Plazenta.
   (B) Die Plazentaschranke schützt das Kind bei einer Rhesus-Inkompatibilität vor dem Übertritt von D-Antikörpern vom Typ G.
   (C) Die Plazenta sitzt i.d.R. dem Muttermund auf.
   (D) Die Plazentaschranke einer Mutter mit Blutgruppe 0, die mit einem Feten der Blutgruppe A schwanger ist, schützt nicht vor dem Übertritt von Anti-A-Antikörpern.
   (E) Die Nabelschnur verfügt i.d.R. über vier Gefäße, zwei Nabelarterien und zwei Nabelvenen

170. Welche der folgenden Aussagen zur Funktion der Plazenta ist/sind <u>falsch</u>?

   I. Der Gasaustausch zwischen mütterlichem und kindlichem Blut erfolgt in der Plazenta über Diffusion.
   II. Über die Plazenta können mütterliche Antikörper ins kindliche Blut übertreten, was dem Kind eine gewisse Schutzfunktion gegenüber Infektionen bietet.
   III. In der Plazenta werden verschiedene Hormone produziert.
   IV. Die Plazenta dient unter anderem der Ernährung des Kindes.
   V. Bestimmte Medikamente können über die Plazenta in den kindlichen Blutkreislauf übertreten.

   (A) Alle Aussagen sind falsch.
   (B) Keine Aussage ist falsch.
   (C) Nur I. ist falsch.
   (D) Nur III. ist falsch.
   (E) Nur V. ist falsch.

171. Welche der folgenden Hormone werden u.a. von der Plazenta produziert?

   I. hCG
   II. Cortisol
   III. Testosteron
   IV. Progesteron
   V. Östrogene

   (A) Nur I., IV. und V. sind richtig.
   (B) Alle sind richtig.
   (C) Nur I. ist richtig.
   (D) Nur I. und V. sind richtig.
   (E) Keines ist richtig.

EVOLUTION

7 EVOLUTION

Lernstoff

- ✓ Chemische Evolution und das Miller-Urey-Experiment
- ✓ Biogenese und Protobionten (Vorläuferzellen)
- ✓ Endosymbiontentheorie
- ✓ Grundeigenschaften des Lebens
- ✓ Darwins Evolutionstheorie
- ✓ Artbegriff und Artenbildung
- ✓ Evolutionsfaktoren
    - Selektion, Mutation, Rekombination, Gendrift, Isolation
- ✓ Genetische Rekombination
- ✓ Die Entwicklung des Menschen

7.1 CHEMISCHE EVOLUTION

HINWEIS! Mache Dich bevor Du die Fragen kreuzt mit dem Thema: „Das Miller-Urey-Experiment" vertraut.

172. Was war kein Produkt des sogenannten Miller-Experimentes, mit welchem Miller zeigte, wie aus anorganischen Stoffen organische zu Beginn der Erdevolution entstanden?

(A) Teer
(B) Carbonsäuren
(C) Aminosäuren
(D) Nukleotide
(E) Zellen

173. Was entstand in der chemischen Evolution?

    I. Sauerstoff
    II. Nucleinsäuren
    III. Glucose
    IV. Aminosäuren
    V. Erste Organismen

    (A) II., IV. und V. sind richtig.
    (B) I., II., III. und IV. sind richtig.
    (C) II., III. und IV. sind richtig.
    (D) Alle Antworten sind richtig.
    (E) Keine Antwort ist richtig.

174. Welche Aussage zur chemischen Evolution ist richtig?

    (A) Im Miller-Urey-Experiment konnte gezeigt werden, dass aus anorganischen Stoffen (Ammoniak, Wasserstoff, Wasser, Methan) durch Energiezufuhr komplexe organische Stoffe wie Aminosäuren entstehen können.
    (B) Durch die sehr extremen Temperaturen der Ursuppe konnten stabile erste Lebewesen entstehen.
    (C) Es konnte gezeigt werden, dass sich neben der auf DNA und RNA beruhenden Lebensformen noch mehrere weitere Lebensformen auf der Erde durchgesetzt haben.
    (D) Es wird davon ausgegangen, dass sich die ersten organischen Systeme auf dem Land entwickelten.
    (E) Proteine, Lipide und Nukleotide und andere organische Moleküle waren bereits von Beginn an vor vier Milliarden Jahren auf der Erde vorhanden.

7.2 BIOGENESE UND PROTOBIONTEN VORLÄUFERZELLEN

175. Welche Aussage(n) zu Protobionten ist/sind <u>richtig</u>?

   I. Sie bestehen aus einer Nukleotidmembran, abiotisch gebildeten Proteinen und Nukleinsäuren.
   II. Sie sind zur Selbstvermehrung fähig.
   III. Sie sind zur Selbstorganisation fähig.
   IV. Sie können ihr inneres Milieu aufrechterhalten.

   (A) Alle Aussagen sind richtig.
   (B) I., II. und IV. sind richtig.
   (C) II., III. und IV. sind richtig.
   (D) I. und II. sind richtig.
   (E) Keine Aussage ist richtig.

176. Ordnen Sie die Ereignisse der biologischen Evolution in zeitlicher Reihenfolge (frühestes Ereignis zuerst).

   I. Entstehung der Wirbellosen
   II. Erste Fische
   III. Säugetiere
   IV. Entstehung von Algen
   V. Dinosaurier

   (A) IV. – II. – I. – V. – III.
   (B) I. – IV. – II. – V. – III.
   (C) IV. – I. – II. – V. – III.
   (D) IV. – I. – II. – III. – V.
   (E) III. – V. – II. – I. – IV.

7.3 ENDOSYMBIONTENTHEORIE

177. Welche Zellorganellen sollen laut der Endosymbiontentheorie in eine eukaryotische Zelle eingewandert sein?

   (A) Plastiden und Mitochondrien
   (B) Mitochondrien und Ribosomen
   (C) Ribosomen und Plastiden
   (D) Nur Mitochondrien
   (E) Nur Ribosomen

178. Welche Eigenschaft(en) deuten auf die Richtigkeit der Endosymbiontentheorie hin?

    I. Mitochondrien und Plastiden verfügen über einen eigenen Zellkern.
    II. Mitochondrien verfügen über eine eigene ringförmige DNA, die keine Histone aufweist.
    III. Mitochondrien und Plastiden können sich selbstständig durch Teilung vermehren.
    IV. Mitochondrien und Plastiden besitzen eine Doppelmembran.
    V. Chloroplasten haben ihre eigenen Ribosomen.

    (A) Alle Aussagen sind richtig.
    (B) II., III. und IV. sind richtig.
    (C) II. und III. sind richtig.
    (D) II., III., IV. und V. sind richtig.
    (E) IV. und V. sind richtig.

179. Welche Fakten sprechen für die Endosymbiontentheorie?

    I. Bestimmte Zellorganellen der eukaryontischen Zelle haben eine Doppelmembran.
    II. Die eingeschleusten Prokaryonten bilden den eukaryontischen Zellkern.
    III. Mitochondrien und Eukaryonten haben eine eigene DNA.
    IV. Alle eukaryontischen Zellorganellen weisen Merkmale ihrer prokaryontischen Abstammung auf.
    V. Mitochondrien weisen Ähnlichkeiten zu aeroben Bakterien auf.

    (A) I., II. und III. sind richtig.
    (B) II., III. und V. sind richtig.
    (C) I., IV. und V. sind richtig.
    (D) III., IV. und V. sind richtig.
    (E) I., III. und V. sind richtig.

7.4 GRUNDEIGENSCHAFTEN DES LEBENS

180. Was ist keine Grundeigenschaft des Lebens?

    (A) Evolution
    (B) Wachstum
    (C) Stoffwechsel
    (D) Reaktion auf Reize aus der Umwelt
    (E) Krankheit

181. Warum sind Viren nicht „lebendig"?

   I. Sie können sich nicht selbstständig vermehren.
   II. Sie haben keine eigene Evolution.
   III. Sie haben keinen eigenen Stoffwechsel.
   IV. Sie sind unbeweglich.
   V. Sie können nicht sterben.

   (A) I. und IV. sind richtig.
   (B) Alle Aussagen sind richtig.
   (C) I., II. und V. sind richtig.
   (D) I., III. und IV. sind richtig.
   (E) Nur I. ist richtig.

7.5 DARWINS EVOLUTIONSTHEORIE

182. Was ist keine Grundlage der Selektionstheorie nach Darwin?

   (A) Überproduktion von Nachkommen
   (B) Variation/genetische Variabilität
   (C) Konkurrenz
   (D) Intelligenz
   (E) Vererbung

183. Was ist keine „treibende Kraft" der Evolution?

   (A) Mutation
   (B) Selektion
   (C) Isolation
   (D) Zufall
   (E) Raum

184. Wie lautet der Name des Buches, das Darwins Evolutionstheorie postulierte?

   (A) On the Origin of Species
   (B) Traité des plantes usuelles
   (C) The Genetial Theory of Natural Selection
   (D) Zoological Philosophy
   (E) Adaption and Natural Selection

185. Welche Aussage(n) über Darwins Evolutionstheorie ist/sind <u>richtig</u>?

   I. Es überleben die am besten angepassten Individuen.
   II. Es erfolgt ein ständiger Wettbewerb um lebenswichtige Ressourcen.
   III. Die biologische Evolution kann durch eine bessere Anpassung aller Organismen an ihre Umwelt und damit verbunden einer allmählichen Zunahme von Komplexität (Höherentwicklung und Bauplan-Transformationen) erklärt werden.
   IV. Organismen können Eigenschaften an ihre Nachkommen vererben, die sie während ihres Lebens erworben haben.
   V. Zufälliges Auftreten von neuen Merkmalen lässt sich durch Rekombination und Mutation erklären.

   (A) I., II., III. und V. sind richtig.
   (B) III., IV. und V. sind richtig.
   (C) Nur III. ist richtig.
   (D) IV. und V. sind richtig.
   (E) Alle Aussagen sind richtig.

186. Was versteht man unter biologischer Fitness?

   I. Überleben der Stärksten
   II. Fitness ist ein Maß für die Anpassung eines Individuums oder eines Genotyps an seine Umwelt.
   III. Fitness misst die Summe der Anpassungen anhand der Anzahl fortpflanzungsfähiger Nachkommen.
   IV. Fitness drückt das Vermögen aus, im Alltag leistungsfähig zu sein und Belastungen eher standzuhalten.

   (A) I. und IV. sind richtig.
   (B) II., III., und IV. sind richtig.
   (C) Alle Aussagen sind richtig.
   (D) II. und III. sind richtig.
   (E) Nur II. ist richtig.

7.6 ARTBEGRIFF UND ARTENBILDUNG

187. Welchen Artbegriff beschreibt folgende Definition: „Gesamtheit der Organismen, die in allen wesentlichen Merkmalen übereinstimmen"?

    (A) Biologischer Artbegriff
    (B) Morphologischer Artbegriff
    (C) Ökologischer Artbegriff
    (D) Genealogischer Artbegriff
    (E) Diese Definition beschreibt keinen Artbegriff.

188. Nach dem biologischen Artkonzept ist eine Art definiert als eine Gruppe von natürlichen Populationen, deren Mitglieder…

    (A) sich von Natur aus kreuzen oder dies könnten und von anderen solchen Gruppen reproduktiv isoliert sind.
    (B) sich von Natur aus kreuzen oder dies könnten und von anderen solchen Gruppen reproduktiv nicht isoliert sind.
    (C) sich tatsächlich kreuzen und von anderen solchen Gruppen reproduktiv isoliert sind.
    (D) sich tatsächlich kreuzen und von anderen solchen Gruppen reproduktiv nicht isoliert sind.
    (E) sich nicht kreuzen oder dies könnten und von anderen solchen Gruppen nicht reproduktiv isoliert sind.

189. Welchen Artbegriff beschreibt folgende Definition: „Organismen, die sich untereinander kreuzen und fruchtbare Nachkommen produzieren"?

    (A) Biologischer Artbegriff
    (B) Morphologischer Artbegriff
    (C) Ökologischer Artbegriff
    (D) Genealogischer Artbegriff
    (E) Diese Definition beschreibt keinen Artbegriff.

7.7 EVOLUTIONSFAKTOREN

Lernstoff

- ✓ Selektion
- ✓ Mutation
- ✓ Rekombination
- ✓ Gendrift

190. Was ist kein Evolutionsfaktor?

(A) Gendrift
(B) Mutation
(C) Selektion
(D) Parthenogenese (Jungfernzeugung)
(E) Rekombination

191. Welchen Evolutionsfaktor können unter anderem Inselbildung und Kontinentaldrift beschreiben?

(A) Gendrift
(B) Mutation
(C) Genshift
(D) Isolation
(E) Selektion

192. Auf welchen Evolutionsfaktor trifft die folgende Definition zu: „Der Evolutionsfaktor ereignet sich aufgrund einer zufallsbedingten Änderung der Allelfrequenz in einem Genpool und ist bei kleinen Populationen wirksamer als bei großen"?

(A) Isolation
(B) Mutation
(C) Selektion
(D) Gendrift
(E) Keine der oben genannten ist richtig.

193. Welche Aussage zum Evolutionsfaktor „Rekombination" ist falsch?

(A) Rekombination ist nicht wirksam zwischen eineiigen Zwillingen.
(B) Die Rekombination bei Eukaryoten betrifft nicht das gesamte Genom, sondern nur Teile davon.
(C) Die Rekombination findet während der Meiose statt.
(D) Die Rekombination beschreibt den Austausch von Allelen.
(E) Rekombination führt zu einer größeren genetischen Variabilität.

194. Was besagt die Bergmann'sche Regel?

(A) In einem warmen Klima ist die Körpergröße gleichwarmer Tiere größer als in einem kälteren Klima.
(B) In einem kalten Klima ist die Körpergröße gleichwarmer Tiere kleiner als in einem wärmeren Klima.
(C) In einem warmen Klima ist die Körpergröße wechselwarmer Tiere größer als in einem kälteren Klima.
(D) In einem kalten Klima ist die Körpergröße gleichwarmer Tiere größer als in einem wärmeren Klima.
(E) In einem kalten Klima ist die Körpergröße wechselwarmer Tiere größer als in einem wärmeren Klima.

195. Elefanten mit langen Stoßzähnen können ihre Jungen besser gegen Feinde verteidigen als Elefanten mit kurzen Stoßzähnen. Allerdings sind sie bei Wilderern begehrter und werden häufiger gejagt. Dieser Gegensatz ist ein Beispiel für…?

(A) eine Anpassung.
(B) einen genetischen Drift.
(C) einen Kompromiss.
(D) eine natürliche Selektion.
(E) einen Genshift.

196. Was versteht man unter Gendrift?

(A) Ein Fehler der DNA durch Wegdriften bestimmter Gene bei der Replikation.
(B) Natürliche Selektion vorteilhafter Gene.
(C) Zufällige Änderung der Allelhäufigkeit in einer Population.
(D) Quantitative Erweiterung des Genshifts.
(E) Genmutationen, die in einer Population gehäuft auftreten.

197. Wie wird in Populationen die genetische Variabilität aufrechterhalten?

　　I. Polymorphismus
　　II. Neutrale Mutationen
　　III. Sexuelle Rekombination
　　IV. Heterozygotenvorteil
　　V. Neue Allele

　　(A) I., II., III. und V. sind richtig.
　　(B) II., III., IV. und V. sind richtig.
　　(C) I., III. und V. sind richtig.
　　(D) I., III., IV. und V. sind richtig.
　　(E) Alle sind richtig.

198. Welche Aussage zu Gendrift und Genshift ist richtig?

　　I. Durch Gendrift und Genshift verändert sich die Zusammensetzung des Genpools.
　　II. Gendrift und Genshift können zum Aussterben einer Population führen.
　　III. Gendrift bzw. Genshift und natürliche Selektion sind Evolutionsfaktoren und können gleichzeitig wirken.
　　IV. Gendrift ist zufällig und unabhängig von der genetischen Fitness.

　　(A) Nur III. ist richtig.
　　(B) I., II. und III. sind richtig.
　　(C) Alle Aussagen sind richtig.
　　(D) III. und IV. sind richtig.
　　(E) III., IV. und V. sind richtig.

199. Welche Aussage zu Mutationen ist falsch?

　　(A) Mutationen können spontan, also ohne äußere Einflüsse, auftreten.
　　(B) Mutationen können sowohl positive als auch negative Folgen haben.
　　(C) Keimbahnmutationen betreffen Eizellen oder Spermien sowie deren Vorläufer.
　　(D) Neutrale Mutationen können den Phänotyp verändern.
　　(E) Mutagene sind Substanzen oder Stoffe, die Mutationen unterbrechen.

200. Was ist kein Auslöser von Mutationen?

    (A) Temperaturschocks
    (B) Kurzwelliges UV-Licht
    (C) Mutagene Chemikalien
    (D) Radioaktive Strahlung
    (E) Ultraschall

201. Was ist eine geeignete Einheit, um genetische Variabilität zu erreichen?

    (A) Eine Zelle
    (B) Eine Population
    (C) Ein Ökosystem
    (D) Ein Individuum
    (E) Eine Lebensgemeinschaft

202. Wodurch kommt es nicht zu einer genetischen Rekombination?

    (A) Crossing-over
    (B) Mutation
    (C) Aussterben
    (D) Duplikation
    (E) Gendrift

203. Durch welche Vorgänge erfolgt eine genetische Rekombination?

    I.   Zufallsverteilung der Schwesterchromatiden auf die Tochterzellen bei der Meiose
    II. Durch Fehler bei der Mitose
    III. Durch Klonen
    IV. Durch zufälliges Zusammentreffen der Keimzellen bei der Befruchtung
    V.   Durch Umwelteinflüsse

    (A) III. und V. sind richtig.
    (B) I. und V. sind richtig.
    (C) II. und IV. sind richtig.
    (D) I. und IV. sind richtig.
    (E) Alle Antworten sind richtig.

7.8 DIE ENTWICKLUNG DES MENSCHEN

204. Welche Bedeutung hat die Bezeichnung „Homo sapiens" in der biologischen Systematik?

   I. „Homo sapiens" bedeutet einsichtsfähiger/weiser Mensch.
   II. Der „Homo sapiens" gehört zur Familie der Menschenaffen und ist vermutlich ein direkter Nachfahre des „Homo ergaster".
   III. „Homo" ist die Art, „sapiens" die Gattung.
   IV. „Homo sapiens" bezeichnet den modernen Menschen.

   (A) I., II. und IV. sind richtig.
   (B) I., III. und IV. sind richtig.
   (C) Alle Aussagen sind richtig.
   (D) I. und IV. sind richtig.
   (E) Nur IV. ist richtig.

205. Welcher Klasse gehört der Mensch an?

   (A) Landlebewesen
   (B) Säugetier
   (C) Raubtier
   (D) Primat
   (E) Chordatiere

206. Wie lautet die korrekte Systematik für den Menschen?

   (A) Reich: Tiere, Stamm: Chordatiere, Klasse: Säugetiere, Ordnung: Primaten, Familie: Menschenaffen, Gattung: Menschen, Art: sapiens;
   (B) Reich: Tiere, Stamm: Säugetiere, Klasse: Landlebewesen, Ordnung: Primaten, Familie: Menschenaffen, Gattung: Menschen, Art: sapiens;
   (C) Reich: Tiere, Stamm: Säugetiere, Klasse: Primaten, Ordnung: Menschenaffen, Familie: Chordatiere, Gattung: Menschen, Art: sapiens;
   (D) Reich: Tiere, Stamm: Chordatiere, Klasse: Landlebewesen, Ordnung: Menschenaffen, Familie: Primaten, Gattung: Menschen, Art: sapiens;
   (E) Reich: Tiere, Stamm: Chordatiere, Klasse: Primaten, Ordnung: Menschenaffen, Familie: Säugetiere, Gattung: Menschen, Art: sapiens;

207. Der Homo habilis war bereits zur zweckorientierten Werkzeugherstellung fähig und gilt als der erste Jäger und Sammler. Zur gleichen Zeit, also vor fast zwei Millionen Jahren, entwickelte sich bereits die nächste Generation des Menschen. Welcher ist der „Nachfolger" des Homo habilis?

(A) Homo sapiens
(B) Homo sapiens sapiens
(C) Homo erectus
(D) Australopithecus
(E) Es gab keine weiteren Nachfolger des Homo habilis.

ÖKOLOGISCHE ASPEKTE

8 ÖKOLOGISCHE ASPEKTE

Lernstoff

- ✓ Grundeigenschaften des Lebens
- ✓ Wechselbeziehungen zwischen Organismus und Umwelt
- ✓ Biotische und abiotische Faktoren
- ✓ Lebensraum, Population und ökologische Nischen
- ✓ Biologisches Gleichgewicht
- ✓ Energiefluss in Ökosystemen
- ✓ Nahrungsbeziehungen

8.1 WECHSELBEZIEHUNGEN ZWISCHEN ORGANISMUS UND UMWELT

208. Wie nennt man eine Wechselbeziehung zwischen zwei Organismen?

(A) Antagose
(B) Metaphose
(C) Symbiose
(D) Semiökologie
(E) Dibiose

209. Welche Aussage(n) zur Allen'schen Regel ist/sind zutreffend?

I. Je wärmer das Klima, desto kleiner die Körperanhänge.
II. Je kälter das Klima, desto kleiner die Körperanhänge.
III. Je wärmer das Klima, desto größer die Körperanhänge.
IV. Der Wüstenluchs weist kleinere Ohren auf als der Luchs der Tundren.

(A) Nur I. ist richtig.
(B) Nur II. ist richtig.
(C) Nur III. ist richtig.
(D) II. und III. sind richtig.
(E) II., III. und IV. sind richtig.

8.2 BIOTISCHE UND ABIOTISCHE FAKTOREN

210. Was ist kein abiotischer Umweltfaktor?

    (A) Temperatur
    (B) Parasitismus
    (C) Wärme
    (D) Wind
    (E) Wasser

211. Was ist kein biotischer Umweltfaktor?

    (A) pH-Wert
    (B) Beute
    (C) Sexualpartner
    (D) Konkurrenz
    (E) Raubtiere

212. Welcher ist kein Wachstumsfaktor für Pflanzen?

    I. Licht
    II. Temperatur
    III. pH-Wert
    IV. Wasser

    (A) Alle Aussagen sind richtig.
    (B) Keine Aussage ist richtig.
    (C) I., II., III. und IV. sind richtig.
    (D) Nur I., II., und IV. sind richtig.
    (E) Nur I. ist richtig.

8.3 LEBENSRAUM, POPULATION UND ÖKOLOGISCHE NISCHE

213. Welche(r) Faktor(en) begrenzt/begrenzen die Populationsdichte?

    I.   Aufbrauchen von Ressourcen
    II. Ende der Umweltkapazität
    III. Sozialer Stress
    IV. Parasiten

    (A) Nur I. ist richtig.
    (B) II. und III. sind richtig.
    (C) Alle Antworten sind richtig.
    (D) III. und IV. sind richtig.
    (E) II. und IV. sind richtig.

214. Eine Gruppe von Individuen der gleichen Art, die aufgrund ihrer Entstehungsprozesse miteinander verbunden sind, eine Fortpflanzungsgemeinschaft bilden und zur gleichen Zeit in einem einheitlichen Areal zu finden sind, bezeichnet man als…?

    (A) Habitat
    (B) Spezies
    (C) Art
    (D) Population
    (E) Phytozoenose

215. Welche Aussage(n) zum Konkurrenzausschlussprinzip ist/sind <u>richtig</u>?

    I.   Zwei Arten mit denselben ökologischen Ansprüchen können nicht im gleichen Biotop nebeneinander existieren.
    II. Zwei Arten mit unterschiedlichen ökologischen Ansprüchen können nicht im gleichen Biotop nebeneinander existieren.
    III. Generell können Arten, die sich ähnlich sind, nur nebeneinander existieren.

    (A) Nur III. ist richtig.
    (B) Alle Aussagen sind richtig.
    (C) Nur I. ist richtig.
    (D) Nur II. und III. sind richtig.
    (E) Keine Aussage ist richtig.

216. Welche Aussage(n) zum Toleranzbereich eines Organismus trifft/treffen zu?

   I. Jeder Organismus kann Schwankungen von gewissen Umweltfaktoren in bestimmten Grenzen ertragen, dies nennt man Toleranzbereich.
   II. Der Toleranzbereich der Intensität eines Umweltfaktors (z.B. Temperatur) eines Lebewesens wird durch das Maximum und das Minimum begrenzt.
   III. Der Toleranzbereich setzt sich aus hormonellen und anderen chemischen Umweltfaktoren zusammen.
   IV. Die ökologische Potenz, welche die Intensität der Fortpflanzung, Bewegungsaktivitäten und Entwicklung beschreibt, umfasst den Toleranzbereich abzüglich des Pessimums.
   V. Im Toleranzbereich gibt es weder Pessimum noch Optimum.

   (A) Nur II. ist richtig.
   (B) II., III. und IV. sind richtig.
   (C) I., II. und IV. sind richtig.
   (D) Alle Aussagen sind richtig.
   (E) III. und IV. sind richtig.

217. Bei welcher/welchen Aussage(n) handelt es sich um keine Regel von Lotka und Volterra?

   I. Die Individuenzahlen der Räuber- und der Beutepopulationen schwanken jeweils um einen Mittelwert und bleiben relativ konstant.
   II. Wird durch einen Außenfaktor die Sterblichkeit der Beute und der Räuber gleichermaßen erhöht, pflanzt sich danach die Beute schneller fort als die Räuber.
   III. Die Individuenzahlen der Räuber- und Beutepopulationen schwanken durch Jahreszeiten bedingt um einen Mittelwert und bleiben relativ konstant.
   IV. Wird durch einen Außenfaktor die Sterblichkeit der Beute und der Räuber gleichermaßen erhöht, pflanzen sich danach die Räuber schneller fort.
   V. Die Populationskurven der Räuber und der Beute schwanken um einen Mittelwert, sind aber gegenseitig phasenverschoben.

   (A) Nur II. ist richtig.
   (B) Nur III. ist richtig.
   (C) I., II. und V. sind richtig.
   (D) III. und IV. sind richtig.
   (E) Alle Antworten sind richtig.

218. Welche Nahrungskette bezüglich der Nahrungsbeziehungen im Ökosystem See ist/sind richtig?

Man könnte die einzelnen Glieder wie folgt benennen:
Produzent → Konsument 1. Ordnung → Konsument 2. Ordnung
→ Konsument 3. Ordnung → Destruent

I. Zooplankton → Phytoplankton → Friedfische → Raubfische
II. Phytoplankton → Zooplankton → Friedfische → Raubfische
III. Phytoplankton → Zooplankton → Raubfische → Friedfische

(A) Nur I. ist richtig.
(B) I. und III. sind richtig.
(C) Nur II. ist richtig.
(D) Nur III. ist richtig.
(E) Die Nahrungsbeziehungen im See sind hochkomplex und können nicht generalisiert werden.

219. Welche Aussage(n) bezüglich der Winterstagnation des Sees ist/sind richtig?

I. Da sich keine geschlossenen Eisdecken bilden, kommt es im Ökosystem See zur Winterstagnation.
II. Die Eisdecke verhindert die Durchmischung des Wassers.
III. Die Eisdecke nimmt keinen Einfluss auf die Durchmischung des Wassers.
IV. Die Eisdecke begünstigt die Durchmischung des Wassers.
V. Wenn sich geschlossene Eisdecken bilden, kommt es im Ökosystem See zur Winterstagnation.

(A) Nur I. ist richtig.
(B) Nur V. ist richtig.
(C) Nur II. ist richtig.
(D) II. und V. sind richtig.
(E) Nur IV. ist richtig.

220. Durch welche Formel lässt sich die Wachstumsrate einer Population am besten beschreiben?
r = Wachstumsrate; b = Geburtenrate; d = Sterberate

(A) $r = d - b$
(B) $r = b - d$
(C) $r = d \times b$
(D) $r = d + b$
(E) $r = \dfrac{d \times 2}{b}$

221. Welcher Parameter für die direkte Klassifizierung der Gewässergüte ist nicht relevant?

    (A) pH-Wert
    (B) mikrobielle Belastung
    (C) Sauerstoffgehalt
    (D) Temperatur
    (E) Fischbestand

222. Welche der folgenden Schichten des Seewassers kommt im See nicht vor?

    I. Zehrschicht
    II. Freiwasserschicht
    III. Kompensationsschicht
    IV. Nährschicht

    (A) Nur I. kommt nicht vor.
    (B) Nur II. kommt nicht vor.
    (C) Nur III. kommt nicht vor.
    (D) Nur IV. kommt nicht vor.
    (E) Alle Wasserschichten kommen vor.

8.4 BIOLOGISCHES GLEICHGEWICHT UND ENERGIEFLUSS IN ÖKOSYSTEMEN

223. Welcher der folgenden chemischen Verbindungen führt bei umweltschädlichen Waschmitteln zum Wachstum von Wasserpflanzen in Flüssen?

    (A) Sulphur
    (B) Seife
    (C) Karbon
    (D) Nitrat
    (E) Phosphat

224. Welche Rolle spielen die Destruenten im Materiekreislauf des Ökosystems?

   I. Abgestorbene Biomasse wird von den Destruenten abgebaut (remineralisiert).
   II. Abgestorbene Biomasse wird von den Destruenten für den Aufbau neuer Biomasse bereitgestellt.
   III. Abgestorbene Biomasse wird von den Destruenten an die Konsumenten weitergeleitet.

   (A) Nur I. ist richtig.
   (B) Nur II. ist richtig.
   (C) Nur III. ist richtig.
   (D) I. und II. sind richtig.
   (E) II. und III. sind richtig.

225. Wo findet der umfangreichste Austausch von Wasser mit der Atmosphäre statt?

   (A) Im schneereichen Gebirge
   (B) Auf der Meeresoberfläche
   (C) Auf weitem Grasland und der Tundra
   (D) Über Bächen und Seen
   (E) Auf großen Waldflächen und Regenwäldern

226. Warum ist es wichtig, dass die natürlichen Ökosysteme aufrechterhalten werden?

   (A) Es ist unwichtig, da der Mensch auch ohne die Leistungen des Ökosystems leben kann.
   (B) Es ist wichtig, da die meisten Ökosysteme nicht auf eine andere Weise ersetzbar wären.
   (C) Es ist wichtig, da es nur in den Industrieländern die nötige Forschung und Möglichkeiten gibt, natürliche Ökosysteme zu ersetzen.
   (D) Es ist wichtig, da Regierungen ohne Besteuerung von Ökosystemen nicht funktionieren.
   (E) Es ist wichtig, da technologischer Ersatz wertvolles Land verbraucht.

DER KÖRPER DES MENSCHEN

GRUNDLAGEN

9 DER KÖRPER DES MENSCHEN – GRUNDLAGEN

Lernstoff

- ✓ Definition von Gewebe:
  - Epithelgewebe
  - Binde- und Stützgewebe
  - Muskelgewebe (**MedAT 2015!**)
  - Nervengewebe
- ✓ Organsysteme
  - Verdauungssystem, Ernährung (**MedAT 2014 und 2015!**)
  - Herz- und Kreislauf (**MedAT 2014!**)
    - Gestalt und Lage
    - Aufbau
    - Erregungsleitungssystem
    - Herzkranzgefäße
    - Systole und Diastole
    - Blutdruck (**MedAT 2014 und 2015!**)
    - Herzzeitvolumen
  - Gefäßsystem (**MedAT 2014!**)
    - Blutgefäße (Arterien, Venen, Kapillaren) und Lymphgefäße
    - Großer und kleiner Kreislauf
    - Arterielles und venöses System
  - Atmungs-System (**MedAT 2014!**)
    - Äußere und innere Atmung
    - Luftleitende Atmungsorgane
    - Lungen
      - Äußerer Aufbau der Lunge (**MedAT 2015!**)
      - Innerer Aufbau der Lunge: Alveolen, Lungengefäße
    - Ventilation der Lunge: Lungen- und Atemvolumen, Atemfrequenz
    - Gasaustausch und Blut-Luftschranke
  - Nervensystem
    - Aufbau Nervenzelle (**MedAT 2015!**)
    - ZNS: Einteilung und Aufbau (**MedAT 2015!**)
    - PNS
  - Sinnesorgane (**MedAT 2014!**)
    - Rezeptoren und Sinneszellen
    - Auge (**MedAT 2015!**)
    - Ohr
    - Geschmackssinn

- º Geruchssinn
- º Gleichgewichtssinn (**MedAT 2015!**)
- Blut (**MedAT 2014!**)
    - º Blutzellen: Erythrozyten, Leukozyten, Thrombozyten
    - º Blutbildung- und abbau (**MedAT 2015!**)
    - º Venöser und arterieller Kreislauf
    - º Blutgruppensysteme: AB0-System, Rhesus-System, Minor- und Major-Reaktionen (**MedAT 2015!**)
    - º Blutplasma
- Lymphe und lymphatische Gewebe (**MedAT 2014!**)
- Hormonsystem (**MedAT 2014!**)
- Immunsystem (**MedAT 2014!**)
    - º Unspezifische Immunabwehr
    - º Spezifische Immunabwehr
        - º T-Lymphozyten
        - º B-Lymphozyten
        - º Antikörper und genetische Grundlagen der Antikörper
- Niere und ableitende Harnwege
- Haut
- Geschlechtsorgane
    - º Männliche innere und äußere Geschlechtsorgane
    - º Weibliche innere und äußere Geschlechtsorgane (**MedAT 2015!**)

9.1 DEFINITION VON GEWEBE

Lernstoff

- ✓ Epithelgewebe
- ✓ Binde- und Stützgewebe
- ✓ Muskelgewebe
- ✓ Nervengewebe
    - Aufbau von Nervenzellen

HINWEIS! Zur Beantwortung der Fragen solltest Du wissen, wie sich die vier Gewebearten unterscheiden.

227. Welches dieser Epithelarten gibt es nicht?

   (A) Einschichtig kubisches Epithel
   (B) Mehrschichtig verhorntes Plattenepithel
   (C) Einschichtiges Plattenepithel
   (D) Urothel
   (E) Mehrreihig verhorntes Flimmerepithel

228. Welche Arten von Muskelgewebe unterscheidet man?

   I. Glatte Muskulatur
   II. Quergestreifte Muskulatur
   III. Mimische Muskulatur
   IV. Atemmuskulatur
   V. Herzmuskulatur

   (A) I., II. und V. sind richtig.
   (B) I. und II. sind richtig.
   (C) II., III., IV. und V. sind richtig.
   (D) I., II., III. und V. sind richtig.
   (E) Alle sind richtig.

229. Welche Funktion hat das Binde- und Stützgewebe?

   I. Bindefunktion
   II. Stoffwechselfunktion
   III. Kontrolle des Wasserhaushalts
   IV. Wundheilung
   V. Abwehr

   (A) I. und II. sind richtig.
   (B) IV. und V. sind richtig.
   (C) Nur III. ist richtig.
   (D) III. und V. ist richtig.
   (E) Alle Antworten sind richtig.

230. Was gehört zum Binde- und Stützgewebe?

　　I. Knochen
　　II. Knorpel
　　III. Fettgewebe
　　IV. Blut

　　(A) Nur I. ist richtig
　　(B) Nur II. ist richtig.
　　(C) I., II. und II. sind richtig.
　　(D) II. und III. sind richtig.
　　(E) Alle sind richtig.

231. Welche Aussage(n) zu Epithelgewebe ist/sind richtig?

　　I. Epithelgewebe enthält keine Blutgefäße.
　　II. Epithelzellen besitzen einen Haftkomplex.
　　III. Das Urothel ist ein Typ von Epithel, der in den Harnwegen vorkommt.
　　IV. Man kann grob zwischen Oberflächenepithelien und Drüsenepithelien unterscheiden.
　　V. Epithelzellen haben die gemeinsame Eigenschaft der Polarität und es lassen sich eine apikale und eine basale Seite der Zellen unterscheiden.

　　(A) Nur I. ist richtig.
　　(B) Alle sind richtig.
　　(C) I und III. sind richtig.
　　(D) I und IV. sind richtig.
　　(E) I., II. und V. sind richtig.

232. Was sind Funktionen des Epithelgewebes?

　　I. Sekretion
　　II. Resorption
　　III. Sinnesfunktion
　　IV. Transportfunktion
　　V. Schutzfunktion

　　(A) Nur I. ist richtig.
　　(B) II. und III. sind richtig.
　　(C) II. und IV. sind richtig.
　　(D) II. und V. sind richtig.
　　(E) Alle Aussagen sind richtig.

233. Welche Art von Sekretion gibt es nicht?

(A) apokrin
(B) holokrin
(C) merokrin
(D) ekkrin
(E) serokrin

234. Welche Aussage(n) zum Muskelgewebe trifft/treffen nicht zu?

I. Muskelgewebe entsteht aus dem Mesenchym.
II. Die Herzmuskulatur zählt man zur Skelettmuskulatur.
III. Man unterscheidet zwischen glatter und längsgestreifer Muskulatur.
IV. Im Muskelgewebe wird das Zytoplasma als Sarkoplasma bezeichnet.

(A) I., und III. sind falsch.
(B) II. und III. sind falsch.
(C) II., III. und IV. sind falsch.
(D) I., II. und III. sind falsch.
(E) III. und IV. sind falsch.

235. Anhand welcher vier Grundtypen erfolgt die Einteilung von Gewebe?

(A) Epithel-, Haut-, Nerven- und Organgewebe
(B) Epithel-, Binde-/Stütz-, Nerven- und Muskelgewebe
(C) Muskel-, Knochen-, Haut- und Nervengewebe
(D) Organ-, Gehirn-, Skelett- und Epithelgewebe
(E) Binde-/Stütz-, Drüsen-, Muskel-, und Nervengewebe

236. Zu welcher Art von Epithelgewebe zählt die Epidermis des Menschen?

(A) Mehrschichtig verhorntes Plattenepithel
(B) Mehrschichtig prismatisches Epithel
(C) Einfaches Plattenepithel
(D) Mehrreihig prismatisches Epithel
(E) Mehrschichtig kubisches Epithel

237. Was ist keine Aufgabe des Epithelgewebes?

(A) Schutzfunktion gegen äußere Einflüsse
(B) Sekretion von Hormonen durch endokrine Drüsen
(C) Stützfunktion und Stoffwechselfunktion
(D) Reizaufnahme in den Sinneszellen der Sinnesepithelien
(E) Resorption von Stoffen

238. Was zählt nicht zum Binde- und Stützgewebe?

(A) Embryonales Bindegewebe
(B) Haut
(C) Knorpel
(D) Knochen
(E) Fettgewebe

239. Wo befindet sich kein mehrschichtig unverhorntes Plattenepithel?

(A) Vagina
(B) Mundhöhle
(C) Epidermis
(D) Analkanal
(E) Speiseröhre

240. Wo befindet sich kein einschichtig hochprismatisches Epithel?

(A) Magenschleimhaut
(B) Darmschleimhaut
(C) Eileiter
(D) Speiseröhre
(E) Gallenblase

241. Wie wird der rote Muskelfarbstoff bezeichnet?

(A) Myoglobin
(B) Erythrozyt
(C) Hämoglobin
(D) Motorische Einheit
(E) Axon

9.2 VERDAUUNGSSYSTEM, ERNÄHRUNG

Lernstoff

- ✓ Stoffwechsel
- ✓ Energiebedarf
- ✓ Nahrungsstoffe
  - Eiweiße
  - Fette
  - Kohlenhydrate
  - Vitamine
  - Mineralstoffe
  - Ballaststoffe
- ✓ Verdauungsorgane
  - Mundhöhle
  - Zunge
  - Zähne
  - Rachen
  - Schluckakt
  - Speiseröhre
  - Magen
    - Funktion
    - Form und Lage
    - Schleimhaut und Muskelschicht
  - Dünndarm
- ✓ Funktion
  - Form und Lage
  - Dünndarmmotorik
  - Dünndarmschleimhaut
  - Darmassoziiertes lymphatisches Gewebe
  - Dickdarm
  - Funktion
  - Form und Lage
  - Dickdarmschleimhaut
  - Dickdarmmotorik
  - Analverschluss
  - Bauchfellverhältnisse und Mesenterien der Bauchorgane
  - Bauchspeicheldrüse
    - Funktion
    - Form und Lage

- Leber
  - Funktion
  - Form und Lage
- Übersicht über Verdauungsvorgänge
  - Fettverdauung
  - Kohlenhydratverdauung
  - Proteinverdauung

HINWEIS! Du solltest Dir v.a. anschauen, wo welche Nährstoffe vom Darm aufgenommen werden.

242. Welches dieser Organe zählen nicht zu den Organen der Brusthöhle?

    (A) Herz
    (B) Lungen
    (C) Magen
    (D) Luftröhre
    (E) Speiseröhre

243. Welche Aufgabe hat die Gallenblase?

    (A) Sie produziert Gallenflüssigkeit.
    (B) Sie produziert Insulin.
    (C) Sie speichert Gallenflüssigkeit.
    (D) Sie speichert Insulin.
    (E) Sie bildet Magensäure.

244. Welcher Darmabschnitt folgt direkt nach dem Magen?

    (A) Krummdarm
    (B) Zwölffingerdarm
    (C) Leerdarm
    (D) Dickdarm
    (E) Blinddarm

245. Was ist keine Funktion der menschlichen Leber?

   (A) Abbau und Ausscheidung von Stoffen
   (B) Produktion lebenswichtiger Eiweißstoffe
   (C) Verwertung von Nahrungsbestandteilen
   (D) Bildung von Gallenflüssigkeit
   (E) Speicherung von Gallenflüssigkeit

246. Welche Aussage(n) zur Aufgabe der Leber ist/sind richtig?

   I. Bildung der Galle
   II. Abbau von Hämoglobin
   III. Abbau von Hormonen
   IV. Speicherung von Glucose in Form von Glykogen
   V. Synthese von Cholesterin und Gallensäure

   (A) II. und III. sind richtig.
   (B) Keine Aussage ist richtig.
   (C) II., III. und V. sind richtig.
   (D) Alle Aussagen sind richtig.
   (E) IV. und V. sind richtig.

247. Durch welches Organ fließt die Nahrung (Speisebrei) bei der Verdauung nicht?

   (A) Zwölffingerdarm
   (B) Krummdarm
   (C) Dickdarm
   (D) Magen
   (E) Leber

248. Welche Aussage(n) über die Leber ist/sind richtig?

   I. Die Leber ist ein Stoffwechselorgan.
   II. Die Leber wird vor allem über die Pfortader mit Nährstoffen versorgt.
   III. Die Leber kann ihre Produkte z.B. Glykogen direkt in die Blutbahn abgeben.
   IV. Die Leber produziert Gallenflüssigkeit.
   V. Die Leber spielt eine große Rolle bei der Entgiftung von körpereigenen und körperfremden Stoffen.

   (A) I., II., IV. und V. sind richtig.
   (B) I., III. und V. sind richtig.
   (C) IV. und V. sind richtig.
   (D) I., II. und IV. sind richtig.
   (E) Alle Aussagen sind richtig.

249. Was ist kein Abschnitt des Verdauungstraktes beim Menschen?

   (A) Zwölffingerdarm
   (B) Leerdarm
   (C) Krummdarm
   (D) Wurmdarm
   (E) Blinddarm

250. Was gehört zu den essenziellen Nahrungsbestandteilen?

   I. die Vitamine
   II. die Mineralstoffe
   III. Zink, Selen, Kupfer
   IV. Chrom, Eisen, Fluor
   V. die essenziellen Fettsäuren (Linolsäure und Linolensäure)
   VI. die essenziellen Aminosäuren (Valin, Leucin, Isoleucin, Phenylalanin, Tryptophan, Methionin, Threonin und Lysin)

   (A) I., II., III., IV., V. und VI. sind richtig.
   (B) V. und VI. sind richtig.
   (C) Alle sind richtig.
   (D) I., V. und VI. sind richtig.
   (E) I., II., V. und VI. sind richtig.

251. Welche Aussage(n) zum Dünndarm sind <u>richtig</u>?

   I. Der Dünndarm gliedert sich in drei Teile: Zwölffingerdarm, Leerdarm, Krummdarm
   II. Der venöse Abfluss des Dünndarms geschieht vollständig über die Pfortader in die Leber.
   III. Der Zwölffingerdarm spielt eine entscheidende Rolle in der Neutralisierung des sauren Magenmilieus.
   IV. Genau wie im Dickdarm wird die resorbierende Oberfläche des Dünndarms durch Falten, Zotten und Krypten um ein vielfaches vergrößert.

   (A) I., II. und III. sind richtig.
   (B) Nur I. ist richtig.
   (C) I., II. und IV. sind richtig.
   (D) Alle sind richtig.
   (E) I., III. und IV. sind richtig.

9.3 HERZ- UND GEFÄSSSYSTEM

Lernstoff
- ✓ Herz
  - Gestalt und Lage
  - Aufbau
  - Binnenräume und Klappen des Herzens
    - Herzwand
    - Erregungsleitungssystem
  - Herzkranzgefäße
  - Systole und Diastole
  - Blutdruck
  - Herzzeitvolumen
- ✓ Gefäßsystem
  - Blutgefäße
    - Arterien, Venen, Kapillaren
  - Lymphgefäße
  - Großer und kleiner Kreislauf
  - Arterielles System
  - Venöses System

HINWEIS! Mach Dich mit Normalwerten vertraut! Wie hoch ist der normotone Blutdruck?

252. Welche dieser Herzklappen existiert nicht?

    (A) Pulmonalklappe
    (B) Aortenklappe
    (C) Ventralklappe
    (D) Mitralklappe
    (E) Trikuspidalklappe

253. Welche Aussage(n) zum Herzen trifft/treffen zu?

    I. Während der Systole befördert das rechte Herz sauerstoffarmes (venöses) Blut durch Kontraktion des rechten Ventrikels in den Lungenkreislauf.
    II. Während der Diastole werden die Ventrikel erneut mit Blut befüllt und die Taschenklappen verhindern, dass Blut aus den großen Arterien zurück in die Kammern fließt.
    III. Das linke und rechte Herz pumpt pro Zeit die gleiche Menge Blut.
    IV. Das pro Minute gepumpte Volumen (Herzzeitminutenvolumen) kann von etwa 5 l/min in Ruhe auf etwa 25 l/min bei körperlicher Anstrengung ansteigen.

    (A) Nur IV. ist richtig.
    (B) Alle Aussagen sind richtig.
    (C) II., III. und IV. sind richtig.
    (D) III. und IV. sind richtig.
    (E) I., II. und III. sind richtig.

254. Welche Aussage zum Thema Herz ist falsch?

    (A) Das Herz besitzt zwei Ventrikel.
    (B) Das Herz besitzt ein Atrium.
    (C) Venen führen das Blut zum Herzen.
    (D) Arterien führen das Blut vom Herzen weg.
    (E) Zwischen den Vorhöfen und den Kammern befinden sich Herzklappen.

255. Welche Aussage zum Herz ist falsch?

    (A) Das Herz hat sein eigenes Erregungsleitungs- und –bildungssystem.
    (B) Der Sinusknoten ist der Hauptschrittmacher des Herzens.
    (C) Das Herz versorgt sich selbst über die Herzkranzgefäße.
    (D) Bei einem Herzinfarkt kommt es zu einer Minderdurchblutung des Herzmuskelgewebes.
    (E) Das Herz führt ausschließlich venöses Blut.

256. Welche Aussage(n) über das Herz ist/sind <u>falsch</u>?

   I. Das Herz wird über Herzkranzgefäße mit Sauerstoff und Nährstoffen versorgt.
   II. Das Herz hat sein eigenes Erregungsleitungssystem.
   III. Der AV-Knoten befindet sich zwischen Vor- und Hauptkammer.
   IV. Das Herz besteht aus zwei Vorhöfen und zwei Kammern.
   V. Die Lungenvenen führen sauerstoffarmes Blut zum Herzen.

   (A) I. und V. sind falsch.
   (B) II. und V. sind falsch.
   (C) Nur III. ist falsch.
   (D) I. und V. sind falsch.
   (E) Nur V. ist falsch.

257. Welche Aussage zum Herzkreislaufsystem ist <u>falsch</u>?

   (A) Die Aorta ist das größte Gefäß des Menschen.
   (B) Die Hauptschlagader beginnt in der linken Herzkammer und pumpt sauerstroffreiches Blut.
   (C) Die rechte Herzkammer liegt direkt unter dem Brustbein.
   (D) Die vier Klappen des Herzens verhindern einen Rückstrom des Blutes in die falsche Richtung und liegen in der sog. Herzklappenebene.
   (E) Jede Herzhälfte hat eine Schiffsklappe und eine Taschenklappe.

258. Welche Aussage(n) über Venen und Arterien ist/sind <u>richtig</u>?

   I. Arterien führen das Blut vom Herzen weg.
   II. Venen führen das Blut zum Herzen hin.
   III. Arterien führen ausschließlich sauerstoffreiches Blut.
   IV. Venen führen ausschließlich sauerstoffarmes Blut.
   V. Die Aorta entspringt der linken Herzkammer.

   (A) I., II., III. und IV. sind richtig.
   (B) III., IV. und V. sind richtig.
   (C) Alle Aussagen sind richtig.
   (D) I., II. und V. sind richtig.
   (E) Nur V. ist richtig.

259. Eine irreversible Ausdehnung eines Gefäßes wird bezeichnet als?

    (A) Thrombus
    (B) Embolus
    (C) Aneurysma
    (D) Ischämie
    (E) Windkessel

260. Wie nennt man die kleinsten Blutgefäße des menschlichen Körpers?

    (A) Aorten
    (B) Venen
    (C) Arteriolen
    (D) Venolen
    (E) Kapillaren

261. In welchem Bereich liegt der normale systolische und diastolische Blutdruck?

    (A) 140/80 mmHg
    (B) 90/60 mmHg
    (C) 120/80 mmHg
    (D) 60/40 mmHg
    (E) 160/100 mmHg

9.4 ATMUNGSSYSTEM

Lernstoff

- ✓ Äußere und innere Atmung
- ✓ Luftleitende Atmungsorgane
    - Nasenhöhle und Nasennebenhöhle
    - Rachen
    - Kehlkopf
    - Luftröhre und Bronchialbaum
        - Luftröhre
        - Hautpbronchien
        - Lappenbronchien
        - Segmentbronchien
- ✓ Lungen
    - Lungenfell
    - Äußerer Aufbau der Lunge
    - Innerer Aufbau der Lunge
        - Alveolen
        - Lungengefäße
- ✓ Belüftung der Lunge (Ventilation)
    - Lungen- und Atemvolumen
    - Atemfrequenz
- ✓ Gasaustausch und Blut-Luftschranke
    - Überblick

HINWEIS! Mach Dich v.a. mit dem Aufbau der Lunge vertraut. Was ist ein Lungenlappen und wieviel gibt es davon?

262. Welche Aussage(n) zur Lunge trifft/treffen zu?

   I. Beim Menschen besteht die Lunge aus zwei Lungenflügeln, die links in zwei und rechts in drei Lungenlappen unterteilt ist.
   II. Die Inspiration erfolgt durch Kontraktion der muskulären Septen des Lungengerüsts, die vom autonomen Nervensystem gesteuert werden.
   III. Durch die Dehnung des Brustkorbs wird das Volumen größer und es entsteht ein Unterdruck, der durch die einströmende Luft ausgeglichen wird.
   IV. Die Lungenflügel liegen in der Brusthöhle.

   (A) Alle Aussagen sind richtig.
   (B) I. und IV. sind richtig.
   (C) I., II. und III. sind richtig.
   (D) II. und IV. sind richtig.
   (E) I., III. und IV. sind richtig.

263. Welche Aussage(n) zum Aufbau der Atmungsorgane ist/sind richtig?

   I. Zu den unteren Atemwegen zählt man die Luftröhre und die Lungen.
   II. Die Luftröhre teilt sich in zwei Hauptbronchien auf.
   III. Die Lungen sind für die „äußere Atmung" verantwortlich.
   IV. In den Bronchien geschieht der Austausch zwischen Kohlenstoffdioxid und Sauerstoff.
   V. Das Zwerchfell ist ein wichtiger Muskel für die Einatmung.
   VI. Das Ausatmen erfolgt aktiv.

   (A) I., II., III. und VI. sind richtig.
   (B) II., IV. und V. sind richtig.
   (C) I., II. und V. sind richtig.
   (D) II., III. und VI. sind richtig.
   (E) I., II., III. und V. sind richtig.

264. Wo findet bei der Atmung der Gasaustausch beim Menschen statt?

   (A) In den Bronchien
   (B) In der Luftröhre
   (C) In den Bronchiolen
   (D) In den Alveolen
   (E) In den Lappenbronchien

9.5 NERVENSYSTEM

Lernstoff

- ✓ Gliederung
  - Afferenzen und Efferenzen
  - Zentrales und peripheres Nervensystem
- ✓ ZNS
  - Einteilung und Aufbau
    - Großhirn
    - Hirnnerven
    - Zwischenhirn
    - Mittelhirn
    - Brücke
    - Kleinhirn
    - Verlängertes Mark
    - Rückenmark
      - Spiralnerven
  - Hirn- und Rückenmarkshäute
  - Gehirn- und Rückenmarksflüssigkeit
- ✓ PNS
  - Peripherer Nerv
  - Ganglien
  - Spinalnerven

HINWEIS! Du solltest wissen, wo das Atemzentrum liegt und von wo zentral der Blutdruck reguliert wird.

265. Welche anatomische Struktur ist bei einer Meningitis hauptsächlich betroffen?

 (A) Gehirnhäute
 (B) Milz
 (C) Leber und Gallenblase
 (D) Dünndarm
 (E) Lungen

266. Welche Aussage(n) zum Rückenmark trifft/treffen zu?

   I. Beim Erwachsenen endet das Rückenmark auf Höhe des ersten bis zweiten Lendenwirbelkörpers (L1–L2).
   II. Das Rückenmark ist im Gegensatz zum Gehirn nicht von der Zerebrospinalflüssigkeit umgeben.
   III. Die weiße Substanz hat im Rückenmarksquerschnitt die Form eines Schmetterlings.
   IV. Der Mensch besitzt meist 31 paarig angelegte Spinalnerven.
   V. Das erste Spinalnervenpaar tritt direkt unterhalb des Hinterhaupts aus.

   (A) Alle Aussagen sind richtig.
   (B) I., IV. und V. sind richtig.
   (C) I., III., IV. und V. sind richtig.
   (D) Nur III. ist richtig.
   (E) III., IV. und V. sind richtig.

267. Was ist eine Funktion des Parasympathikus?

   (A) verminderte Peristaltik
   (B) vermehrte Schweißproduktion
   (C) Erweiterung der Herzkranzgefäße
   (D) Verengung der Pupillen
   (E) Erweiterung der Bronchien

268. Welche Aussage(n) zu Sympathikus und Parasympathikus ist/sind richtig?

   I. In den Leistungsphasen des Körpers nimmt der Parasympathikus Einfluss, in den Erholungsphasen der Sympathikus.
   II. Sympathikus und Parasympathikus sind Antagonisten.
   III. Die Zellkörper der ersten Neurone des peripheren Sympathikus (sympathische Wurzelzellen) sind im Brust- und Lendenmark des Rückenmarks lokalisiert.
   IV. Die vegetativen Zentren des Parasympathikus liegen im Bereich des Hirnstamms und im sakralen Rückenmark.

   (A) I. und II. sind richtig.
   (B) II., III. und IV. sind richtig.
   (C) III. und V. sind richtig.
   (D) Nur I. ist richtig.
   (E) Nur II. ist richtig.

269. Welchen Teil des Gehirns gibt es beim Menschen nicht?

 (A) Großhirnrinde (Cortex)
 (B) Kleinhirn (Cerebellum)
 (C) Intermediärhirn (Encephalon intermediares)
 (D) Zwischenhirn (Diencephalon)
 (E) Mittelhirn (Mesencephalon)

270. Welche Aussage(n) zu den Ranvier'schen Schnürringen trifft/treffen zu?

 I. An dieser Stelle des Axons befindet sich keine Markscheide.
 II. Sie sind wichtig für die saltatorische Erregungsleitung.
 III. Das Aktionspotential „springt" von Schnürring zu Schnürring.

 (A) Nur I. ist richtig.
 (B) Nur II. ist richtig.
 (C) Nur III. ist richtig.
 (D) II. und III. sind richtig.
 (E) Alle Aussagen sind richtig.

271. Welche Funktionen haben Gliazellen?

 I. Gegenseitige elektrische Isolation der Nervenzellen
 II. Stützgerüst der Nervenzellen
 III. Schutz der Axone
 IV. Stoff- und Flüssigkeitstransport

 (A) Nur I. ist richtig.
 (B) Nur II. ist richtig.
 (C) II., III. und IV. sind richtig.
 (D) I. und II. sind richtig.
 (E) Alle sind richtig.

272. Welche Art von Gedächtnis gibt es beim Menschen nicht?

 (A) Ultrakurzzeitgedächtnis
 (B) Endokrines Gedächtnis
 (C) Kurzzeitgedächtnis
 (D) Sensorisches Gedächtnis
 (E) Langzeitgedächtnis

273. Was bezeichnet man als „enterisches Nervensystem"?

    (A) Eingeweidenervensystem
    (B) Hormonelles Nervensystem
    (C) Nervensystem der Gliedmaßen
    (D) Die Summe aus Zentralnervensystem und Peripherem Nervensystem
    (E) Die Summe aus vegetativem und animalischem Nervensystem

274. Welche Aussage(n) zu Afferenzen bzw. Efferenzen ist/sind richtig?

    I.   Afferente Bahnen leiten Nervenerregungen von den Organen zum Zentralnervensystem.
    II. Efferente Bahnen leiten Erregungen vom Zentralnervensystem zu den Organen.
    III. Afferenzen und Efferenzen sind periphere Bahnen und gehören somit zum Peripheren Nervensystem.

    (A) Nur I. ist richtig.
    (B) Nur II. ist richtig.
    (C) Nur III. ist richtig.
    (D) I. und II. sind richtig.
    (E) I., II. und III. sind richtig.

275. Was ist keine Funktion des Parasympathikus?

    (A) Erhöhung der Herzfrequenz
    (B) Verengung der Pupillen
    (C) Anregung der Verdauung
    (D) Vermehrte Speichelproduktion
    (E) Vermehrte Drüsensekretion

276. Wofür ist das Kleinhirn nicht zuständig?

    (A) Muskelspannungen
    (B) Prozedurales Gedächtnis
    (C) Gleichgewicht
    (D) Atmung
    (E) Gelenkstellungen

277. Welche Art von Nervenzelle existiert nicht?

    (A) oligopolare Nervenzelle
    (B) multipolare Nervenzelle
    (C) bipolare Nervenzelle
    (D) unipolare Nervenzelle
    (E) Purkinje-Nervenzelle

278. Welche dieser Komponenten gehört nicht zum Aufbau einer Nervenzelle (Neuron)?

    (A) Axon
    (B) Soma
    (C) Dendrit
    (D) Axonhügel
    (E) Spongiosa

279. Welche Aussage(n) über das zentrale Nervensystem ist/sind richtig?

    I. Es besteht aus Gehirn, Rückenmark und den Spinalnerven.
    II. Es steuert die Koordination sämtlicher motorischer Eigenleistungen des Gesamtorganismus.
    III. Das Gehirn besteht aus zwei Hemisphären.
    IV. Es integriert alle sensiblen Reize, die zugeleitet werden.
    V. Es steuert unsere Organfunktionen unwillkürlich.

    (A) I., II. III. und V. sind richtig.
    (B) Alle Aussagen sind richtig.
    (C) I. und III. sind richtig.
    (D) II., III., IV. und V. sind richtig.
    (E) I., III. IV. und V. sind richtig.

280. Wie nennt man die Schaltstelle zwischen Nervenzelle und Muskelfaser?

    (A) neuroendokrine Synapse
    (B) neurorenale Synapse
    (C) neuromuskuläre Synapse
    (D) neurokardiale Synapse
    (E) neuromarginale Synapse

281. Welche Aussage(n) zu Acetylcholin trifft/treffen zu?

    I. Die Acetylcholinesterase hydrolysiert den Neurotransmitter Acetylcholin in Essigsäure und Cholin.
    II. Das Pfeilgift Curare, ein Antagonist des Acetylcholins, führt zu einer schlaffen Muskellähmung.
    III. Physostigmin, ein Acetylcholinesterasehemmer, führt zu einer verkürzten Wirkung des Acetylcholins am Rezeptor.
    IV. Acetylcholin ist ein Neurotransmitter des vegetativen Nervensystems.

    (A) I., II. und IV. sind richtig.
    (B) II. und III. sind richtig.
    (C) Nur IV. ist richtig.
    (D) I. und III. sind richtig.
    (E) II. und IV. sind richtig.

282. Welche Aussage(n) zur Regelung der Hormonsekretion der Nebenniere (NN) ist/sind richtig?

    I. Cortison stimuliert die ACTH Sekretion und den Wachstum des funktionalen Gewebes der Nebenniere.
    II. Cortison hemmt die Freisetzung von CRH (Corticotropin releasing Hormon) aus dem Hypothalamus und die Sekretion des ACTH (Adrenocorticotropes Hormon) aus der Hypophyse.
    III. Die ACTH Sekretion wird durch Stress (Arbeit, Krankheit, Verletzung, Operation) getriggert.
    IV. ACTH wird von der Nebenniere sezerniert und stimuliert die Cortisonsekretion.

    (A) Alle Aussagen sind richtig.
    (B) I. und IV. sind richtig.
    (C) II. und III. sind richtig.
    (D) I. und III. sind richtig.
    (E) I., II. und III. sind richtig.

283. Wo liegt das Atemzentrum?

    (A) Pons
    (B) Zwischenhirn
    (C) Großhirn
    (D) Nachhirn
    (E) PNS

9.6 SINNESORGANE

> **Lernstoff**
>
> ✓ Rezeptoren und Sinneszellen
> ✓ Auge
> ✓ Ohr
> ✓ Geschmackssinn
> ✓ Geruchtssinn
> ✓ Gleichgewichtssinn

HINWEIS! Der Gleichgewichtssinn wurde mehrfach im MedAT abgefragt. Präge Dir v.a. ein, wo der Gleichgewichtssinn anatomisch liegt und wie die Akkomodation des Auges funktioniert.

284. Was versteht man unter dem Begriff Adaptation des Auges?

   (A) Die Anpassung an die im Gesichtsfeld vorherrschenden Leuchtdichten.
   (B) Eine dynamische Anpassung der Brechkraft des Auges.
   (C) Die Unterscheidbarkeit feiner Strukturen, also z. B. den kleinsten noch wahrnehmbaren Abstand zweier punktförmiger Objekte.
   (D) Ein Abbildungsfehler, der weit entfernte Objekte unschärfer erscheinen lässt, als nahe gelegene Objekte.
   (E) Die evolutionären Anpassungen, die zu einer auffälligen Ähnlichkeit von Pflanzen und Tieren führte.

285. Welche Aussage zum Gehör ist <u>falsch</u>?

   (A) Ein junger Mensch kann Schallwellen in etwa im Bereich zwischen 20 und etwa 20.000 Hertz hören.
   (B) Hören bedeutet Schallwellen wahrzunehmen.
   (C) Richtungshören ist auch mit nur einem Ohr möglich.
   (D) Von der Gehörschnecke geht der Hörnerv gemeinsam mit den Nervenbündeln des Gleichgewichtsorganes in Richtung Gehirn.
   (E) Über das Trommelfell werden die akustischen Schwingungen im Gehörgang in mechanische Schwingungen der Gehörknöchelchen umgewandelt.

286. Welche Aussage(n) zu den Sinnesorgangen des Menschen trifft/treffen zu?

   I. Der Mensch hat 5 Sinnesorgane: Haut, Auge, Ohr, Nase und Mund.
   II. Das Auge ist das größte Sinnesorgan des Menschen.
   III. Ein Sinnesorgan besitzt die Eigenschaft, spezifische Informationen in Form von Reizen aus der Umwelt in elektrische Impulse umzuwandeln.
   IV. Die Sinnesorgane unterscheiden sich im Hinblick auf die Komplexität ihres Aufbaus enorm, da chemische Reize andere Verarbeitungsprozesse erfordern als z. B. akustische Reize.
   V. Die Sinnesorgane des Menschen haben einzig und allein die Aufgabe, Umweltreize aufzunehmen.

   (A) Nur I. sind richtig.
   (B) I., II. und III. sind richtig.
   (C) Alle Aussagen sind richtig.
   (D) I., III. und IV. sind richtig.
   (E) III. und IV. sind richtig.

287. Was ist kein Bestandteil des menschlichen Auges?

   (A) Glaskörper
   (B) Linse
   (C) Netzhaut
   (D) Knochenhaut
   (E) Aderhaut

288. Welche Struktur existiert nicht im menschlichen Auge?

   (A) Aderhaut
   (B) Lederhaut
   (C) Netzhaut
   (D) Spinngewebshaut
   (E) Bindehaut

289. Wozu dienen die Stäbchen im menschlichen Auge?

   (A) Zum Scharfsehen
   (B) Zur Akkomodation
   (C) Zum Erkennen von Hell und Dunkel
   (D) Zum Farbsehen
   (E) Zum Erkennen von Gesichtern

290. Welche Aussage(n) zu den Zapfen des menschlichen Auges trifft/treffen zu?

   I. Zapfen sind die Farbrezeptoren des Auges und kommen in drei Typen vor: Blau-, Grün-, Rotrezeptor.
   II. Zapfen sind v. a. seitlich des Punktes des schärfsten Sehens auf der Netzhaut angeordnet.
   III. Zapfen dienen durch ihre hohe Lichtempfindlichkeit dem Nacht- und Dämmerungssehen.
   IV. Auf der Netzhaut befinden sich mehr Zapfen als Stäbchen.

   (A) Nur I. ist richtig.
   (B) Alle Aussagen sind richtig.
   (C) I., II. und IV. sind richtig.
   (D) I., III. und IV. sind richtig.
   (E) Nur II. ist richtig.

291. Welche der folgenden Reihenfolgen anatomischer Strukturen von außen nach Innen trifft für das Ohr zu?

   (A) Eustachische Röhre – Trommelfell – Gehörknöchelchen – Gehörschnecke – Hörnerv – Hörsinneszellen – Temporallappen
   (B) Ohrmuschel – äußerer Gehörgang – Trommelfell – Innerer Gehörgang – Gehörschnecke – Hammer, Amboss, Steigbügel – Hörnerv – Temporallappen
   (C) Äußerer Gehörgang – Hammer, Amboss, Steigbügel – Trommelfell – Hörsinneszellen – Gehörschnecke – Hörnerv – Frontallappen
   (D) Temporallappen – Hörnerv – Hörsinneszellen – Gehörschnecke – Trommelfell – Hammer, Amboss, Steigbügel – äußerer Gehörgang – Ohrmuschel
   (E) Ohrmuschel – äußerer Gehörgang – Trommelfell – Hammer, Amboss, Steigbügel – Gehörschnecke – Hörsinneszellen – Hörnerv – Temporallappen

292. Wo im Körper befindet sich das Gleichgewichtsorgan bzw. der Vestibularapparat?

   (A) Kleinhirn
   (B) Tastsinn der Haut
   (C) Rückenmark
   (D) Innenohr
   (E) Mittelohr

293. Welche Aussage(n) zur Zunge trifft/treffen zu?

   I. Im vorderen und seitlichen Bereich der Zunge wird der Geschmack „bitter" am stärksten wahrgenommen.
   II. Im hinteren Bereich der Zunge wird der Geschmack salzig am stärksten wahrgenommen.
   III. Es gelten aktuell fünf Geschmackqualitäten als allgemein wissenschaftlich anerkannt: süß, sauer, salzig, bitter und umami
   IV. Neben der Wahrnehmung von Geschmack (im weiteren Sinne) durch Geschmacksrezeptoren, wird ein großer Teil durch flüchtige Aromastoffe hervorgerufen, die das Riechepithel stimulieren.
   V. Die Konzentration, die zur Überschreitung der Wahrnehmungsschwelle nötig ist, ist bei bitteren Substanzen am niedrigsten.

   (A) Nur IV. und V. sind richtig.
   (B) Alle Aussagen sind richtig.
   (C) III., IV. und V. sind richtig.
   (D) I., III., IV. und V. sind richtig.
   (E) II., III. und IV. sind richtig.

294. Welche Aussage(n) zur Nase trifft/treffen zu?

   I. Primär erfüllt die Nase die Funktion der Lufterwärmung, -anfeuchtung, -filtration und der Geruchswahrnehmung.
   II. Die Riechschleimhaut erstreckt sich vom Eingang der Nase (Nasenlöcher) bis zum Übergang in den Schlund (Choanen).
   III. Beim Menschen gibt es ca. 400 unterschiedliche Rezeptoren auf den einzelnen Sinneszellen, die jeweils nur auf einen Duftstoff ansprechen.
   IV. Der Hirnnerv, der die Wahrnehmungen der Riechrezeptoren ins Gehirn weiterleitet wird als Nervus opticus bezeichnet.
   V. Pheromone sind Duftstoffe, die bewusst oder unbewusst Verhaltensweisen anderer Individuen beeinflussen.

   (A) I., III. und V. sind richtig.
   (B) Nur I. ist richtig.
   (C) I., II., III. und V. sind richtig.
   (D) Alle Aussagen sind richtig.
   (E) III., IV. und V. sind richtig.

9.7 BLUT

Lernstoff

- ✓ Blutzellen
  - Erythrozyten
  - Leukozyten
    - Granulozyten
    - Lymphozyten
    - Monozyten
  - Thrombozyten
- ✓ Venöser und arterieller Kreislauf
- ✓ Blutgruppensysteme
  - AB0-System
  - Rhesus-System
  - Minor- und Major-Reaktionen
- ✓ Blutplasma
- ✓ Abbau des Blutes

HINWEIS! Schau Dir v.a. Blutgruppen (Kodominanz der Vererbung) und Abbau des Blutes an.

295. Welche dieser Zellen hat <u>keinen</u> Zellkern?

(A) Muskelzelle
(B) Nervenzelle
(C) Erythrozyt
(D) Leukozyt
(E) Herzmuskelzelle

296. Welche dieser Zellen hat <u>keinen</u> Zellkern?

(A) Eizelle
(B) Spermienzelle
(C) Thrombozyt
(D) Knochenzelle
(E) Leberzelle

297. Welche Aussage(n) über Blutgruppen beim Menschen ist/sind richtig?

   I. Blutgruppe A besitzt Antigene A und Antikörper gegen Antigen B.
   II. Blutgruppe B besitzt Antigene B und Antikörper gegen Antigen A.
   III. Blutgruppe 0 besitzt keine Antigene.
   IV. Blutgruppe 0 besitzt Antikörper gegen die Antigene A und B.
   V. Blutgruppe AB besitz keine Antigene.

   (A) I., II., III. und IV. sind richtig.
   (B) III. und IV. sind richtig.
   (C) Nur V. ist richtig.
   (D) Alle Aussagen sind richtig.
   (E) I., II. und V. sind richtig.

298. Welche Blutgruppe besitzt Antigene A und Antikörper gegen B?

   (A) Blutgruppe A
   (B) Blutgruppe B
   (C) Blutgruppe 0
   (D) Blutgruppe AB
   (E) Kommt bei keiner Blutgruppe vor.

299. Welche Aussage zu roten Blutkörperchen ist falsch?

   (A) Sie enthalten keinen Zellkern.
   (B) Sie werden im roten Knochenmark gebildet.
   (C) Sie enthalten Hämoglobin.
   (D) Sie haben eine Lebensdauern von etwa einem Jahr.
   (E) Sie werden in Milz und Leber abgebaut.

300. Welche Aussage über weiße Blutkörperchen (Leukozyten) ist falsch?

   (A) Sie sind Bestandteil des Immunsystems.
   (B) Sie spielen eine wichtige Rolle bei der Abwehr von Krankheitserregern.
   (C) Sie stammen alle von einer Vorläuferzelle ab.
   (D) Die Granulozyten sind die kleinste Gruppe der weißen Blutkörperchen.
   (E) Lymphozyten zählt man zu den weißen Blutkörperchen.

301. Welche Aussage zum Blutplasma ist falsch?

   (A) Das Plasma macht in etwa 56% des menschlichen Blutes aus.
   (B) Der Proteingehalt des Blutplasmas ist notwendig zur Aufrechterhaltung des kolloidosmotischen Drucks.
   (C) Das Fibrinogen bildet bei der Blutgerinnung ein Fasernetz.
   (D) Das Blutplasma ist das von Gerinnungsfaktoren bereinigte Blutserum.
   (E) Das Blutplasma erfüllt unterschiedliche Transportfunktionen.

302. Welche Blutgruppe besitzt Antikörper gegen A und B und Antigene A und B?

   (A) Blutgruppe A
   (B) Blutgruppe AB
   (C) Blutgruppe 0
   (D) Kommt bei keiner Blutgruppe vor.
   (E) Blutgruppe B

303. Was ist der Hauptbestandteil von Blutplasma?

   (A) Mineralien
   (B) Proteine
   (C) Wasser
   (D) Fett
   (E) Zucker

304. Welche Aussage über Blutplättchen (Thrombozyten) ist falsch?

   (A) Sie werden in der Milz gebildet.
   (B) Sie sind Bruchstücke von Knochenmarks-Riesenzellen.
   (C) Sie haben eine Lebensdauer von nur wenigen Tagen.
   (D) Ihre Bedeutung liegt in der Blutstillung und Blutgerinnung.
   (E) Sie sind farblos und scheiben- bis spindelförmig.

305. In welchen(m) Organ(en) findet der Abbau der roten Blutkörperchen in einem Erwachsenen statt?

    (A) Knochenmark
    (B) Darm
    (C) Bauchspeicheldrüse
    (D) Leber und Milz
    (E) Niere

306. Wie lange ist ca. die Lebensdauer eines Erythrozyten?

    (A) 10 Tage
    (B) 50 Tage
    (C) 150 Tage
    (D) 120 Tage
    (E) 70 Tage

307. Welche der folgenden Aussagen zu Bilirubin ist <u>richtig</u>?

    (A) Bilirubin ist ein Abbauprodukt der Lymphozyten.
    (B) Bilirubin ist ein Alterpigment.
    (C) Bilirubin wird von den Pigmentzellen der Haut produziert.
    (D) Bilirubin wird von den Talgdrüsen der Haut produziert.
    (E) Bilirubin ist ein gelbes Abbauprodukt der Erythrozyten.

9.8 LYMPHE UND LYMPHATISCHE GEWEBE

Lernstoff

- ✓ Primäre und sekundäre lymphatische Organe
- ✓ Thymus
- ✓ Lymphknoten
- ✓ Milz
- ✓ Mandeln
- ✓ Darmassoziiertes lymphatisches System

HINWEIS! Du solltest wissen, wo die Milz anatomisch liegt.

308. Welche Aussage zum lymphatischen System ist <u>falsch</u>?

(A) Entlang der Lymphgefäße befinden sich die Lymphknoten.
(B) Die Lymphknoten enthalten Lymphozyten, eine spezielle Art von weißen Blutkörperchen.
(C) Lymphe ist ein Bestandteil den Immunsystems.
(D) Lymphe enthält neben Wasser, Mikro- und Makromolekülen auch Erythrozyten.
(E) Das Lymphsystem transportiert u.a. Nähr- und Abfallstoffe.

309. Welche Aussage(n) zum Lymphsystem trifft/treffen zu?

I. Die Lymphe entsteht aus extrakapillärer Flüssigkeit, die bei der Passage des Blutes durch die Blutkapillaren in den Zellzwischenraum austritt.
II. Die täglich produzierte Lymphe beträgt zwischen 2-3 Litern.
III. Das Lymphsystem spielt neben der Körperabwehr eine wichtige Rolle bei der Drainage von überschüssiger Gewebsflüssigkeit.
IV. Die Lymphe ist eine milchig, trübe Flüssigkeit.

(A) Nur I. ist richtig.
(B) I., III. und IV. sind richtig.
(C) Alle Aussagen sind richtig.
(D) Nur IV. ist richtig.
(E) III. und IV. sind richtig.

310. Welche Aussage zum Lymphgefäßsystem ist <u>falsch</u>?

(A) Die Lymphe transportiert die im Darm resorbierten Fette.
(B) Die gesamte Lymphe mündet im Venenwinkel in die obere Hohlvene.
(C) Die Lymphe kann nicht aktiv vom Lymphgefäßsystem transportiert werden.
(D) Beim Lymphgefäßsystem handelt es sich um einen Kreislauf.
(E) Lymphknoten sind die „Filterstationen" des Lymphgefäßssystmens.

311. Die Milz ist ein Organ des lymphatischen Systems. Wo liegt die Milz anatomisch?

(A) Linker Unterbauch
(B) Ca. in Höhe der 10 Rippe rechts
(C) Links unterhalb des Zwerchfells und oberhalb der linken Niere
(D) Rechter Oberbauch
(E) Rechter Unterbauch

9.9 IMMUNSYSTEM

Lernstoff

✓ Unspezifische Immunabwehr
✓ Spezifische Immunabwehr
- T-Lymphozyten
- B-Lymphozyten
- Antikörper und genetische Grundlagen der Antikörper

HINWEIS! Du solltest wissen, was der Unterschied zwischen der unspezifischen und spezifischen Immunabwehr ist und welche Zellen in den Systemen eine Rolle spielen.

312. Welche Aussage zu T-Lymphozyten ist richtig?

(A) Die Reifung von T-Lymphozyten findet im roten Knochenmark statt.
(B) Die Reifung von T-Lymphozyten erfolgt in der Milz.
(C) Ein T-Lymphozyt wird durch die Koppelung mit einem Antigenrezeptor einer antigenpräsentierenden Zelle und einem Corezeptor aktiviert.
(D) T-Lymphozyten zählen zum angeborenen Immunsystem.
(E) T-Lymphozten können sich selbst durch die Phagozytose frei herum schwimmender Antigene aktivieren.

313. Welche Aussage zu Antikörpern ist falsch?

(A) Antikörper sind Proteine aus der Familie der Immunglobuline.
(B) Antikörper bestehen aus vier Polypeptidketten.
(C) IgG findet man vor allem frei im Blutplasma.
(D) Beim Menschen gibt es sieben Klassen von Immunglobulinmolekülen.
(E) Die beiden Antigenbindungsstellen eines Antikörpers sind identisch, sodass der Antikörper bivalent, also „zweibindend" ist.

314. Welche Aussage(n) zur Immunisierung trifft/treffen zu?

    I. Bei der passiven Immunisierung werden Antikörper und Zellen der adaptierten Immunantwort (B- und T-Zellen) übertragen.
    II. Ein Nachteil der passiven Immunisierung ist, dass der Impfschutz erst Tage bis Wochen nach der Impfung vorhanden ist.
    III. Eine passive Immunisierung hält in der Regel über Jahre an.
    IV. Die passive Immunisierung stimuliert die Bildung von Antikörpern.
    V. Eine aktive Impfung und eine passive Impfung können auch gleichzeitig verabreicht werden.

    (A) Alle Aussagen sind richtig.
    (B) II., III. und V. sind richtig.
    (C) Nur V. ist richtig.
    (D) Nur III. ist richtig.
    (E) Keine Aussage ist richtig.

315. Welche der im Folgenden genannten Zellen gehören zur unspezifischen Immunantwort?

    I. Plasmazellen
    II. Makrophagen
    III. B-Lymphozyten
    IV. Granulozyten
    V. Gedächtniszellen

    (A) Nur II. ist richtig.
    (B) II. und IV sind richtig.
    (C) Alle sind richtig.
    (D) I., III. und V. sind richtig.
    (E) III. und IV. sind richtig.

316. Wie töten Phagozyten schädliche Bakterien?

    (A) Durch Endozytose
    (B) Durch die Produktion von Antikörpern
    (C) Durch Komplementfaktoren
    (D) Durch das Anlegen von Gedächtniszellen
    (E) Durch den Säureschutzmantel der Haut

317. Welche der Aussagen zum angeborenen und erworbenen Immunsystem trifft/treffen zu?

   I. Das angeborene Immunsystem hat eine niedrigere Spezifität als das erworbene.
   II. Das angeborene Immunsystem bildet Gedächtniszellen.
   III. Eine Zweitreaktion auf den gleichen Erreger verläuft i.d.R. schneller als beim Erstkontakt.
   IV. Das angeborene Immunsystem besteht unter anderem aus Makrophagen, Granulozyten und Natürlichen Killerzellen.

   (A) Alle Aussagen sind richtig.
   (B) I. und II. sind richtig.
   (C) I., III. und IV. sind richtig.
   (D) Keine Aussage ist richtig.
   (E) II., III. und IV. sind richtig.

318. Welche Prozesse führen zur Variabilität von menschlichen Antikörpern?

   I. Somatische Rekombination bzw. V(D)J-Rekombination
   II. Junktionale Diversifikation
   III. Rekombination der C-Domäne der H-Ketten
   IV. Somatische Hypermutation
   V. Kombination verschiedener leichter und schwerer Ketten

   (A) Alle Antworten sind richtig.
   (B) I., II. und V. sind richtig.
   (C) II., III. und V. sind richtig.
   (D) I., II., IV. und V. sind richtig.
   (E) Nur V. ist richtig.

319. Welche Aussage(n) zu Antikörpern trifft/treffen zu?

   I. Aktuell unterscheidet man 5 Klassen von Antikörpern.
   II. Ein Antiköper besteht aus zwei identischen schweren H-Ketten und zwei identischen leichten L-Ketten.
   III. Nur Plasmazellen und T-Lymphozyten können Antikörper synthetisieren und sezernieren.
   IV. Die schweren und leichten Ketten werden untereinander durch Disulfid- und Peptidbindungen verbunden.
   V. Die variable Region der leichten und schweren Kette bilden die Antigenbindungsstelle.

   (A) Nur III. ist richtig.
   (B) Nur I. ist richtig.
   (C) I., II., IV. und V. sind richtig
   (D) Alle Aussagen sind richtig.
   (E) I., II. und V. sind richtig.

320. Welche Aussage(n) zur Variabilität der Antikörper trifft/treffen zu?

   I. Die V(D)J-Rekombination ist der einzige Prozess bei dem Erbinformation (DNA) in somatischen, proliferierenden Zellen planmäßig verändert wird.
   II. Die V(D)J-Rekombination betrifft sowohl die schwere, als auch die leichte Kette der Antikörper.
   III. Die Genabschnitte der variablen Region der leichten Kette setzen sich aus V-, D- und J-Segmenten zusammen.
   IV. Die Genabschnitte der variablen Region der schweren Kette setzen sich aus V- und D-Segmenten zusammen.
   V. Zusätzliche Variabilität der Antikörper entsteht durch die Kombination verschiedener schwerer und leichter Ketten miteinander.

   (A) I., II. und III. sind richtig.
   (B) Nur V. ist richtig.
   (C) Alle Aussagen sind richtig.
   (D) I., II. und V. sind richtig.
   (E) II., III. und IV. sind richtig.

321. Welche Aussage zu Antikörpern trifft/treffen zu?

   I. Antikörper richten sich nur gegen körperfremde Antigene.
   II. Sie bilden mit Antigenen Immunkomplexe, die von Fresszellen identifiziert und phagozytiert werden.
   III. Sie gehören zur Klasse der Gamma-Globuline.
   IV. Sie werden von T-Lymphozyten produziert.
   V. Sie sind Teil der adaptierten Immunantwort und werden der humoralen spezifischen Abwehr zugerechnet.

   (A) Nur II. ist richtig.
   (B) II., III. und V. sind richtig.
   (C) III., IV. und V. sind richtig.
   (D) Alle Aussagen sind richtig.
   (E) II., III., IV. und V. sind richtig.

322. Welche Aussage(n) zu Makrophagen trifft/treffen zu?

   I. Sie werden zu den antigenpräsentierenden Zellen gezählt.
   II. Bei einer Blutuntersuchung eines gesunden Menschen machen sie den größten Anteil an den weißen Blutkörperchen aus.
   III. Monozyten sind die Vorläuferzellen der Makrophagen.
   IV. Sie werden in der Milz gebildet.
   V. Sie werden zum adaptieren Immunsystem gezählt.
   VI. Sie dienen der Beseitigung von Mikroorganismen durch Phagozytose.

   (A) I., III. und VI. sind richtig.
   (B) Alle Aussagen sind richtig.
   (C) II., III. und IV. sind richtig.
   (D) I., III., IV. und VI. sind richtig.
   (E) und VI. sind richtig.

323. Welche der folgenden anatomischen Strukturen ist kein Bestandteil des Immunsystems?

   (A) Milz
   (B) Leber
   (C) Rachenmandeln
   (D) Blinddarm
   (E) Thymus

9.10 HORMONSYSTEM

Lernstoff

- ✓ Hormone
  - Definition
  - Wirkungsmechanismus von Hormonen
  - Hauptbildungsorte von Hormonen
  - Steuerung der Hormonsekretion
- ✓ Hypothalamus-Hypophysen-Rückkopplungssystem
- ✓ Hypophyse
  - Neurohypophyse
  - Adenohypophyse
- ✓ Zirbeldrüse
- ✓ Schilddrüse
  - C-Zellen der Schilddrüse
  - Nebenschilddrüse
- ✓ Nebenniere
  - Nebennierenrinde
  - Nebennierenmark
- ✓ Inselorgan der Bauchspeicheldrüse
- ✓ Geschlechtsorgane
  - Hoden
  - Eierstöcke
- ✓ Andere hormonbildende Gewebe und Zellen

324. Welche Aussage(n) zum Regelkreis Schilddrüsenhormone trifft/treffen zu?

  I. Der TSH releasing factor (TRH) wird vom Hypothalamus sezerniert und stimuliert die Hypophyse zu Freisetzung des Thyreoidea-stimulierenden Hormons (TSH).
  II. TSH stimuliert die Hormonbildung und die Iodaufnahme in der Schilddrüse.
  III. Freies Thyroxin (FT4) fördert die Sekretion von TRH und hemmt die Sekretion von TSH.
  IV. Ein erniedrigter TSH Blutwert bei gleichzeitig erhöhten Schilddrüsenhormonen kann für eine Schilddrüsenüberfunktion sprechen.

  (A) Nur I. ist richtig.
  (B) I., II. und III. sind richtig.
  (C) Alle Aussagen sind richtig.
  (D) I., II. und IV. sind richtig.
  (E) Nur IV. ist richtig.

325. In welchem der folgenden Organe kommt es beim Typ-1 Diabetes mellitus zur Zerstörung der Betazellen?

    (A) Leber
    (B) Herz
    (C) Blase
    (D) Pankreas
    (E) Gehirn

326. Welche dieser Drüsen ist eine reine Exokrine Drüse?

    (A) Zirbeldrüse
    (B) Hypophyse
    (C) Schilddrüse
    (D) Bauchspeicheldrüse
    (E) Schweißdrüse

327. Welche dieser Drüsen ist keine endokrine Drüse?

    (A) Speicheldrüse
    (B) Hoden
    (C) Thymus
    (D) Nebenniere
    (E) Ovar

328. Von welchen Zellen wird das Hormon Insulin gebildet?

    (A) T-Zellen
    (B) Langerhans-Zellen
    (C) B-Zellen
    (D) Müllerzellen
    (E) Graue Zellen

329. Welche der folgenden Aussagen zu Testosteron ist falsch?

   (A) Testosteron wird in den Hoden gebildet.
   (B) Testosteron fördert den Muskelaufbau.
   (C) Testosteron wird in den Eierstöcken gebildet.
   (D) Testosteron bewirkt die Ausbildung eines männlichen Phänotyps.
   (E) Testosteron fördert das Wachstum der Kopfbehaarung.

330. Welche der folgenden Aussagen beschreibt keine Wirkung von Insulin?

   (A) Insulin senkt den Blutzucker.
   (B) Insulin fördert die Gluconeogenese.
   (C) Insulin fördert die Glykogensynthese.
   (D) Insulin fördert die Aufnahme von Zucker in die Muskelzellen.
   (E) Insuline hemmt den Abbau von Fettgewebe.

331. Was ist keine exokrine Drüse?

   I. Speicheldrüse
   II. Schilddrüse
   III. Hypophyse
   IV. Schweißdrüse
   V. Tränendrüse

   (A) II. und III. sind falsch.
   (B) II. und V. sind falsch.
   (C) Nur I. ist falsch.
   (D) Nur IV. ist falsch.
   (E) I. und III. sind falsch.

332. Welche dieser Drüsen ist eine endokrine Drüse?

   (A) Schweißdrüse
   (B) Tränendrüse
   (C) Talgdrüse
   (D) Schleimdrüse
   (E) Thymusdrüse

9.11 NIERE UND ABLEITENDE HARNWEGE

Lernstoff

✓ Nieren
- Aufgaben der Nieren
- Übersicht über Bau und Funktion
- Form und Lage

✓ Ableitende Harnwege
- Nierenbecken
- Harnleiter
- Harnblase
- Harnröhre

333. Welche Aufgabe hat das Nierenkanälchen?

(A) Es filtert den Sekundärharn.
(B) Es konzentriert den Primärharn.
(C) Es sorgt für die Durchblutung der Niere.
(D) Es reinigt die Niere von Giftstoffen.
(E) Es leitet den Harn in die Harnblase.

334. Welche Aussage(n) zur Niere ist/sind <u>richtig</u>?

I. Die Niere ist ein paarig angelegtes Organ.
II. Die Niere scheidet Endprodukte des menschlichen Stoffwechsels aus.
III. Die Niere spielt eine entscheidende Rolle bei der Bildung von roten Blutkörperchen.
IV. Pro Tag durchfließen in etwa 1800 Liter Blut die Nieren.
V. Die Niere hat keinen Einfluss auf die Blutdruckregulation.
VI. Der Sekundärharn gelangt aus dem Nierenbecken direkt in die Harnröhre.

(A) Alle Aussagen sind richtig.
(B) Nur die Aussagen I., II. III., und IV. sind richtig.
(C) Nur die Aussagen I., II., IV. und VI. sind richtig.
(D) Nur die Aussagen I., II., III., IV. und VI. sind richtig.
(E) Nur die Aussagen I., II., III., IV. und V. sind richtig.

335. Wo befindet sich der Glomerulus?

    (A) Im Nierenmark
    (B) In der Nierenrinde
    (C) Im Sammelrohr
    (D) Im Nierenbecken
    (E) Im Ureter

336. Welche der folgenden Aussagen ist falsch?

    (A) Die Blase ist ein muskuläres Hohlorgan.
    (B) Der Urinzufluss der Blase erfolgt über die Harnleiter.
    (C) Über die Harnröhre erfolgt der Abfluss des Urins aus der Blase.
    (D) Der Harn wird in der Blase aktiv weiter konzentriert.
    (E) Die Innenwand der Blase ist mit Urothel ausgekleidet.

337. Welche Aussage(n) zur Niere ist/sind richtig?

    I.   Sie besteht aus ca. 1,2 Millionen Nephronen.
    II. Ein Nephron besteht aus Nierenkörperchen und Nierenkanälchen.
    III. Es werden täglich ca. 180 l Sekundärharn produziert.
    IV. Es werden täglich ca. 1,5 l Primärharn gebildet.
    V.   Die Ausscheidung des Urins geschieht über die Harnröhre.

    (A) I., II. und V. sind richtig.
    (B) Alle Aussagen sind richtig.
    (C) I., III., IV. und V. sind richtig.
    (D) III., IV. und V. sind richtig.
    (E) I. und II. sind richtig.

338. Woraus besteht ein Nierenkörperchen?

    (A) Aus Bowman-Kapsel und Nephron
    (B) Aus Nierenkanälchen und Henle-Schleife
    (C) Aus Henle-Schleife und Nephron
    (D) Aus Glomerulus und Bowman-Kapsel
    (E) Aus Henle-Schleife und Glomerulus

9.12 GESCHLECHTSORGANE

Lernstoff

- ✓ Männliche Geschlechtsorgane
  - Innere Geschlechtsorgane
    - Hoden
    - Nebenhoden
    - Samenleiter
    - Bläschendrüse
    - Vorsteherdrüse
    - Cowper-Drüsen
  - Äußere Geschlechtsorgane
    - Penis
    - Hodensack
- ✓ Weibliche Geschlechtsorgane
  - Innere Geschlechtsorgane
    - Eierstöcke
    - Eileiter
    - Gebärmutter
    - Scheide
  - Äußere Geschlechtsorgane
    - Große und kleine Schamlippen
    - Klitoris
    - Scheidenvorhof
    - Vorhofdrüsen
    - Brustdrüsen

339. Wo werden beim Mann die Spermien gespeichert?

    (A) In der Cowperschen Drüse
    (B) In der Bartholinischen Drüse
    (C) Im Nebenhoden
    (D) In der Prostata
    (E) Im Samenleiter

340. Wo findet die Spermatogenese, also die Bildung der Samenzellen, beim Mann statt?

- (A) Nebenhoden
- (B) Samenleiter
- (C) Hoden
- (D) Prostata
- (E) Bläschendrüse

341. Welche Aussage zu den männlichen Geschlechtsorganen ist <u>falsch</u>?

- (A) Samenbläschen, Prostata und Bulbourethraldrüsen produzieren Samenflüssigkeiten.
- (B) Spermien reifen im Nebenhoden.
- (C) Die Geschlechtsorgane des Mannes zählen zu den sekundären Geschlechtsmerkmalen.
- (D) Die Spermatogenese findet im Hoden statt.
- (E) Die Hoden liegen beim Mann außerhalb der Bauchhöhle.

342. Welche Aussage zum männlichen Geschlechtsorgan ist <u>falsch</u>?

- (A) Der Samenleiter dient dem Spermientransport vom Nebenhodengang zur Harnröhre.
- (B) Die Prostata ist von einer derben Kapsel umgeben und lässt sich histologisch dreiteilen.
- (C) Die Prostata bildet ein saures Sekret mit einem pH-Wert von ca. 6,4.
- (D) Die Schwellkörper des männlichen Glieds erigieren sich durch unwillkürliche muskuläre Kontraktion.
- (E) Nur ein ganz blasennaher Abschnitt ist beim Mann ausschließlich Harnröhre, der Rest ist gleichzeitig Harn- und Geschlechtsweg.

343. Was zählt man <u>nicht</u> zum inneren männlichen Genital?

- (A) Samenleiter
- (B) Prostata
- (C) Nebenhoden
- (D) Hoden
- (E) Harnsamenröhre

9.13 HAUT

> **Lernstoff**
>
> ✓ Hautschichten
>   - Epidermis
>   - Dermis
>   - Subcutis
> ✓ Aufgaben der Haut
> ✓ Hautanhangsgebilde
>   - Hautdrüsen
>   - Haare
>   - Nägel

HINWEIS! Schau Dir auch an, wie der Wärmehaushalt im Körper reguliert wird.

344. Was ist keine Funktion der menschlichen Haut?

   (A) Isolation
   (B) Schutz vor Bakterien
   (C) Druckempfindung
   (D) Sauerstoffaufnahme
   (E) Vibrationsempfindung

345. Was ist das schwerste menschliche Organ?

   (A) Gehirn
   (B) Leber
   (C) Haut
   (D) Darm
   (E) Lungen

346. Was ist kein Hautanhangsgebilde?

   (A) Haare
   (B) Nägel
   (C) Brustdrüsen
   (D) Talgdrüse
   (E) Kältekörperchen

347. Welche Zellart hat den größten Anteil an allen Zellen in der Haut?

(A) Fibroblasten
(B) Keratinozyten
(C) Dendritische Zellen
(D) Pigmentzellen
(E) Fibrozyten

348. Welche Aussage zu den Schweißdrüsen ist nicht richtig?

(A) Es gibt apokrine Schweißdrüsen (Duftdrüsen).
(B) Es gibt ekkrine Schweißdrüsen.
(C) Ekkrine Schweißdrüsen kommen am ganzen Körper vor.
(D) Apokrine Schweißdrüsen kommen am ganzen Körper vor.
(E) Alle Schweißdrüsen werden über den Sympathikus innerviert.

349. Welche der folgenden Aussagen ist nicht richtig?

(A) Haare bestehen im Wesentlichen aus Keratin.
(B) Schleimhäute sind immer unbehaart.
(C) Die menschlichen Haare wachsen circa 1 cm im Monat.
(D) Eine Haarwurzel hat eine Lebensdauer von in etwa 1-2 Jahren.
(E) Lanugobehaarung ist bei erwachsenen Menschen nicht physiologisch.

350. Welche Aussage(n) zur Haut ist/sind zutreffend?

I. Die äußere Haut gliedert sich in drei wesentliche Schichten: Epidermis (Oberhaut), Dermis (Lederhaut) und Subcutis (Unterhaut).
II. Die Epidermis weist ein mehrschichtiges unverhorntes Plattenepithel auf.
III. Die Epidermis enthält ein kapillarisiertes Blutgefäßsystem und Nerven.
IV. Die Talg- und Schweißdrüsen befinden sich in der Dermis (Lederhaut).
V. Die Oberfläche der Haut wird auch im gesunden Zustand von Bakterien und Pilzen besiedelt.

(A) Alle Aussagen sind richtig.
(B) I., II., IV. und V. sind richtig.
(C) I., IV. und V. sind richtig.
(D) III., IV. und V. sind richtig.
(E) I., III., IV. und V. sind richtig.

LÖSUNGEN

10 ANTWORTBOGEN

Nr.	Cytologie				
1	(A) ☐	(B) ☐	(C) ☐	(D) ☐	(E) ☐
2	(A) ☐	(B) ☐	(C) ☐	(D) ☐	(E) ☐
3	(A) ☐	(B) ☐	(C) ☐	(D) ☐	(E) ☐
4	(A) ☐	(B) ☐	(C) ☐	(D) ☐	(E) ☐
5	(A) ☐	(B) ☐	(C) ☐	(D) ☐	(E) ☐
6	(A) ☐	(B) ☐	(C) ☐	(D) ☐	(E) ☐
7	(A) ☐	(B) ☐	(C) ☐	(D) ☐	(E) ☐
8	(A) ☐	(B) ☐	(C) ☐	(D) ☐	(E) ☐
9	(A) ☐	(B) ☐	(C) ☐	(D) ☐	(E) ☐
10	(A) ☐	(B) ☐	(C) ☐	(D) ☐	(E) ☐
11	(A) ☐	(B) ☐	(C) ☐	(D) ☐	(E) ☐
12	(A) ☐	(B) ☐	(C) ☐	(D) ☐	(E) ☐
13	(A) ☐	(B) ☐	(C) ☐	(D) ☐	(E) ☐
14	(A) ☐	(B) ☐	(C) ☐	(D) ☐	(E) ☐
15	(A) ☐	(B) ☐	(C) ☐	(D) ☐	(E) ☐
16	(A) ☐	(B) ☐	(C) ☐	(D) ☐	(E) ☐
17	(A) ☐	(B) ☐	(C) ☐	(D) ☐	(E) ☐
18	(A) ☐	(B) ☐	(C) ☐	(D) ☐	(E) ☐
19	(A) ☐	(B) ☐	(C) ☐	(D) ☐	(E) ☐
20	(A) ☐	(B) ☐	(C) ☐	(D) ☐	(E) ☐
21	(A) ☐	(B) ☐	(C) ☐	(D) ☐	(E) ☐
22	(A) ☐	(B) ☐	(C) ☐	(D) ☐	(E) ☐
23	(A) ☐	(B) ☐	(C) ☐	(D) ☐	(E) ☐
24	(A) ☐	(B) ☐	(C) ☐	(D) ☐	(E) ☐
25	(A) ☐	(B) ☐	(C) ☐	(D) ☐	(E) ☐
26	(A) ☐	(B) ☐	(C) ☐	(D) ☐	(E) ☐
27	(A) ☐	(B) ☐	(C) ☐	(D) ☐	(E) ☐
28	(A) ☐	(B) ☐	(C) ☐	(D) ☐	(E) ☐
29	(A) ☐	(B) ☐	(C) ☐	(D) ☐	(E) ☐
30	(A) ☐	(B) ☐	(C) ☐	(D) ☐	(E) ☐
31	(A) ☐	(B) ☐	(C) ☐	(D) ☐	(E) ☐
32	(A) ☐	(B) ☐	(C) ☐	(D) ☐	(E) ☐
33	(A) ☐	(B) ☐	(C) ☐	(D) ☐	(E) ☐
34	(A) ☐	(B) ☐	(C) ☐	(D) ☐	(E) ☐
35	(A) ☐	(B) ☐	(C) ☐	(D) ☐	(E) ☐
36	(A) ☐	(B) ☐	(C) ☐	(D) ☐	(E) ☐
37	(A) ☐	(B) ☐	(C) ☐	(D) ☐	(E) ☐
38	(A) ☐	(B) ☐	(C) ☐	(D) ☐	(E) ☐
39	(A) ☐	(B) ☐	(C) ☐	(D) ☐	(E) ☐
40	(A) ☐	(B) ☐	(C) ☐	(D) ☐	(E) ☐
41	(A) ☐	(B) ☐	(C) ☐	(D) ☐	(E) ☐
42	(A) ☐	(B) ☐	(C) ☐	(D) ☐	(E) ☐
43	(A) ☐	(B) ☐	(C) ☐	(D) ☐	(E) ☐
44	(A) ☐	(B) ☐	(C) ☐	(D) ☐	(E) ☐
45	(A) ☐	(B) ☐	(C) ☐	(D) ☐	(E) ☐
46	(A) ☐	(B) ☐	(C) ☐	(D) ☐	(E) ☐

Nr.	Genetik Allgemein				
47	(A) ☐	(B) ☐	(C) ☐	(D) ☐	(E) ☐
48	(A) ☐	(B) ☐	(C) ☐	(D) ☐	(E) ☐
49	(A) ☐	(B) ☐	(C) ☐	(D) ☐	(E) ☐
50	(A) ☐	(B) ☐	(C) ☐	(D) ☐	(E) ☐
51	(A) ☐	(B) ☐	(C) ☐	(D) ☐	(E) ☐
52	(A) ☐	(B) ☐	(C) ☐	(D) ☐	(E) ☐
53	(A) ☐	(B) ☐	(C) ☐	(D) ☐	(E) ☐
54	(A) ☐	(B) ☐	(C) ☐	(D) ☐	(E) ☐
55	(A) ☐	(B) ☐	(C) ☐	(D) ☐	(E) ☐
56	(A) ☐	(B) ☐	(C) ☐	(D) ☐	(E) ☐
57	(A) ☐	(B) ☐	(C) ☐	(D) ☐	(E) ☐
58	(A) ☐	(B) ☐	(C) ☐	(D) ☐	(E) ☐
59	(A) ☐	(B) ☐	(C) ☐	(D) ☐	(E) ☐
60	(A) ☐	(B) ☐	(C) ☐	(D) ☐	(E) ☐
61	(A) ☐	(B) ☐	(C) ☐	(D) ☐	(E) ☐
62	(A) ☐	(B) ☐	(C) ☐	(D) ☐	(E) ☐
63	(A) ☐	(B) ☐	(C) ☐	(D) ☐	(E) ☐
64	(A) ☐	(B) ☐	(C) ☐	(D) ☐	(E) ☐
65	(A) ☐	(B) ☐	(C) ☐	(D) ☐	(E) ☐
66	(A) ☐	(B) ☐	(C) ☐	(D) ☐	(E) ☐
67	(A) ☐	(B) ☐	(C) ☐	(D) ☐	(E) ☐
68	(A) ☐	(B) ☐	(C) ☐	(D) ☐	(E) ☐
69	(A) ☐	(B) ☐	(C) ☐	(D) ☐	(E) ☐
70	(A) ☐	(B) ☐	(C) ☐	(D) ☐	(E) ☐
71	(A) ☐	(B) ☐	(C) ☐	(D) ☐	(E) ☐
72	(A) ☐	(B) ☐	(C) ☐	(D) ☐	(E) ☐
73	(A) ☐	(B) ☐	(C) ☐	(D) ☐	(E) ☐
74	(A) ☐	(B) ☐	(C) ☐	(D) ☐	(E) ☐
75	(A) ☐	(B) ☐	(C) ☐	(D) ☐	(E) ☐
76	(A) ☐	(B) ☐	(C) ☐	(D) ☐	(E) ☐
77	(A) ☐	(B) ☐	(C) ☐	(D) ☐	(E) ☐
78	(A) ☐	(B) ☐	(C) ☐	(D) ☐	(E) ☐
79	(A) ☐	(B) ☐	(C) ☐	(D) ☐	(E) ☐
80	(A) ☐	(B) ☐	(C) ☐	(D) ☐	(E) ☐
81	(A) ☐	(B) ☐	(C) ☐	(D) ☐	(E) ☐
82	(A) ☐	(B) ☐	(C) ☐	(D) ☐	(E) ☐
83	(A) ☐	(B) ☐	(C) ☐	(D) ☐	(E) ☐
84	(A) ☐	(B) ☐	(C) ☐	(D) ☐	(E) ☐
85	(A) ☐	(B) ☐	(C) ☐	(D) ☐	(E) ☐
86	(A) ☐	(B) ☐	(C) ☐	(D) ☐	(E) ☐
87	(A) ☐	(B) ☐	(C) ☐	(D) ☐	(E) ☐
88	(A) ☐	(B) ☐	(C) ☐	(D) ☐	(E) ☐
89	(A) ☐	(B) ☐	(C) ☐	(D) ☐	(E) ☐
90	(A) ☐	(B) ☐	(C) ☐	(D) ☐	(E) ☐
91	(A) ☐	(B) ☐	(C) ☐	(D) ☐	(E) ☐
92	(A) ☐	(B) ☐	(C) ☐	(D) ☐	(E) ☐
93	(A) ☐	(B) ☐	(C) ☐	(D) ☐	(E) ☐

Nr.	Genetik auf molekularer Ebene				
94	(A)	(B)	(C)	(D)	(E)
95	(A)	(B)	(C)	(D)	(E)
96	(A)	(B)	(C)	(D)	(E)
97	(A)	(B)	(C)	(D)	(E)
98	(A)	(B)	(C)	(D)	(E)
99	(A)	(B)	(C)	(D)	(E)
100	(A)	(B)	(C)	(D)	(E)
101	(A)	(B)	(C)	(D)	(E)
102	(A)	(B)	(C)	(D)	(E)
103	(A)	(B)	(C)	(D)	(E)
104	(A)	(B)	(C)	(D)	(E)
105	(A)	(B)	(C)	(D)	(E)
106	(A)	(B)	(C)	(D)	(E)
107	(A)	(B)	(C)	(D)	(E)
108	(A)	(B)	(C)	(D)	(E)
109	(A)	(B)	(C)	(D)	(E)
110	(A)	(B)	(C)	(D)	(E)
111	(A)	(B)	(C)	(D)	(E)
112	(A)	(B)	(C)	(D)	(E)
113	(A)	(B)	(C)	(D)	(E)
114	(A)	(B)	(C)	(D)	(E)
115	(A)	(B)	(C)	(D)	(E)
116	(A)	(B)	(C)	(D)	(E)
117	(A)	(B)	(C)	(D)	(E)
118	(A)	(B)	(C)	(D)	(E)
119	(A)	(B)	(C)	(D)	(E)
120	(A)	(B)	(C)	(D)	(E)
121	(A)	(B)	(C)	(D)	(E)
122	(A)	(B)	(C)	(D)	(E)
123	(A)	(B)	(C)	(D)	(E)
124	(A)	(B)	(C)	(D)	(E)
125	(A)	(B)	(C)	(D)	(E)
126	(A)	(B)	(C)	(D)	(E)

Nr.	Fortpflanzung und Entwicklung des Menschen				
127	(A)	(B)	(C)	(D)	(E)
128	(A)	(B)	(C)	(D)	(E)
129	(A)	(B)	(C)	(D)	(E)
130	(A)	(B)	(C)	(D)	(E)
131	(A)	(B)	(C)	(D)	(E)
132	(A)	(B)	(C)	(D)	(E)
133	(A)	(B)	(C)	(D)	(E)
134	(A)	(B)	(C)	(D)	(E)
135	(A)	(B)	(C)	(D)	(E)
136	(A)	(B)	(C)	(D)	(E)
137	(A)	(B)	(C)	(D)	(E)
138	(A)	(B)	(C)	(D)	(E)
139	(A)	(B)	(C)	(D)	(E)
140	(A)	(B)	(C)	(D)	(E)
141	(A)	(B)	(C)	(D)	(E)
142	(A)	(B)	(C)	(D)	(E)
143	(A)	(B)	(C)	(D)	(E)
144	(A)	(B)	(C)	(D)	(E)
145	(A)	(B)	(C)	(D)	(E)
146	(A)	(B)	(C)	(D)	(E)
147	(A)	(B)	(C)	(D)	(E)
148	(A)	(B)	(C)	(D)	(E)
149	(A)	(B)	(C)	(D)	(E)
150	(A)	(B)	(C)	(D)	(E)
151	(A)	(B)	(C)	(D)	(E)
152	(A)	(B)	(C)	(D)	(E)
153	(A)	(B)	(C)	(D)	(E)
154	(A)	(B)	(C)	(D)	(E)
155	(A)	(B)	(C)	(D)	(E)
156	(A)	(B)	(C)	(D)	(E)
157	(A)	(B)	(C)	(D)	(E)
158	(A)	(B)	(C)	(D)	(E)
159	(A)	(B)	(C)	(D)	(E)
160	(A)	(B)	(C)	(D)	(E)
161	(A)	(B)	(C)	(D)	(E)
162	(A)	(B)	(C)	(D)	(E)
163	(A)	(B)	(C)	(D)	(E)
164	(A)	(B)	(C)	(D)	(E)
165	(A)	(B)	(C)	(D)	(E)
166	(A)	(B)	(C)	(D)	(E)
167	(A)	(B)	(C)	(D)	(E)
168	(A)	(B)	(C)	(D)	(E)
169	(A)	(B)	(C)	(D)	(E)
170	(A)	(B)	(C)	(D)	(E)
171	(A)	(B)	(C)	(D)	(E)

Nr.	Evolution				
172	(A)	(B)	(C)	(D)	(E)
173	(A)	(B)	(C)	(D)	(E)
174	(A)	(B)	(C)	(D)	(E)
175	(A)	(B)	(C)	(D)	(E)
176	(A)	(B)	(C)	(D)	(E)
177	(A)	(B)	(C)	(D)	(E)
178	(A)	(B)	(C)	(D)	(E)
179	(A)	(B)	(C)	(D)	(E)
180	(A)	(B)	(C)	(D)	(E)
181	(A)	(B)	(C)	(D)	(E)
182	(A)	(B)	(C)	(D)	(E)
183	(A)	(B)	(C)	(D)	(E)
184	(A)	(B)	(C)	(D)	(E)
185	(A)	(B)	(C)	(D)	(E)
186	(A)	(B)	(C)	(D)	(E)
187	(A)	(B)	(C)	(D)	(E)
188	(A)	(B)	(C)	(D)	(E)
189	(A)	(B)	(C)	(D)	(E)
190	(A)	(B)	(C)	(D)	(E)
191	(A)	(B)	(C)	(D)	(E)
192	(A)	(B)	(C)	(D)	(E)
193	(A)	(B)	(C)	(D)	(E)
194	(A)	(B)	(C)	(D)	(E)
195	(A)	(B)	(C)	(D)	(E)
196	(A)	(B)	(C)	(D)	(E)
197	(A)	(B)	(C)	(D)	(E)
198	(A)	(B)	(C)	(D)	(E)
199	(A)	(B)	(C)	(D)	(E)
200	(A)	(B)	(C)	(D)	(E)
201	(A)	(B)	(C)	(D)	(E)
202	(A)	(B)	(C)	(D)	(E)
203	(A)	(B)	(C)	(D)	(E)
204	(A)	(B)	(C)	(D)	(E)
205	(A)	(B)	(C)	(D)	(E)
206	(A)	(B)	(C)	(D)	(E)
207	(A)	(B)	(C)	(D)	(E)

Nr.	Ökologische Aspekte				
208	(A)	(B)	(C)	(D)	(E)
209	(A)	(B)	(C)	(D)	(E)
210	(A)	(B)	(C)	(D)	(E)
211	(A)	(B)	(C)	(D)	(E)
212	(A)	(B)	(C)	(D)	(E)
213	(A)	(B)	(C)	(D)	(E)
214	(A)	(B)	(C)	(D)	(E)
215	(A)	(B)	(C)	(D)	(E)
216	(A)	(B)	(C)	(D)	(E)
217	(A)	(B)	(C)	(D)	(E)
218	(A)	(B)	(C)	(D)	(E)
219	(A)	(B)	(C)	(D)	(E)
220	(A)	(B)	(C)	(D)	(E)
221	(A)	(B)	(C)	(D)	(E)
222	(A)	(B)	(C)	(D)	(E)
223	(A)	(B)	(C)	(D)	(E)
224	(A)	(B)	(C)	(D)	(E)
225	(A)	(B)	(C)	(D)	(E)
226	(A)	(B)	(C)	(D)	(E)

Nr.	Der Körper des Meschen – Grundlagen				
227	(A) ☐	(B) ☐	(C) ☐	(D) ☐	(E) ☐
228	(A) ☐	(B) ☐	(C) ☐	(D) ☐	(E) ☐
229	(A) ☐	(B) ☐	(C) ☐	(D) ☐	(E) ☐
230	(A) ☐	(B) ☐	(C) ☐	(D) ☐	(E) ☐
231	(A) ☐	(B) ☐	(C) ☐	(D) ☐	(E) ☐
232	(A) ☐	(B) ☐	(C) ☐	(D) ☐	(E) ☐
233	(A) ☐	(B) ☐	(C) ☐	(D) ☐	(E) ☐
234	(A) ☐	(B) ☐	(C) ☐	(D) ☐	(E) ☐
235	(A) ☐	(B) ☐	(C) ☐	(D) ☐	(E) ☐
236	(A) ☐	(B) ☐	(C) ☐	(D) ☐	(E) ☐
237	(A) ☐	(B) ☐	(C) ☐	(D) ☐	(E) ☐
238	(A) ☐	(B) ☐	(C) ☐	(D) ☐	(E) ☐
239	(A) ☐	(B) ☐	(C) ☐	(D) ☐	(E) ☐
240	(A) ☐	(B) ☐	(C) ☐	(D) ☐	(E) ☐
241	(A) ☐	(B) ☐	(C) ☐	(D) ☐	(E) ☐
242	(A) ☐	(B) ☐	(C) ☐	(D) ☐	(E) ☐
243	(A) ☐	(B) ☐	(C) ☐	(D) ☐	(E) ☐
244	(A) ☐	(B) ☐	(C) ☐	(D) ☐	(E) ☐
245	(A) ☐	(B) ☐	(C) ☐	(D) ☐	(E) ☐
246	(A) ☐	(B) ☐	(C) ☐	(D) ☐	(E) ☐
247	(A) ☐	(B) ☐	(C) ☐	(D) ☐	(E) ☐
248	(A) ☐	(B) ☐	(C) ☐	(D) ☐	(E) ☐
249	(A) ☐	(B) ☐	(C) ☐	(D) ☐	(E) ☐
250	(A) ☐	(B) ☐	(C) ☐	(D) ☐	(E) ☐
251	(A) ☐	(B) ☐	(C) ☐	(D) ☐	(E) ☐
252	(A) ☐	(B) ☐	(C) ☐	(D) ☐	(E) ☐
253	(A) ☐	(B) ☐	(C) ☐	(D) ☐	(E) ☐
254	(A) ☐	(B) ☐	(C) ☐	(D) ☐	(E) ☐
255	(A) ☐	(B) ☐	(C) ☐	(D) ☐	(E) ☐
256	(A) ☐	(B) ☐	(C) ☐	(D) ☐	(E) ☐
257	(A) ☐	(B) ☐	(C) ☐	(D) ☐	(E) ☐
258	(A) ☐	(B) ☐	(C) ☐	(D) ☐	(E) ☐
259	(A) ☐	(B) ☐	(C) ☐	(D) ☐	(E) ☐
260	(A) ☐	(B) ☐	(C) ☐	(D) ☐	(E) ☐
261	(A) ☐	(B) ☐	(C) ☐	(D) ☐	(E) ☐
262	(A) ☐	(B) ☐	(C) ☐	(D) ☐	(E) ☐
263	(A) ☐	(B) ☐	(C) ☐	(D) ☐	(E) ☐
264	(A) ☐	(B) ☐	(C) ☐	(D) ☐	(E) ☐
265	(A) ☐	(B) ☐	(C) ☐	(D) ☐	(E) ☐
266	(A) ☐	(B) ☐	(C) ☐	(D) ☐	(E) ☐
267	(A) ☐	(B) ☐	(C) ☐	(D) ☐	(E) ☐
268	(A) ☐	(B) ☐	(C) ☐	(D) ☐	(E) ☐
269	(A) ☐	(B) ☐	(C) ☐	(D) ☐	(E) ☐
270	(A) ☐	(B) ☐	(C) ☐	(D) ☐	(E) ☐
271	(A) ☐	(B) ☐	(C) ☐	(D) ☐	(E) ☐
272	(A) ☐	(B) ☐	(C) ☐	(D) ☐	(E) ☐
273	(A) ☐	(B) ☐	(C) ☐	(D) ☐	(E) ☐
274	(A) ☐	(B) ☐	(C) ☐	(D) ☐	(E) ☐
275	(A) ☐	(B) ☐	(C) ☐	(D) ☐	(E) ☐
276	(A) ☐	(B) ☐	(C) ☐	(D) ☐	(E) ☐
277	(A) ☐	(B) ☐	(C) ☐	(D) ☐	(E) ☐
278	(A) ☐	(B) ☐	(C) ☐	(D) ☐	(E) ☐
279	(A) ☐	(B) ☐	(C) ☐	(D) ☐	(E) ☐
280	(A) ☐	(B) ☐	(C) ☐	(D) ☐	(E) ☐
281	(A) ☐	(B) ☐	(C) ☐	(D) ☐	(E) ☐
282	(A) ☐	(B) ☐	(C) ☐	(D) ☐	(E) ☐
283	(A) ☐	(B) ☐	(C) ☐	(D) ☐	(E) ☐
284	(A) ☐	(B) ☐	(C) ☐	(D) ☐	(E) ☐
285	(A) ☐	(B) ☐	(C) ☐	(D) ☐	(E) ☐
286	(A) ☐	(B) ☐	(C) ☐	(D) ☐	(E) ☐
287	(A) ☐	(B) ☐	(C) ☐	(D) ☐	(E) ☐
288	(A) ☐	(B) ☐	(C) ☐	(D) ☐	(E) ☐
289	(A) ☐	(B) ☐	(C) ☐	(D) ☐	(E) ☐
290	(A) ☐	(B) ☐	(C) ☐	(D) ☐	(E) ☐
291	(A) ☐	(B) ☐	(C) ☐	(D) ☐	(E) ☐
292	(A) ☐	(B) ☐	(C) ☐	(D) ☐	(E) ☐
293	(A) ☐	(B) ☐	(C) ☐	(D) ☐	(E) ☐
294	(A) ☐	(B) ☐	(C) ☐	(D) ☐	(E) ☐
295	(A) ☐	(B) ☐	(C) ☐	(D) ☐	(E) ☐
296	(A) ☐	(B) ☐	(C) ☐	(D) ☐	(E) ☐
297	(A) ☐	(B) ☐	(C) ☐	(D) ☐	(E) ☐
298	(A) ☐	(B) ☐	(C) ☐	(D) ☐	(E) ☐
299	(A) ☐	(B) ☐	(C) ☐	(D) ☐	(E) ☐
300	(A) ☐	(B) ☐	(C) ☐	(D) ☐	(E) ☐
301	(A) ☐	(B) ☐	(C) ☐	(D) ☐	(E) ☐
302	(A) ☐	(B) ☐	(C) ☐	(D) ☐	(E) ☐
303	(A) ☐	(B) ☐	(C) ☐	(D) ☐	(E) ☐
304	(A) ☐	(B) ☐	(C) ☐	(D) ☐	(E) ☐
305	(A) ☐	(B) ☐	(C) ☐	(D) ☐	(E) ☐
306	(A) ☐	(B) ☐	(C) ☐	(D) ☐	(E) ☐
307	(A) ☐	(B) ☐	(C) ☐	(D) ☐	(E) ☐
308	(A) ☐	(B) ☐	(C) ☐	(D) ☐	(E) ☐
309	(A) ☐	(B) ☐	(C) ☐	(D) ☐	(E) ☐
310	(A) ☐	(B) ☐	(C) ☐	(D) ☐	(E) ☐
311	(A) ☐	(B) ☐	(C) ☐	(D) ☐	(E) ☐
312	(A) ☐	(B) ☐	(C) ☐	(D) ☐	(E) ☐
313	(A) ☐	(B) ☐	(C) ☐	(D) ☐	(E) ☐
314	(A) ☐	(B) ☐	(C) ☐	(D) ☐	(E) ☐
315	(A) ☐	(B) ☐	(C) ☐	(D) ☐	(E) ☐
316	(A) ☐	(B) ☐	(C) ☐	(D) ☐	(E) ☐
317	(A) ☐	(B) ☐	(C) ☐	(D) ☐	(E) ☐
318	(A) ☐	(B) ☐	(C) ☐	(D) ☐	(E) ☐
319	(A) ☐	(B) ☐	(C) ☐	(D) ☐	(E) ☐
320	(A) ☐	(B) ☐	(C) ☐	(D) ☐	(E) ☐
321	(A) ☐	(B) ☐	(C) ☐	(D) ☐	(E) ☐
322	(A) ☐	(B) ☐	(C) ☐	(D) ☐	(E) ☐
323	(A) ☐	(B) ☐	(C) ☐	(D) ☐	(E) ☐
324	(A) ☐	(B) ☐	(C) ☐	(D) ☐	(E) ☐
325	(A) ☐	(B) ☐	(C) ☐	(D) ☐	(E) ☐
326	(A) ☐	(B) ☐	(C) ☐	(D) ☐	(E) ☐
327	(A) ☐	(B) ☐	(C) ☐	(D) ☐	(E) ☐
328	(A) ☐	(B) ☐	(C) ☐	(D) ☐	(E) ☐

#					
329	(A) ☐	(B) ☐	(C) ☐	(D) ☐	(E) ☐
330	(A) ☐	(B) ☐	(C) ☐	(D) ☐	(E) ☐
331	(A) ☐	(B) ☐	(C) ☐	(D) ☐	(E) ☐
332	(A) ☐	(B) ☐	(C) ☐	(D) ☐	(E) ☐
333	(A) ☐	(B) ☐	(C) ☐	(D) ☐	(E) ☐
334	(A) ☐	(B) ☐	(C) ☐	(D) ☐	(E) ☐
335	(A) ☐	(B) ☐	(C) ☐	(D) ☐	(E) ☐
336	(A) ☐	(B) ☐	(C) ☐	(D) ☐	(E) ☐
337	(A) ☐	(B) ☐	(C) ☐	(D) ☐	(E) ☐
338	(A) ☐	(B) ☐	(C) ☐	(D) ☐	(E) ☐
339	(A) ☐	(B) ☐	(C) ☐	(D) ☐	(E) ☐
340	(A) ☐	(B) ☐	(C) ☐	(D) ☐	(E) ☐
341	(A) ☐	(B) ☐	(C) ☐	(D) ☐	(E) ☐
342	(A) ☐	(B) ☐	(C) ☐	(D) ☐	(E) ☐
343	(A) ☐	(B) ☐	(C) ☐	(D) ☐	(E) ☐
344	(A) ☐	(B) ☐	(C) ☐	(D) ☐	(E) ☐
345	(A) ☐	(B) ☐	(C) ☐	(D) ☐	(E) ☐
346	(A) ☐	(B) ☐	(C) ☐	(D) ☐	(E) ☐
347	(A) ☐	(B) ☐	(C) ☐	(D) ☐	(E) ☐
348	(A) ☐	(B) ☐	(C) ☐	(D) ☐	(E) ☐
349	(A) ☐	(B) ☐	(C) ☐	(D) ☐	(E) ☐
350	(A) ☐	(B) ☐	(C) ☐	(D) ☐	(E) ☐

11 LÖSUNGSSCHLÜSSEL

Nr.	Cytologie
1	(C)
2	(A)
3	(E)
4	(D)
5	(A)
6	(E)
7	(C)
8	(B)
9	(A)
10	(A)
11	(A)
12	(E)
13	(B)
14	(B)
15	(B)
16	(B)
17	(D)
18	(A)
19	(D)
20	(D)
21	(D)
22	(E)
23	(D)
24	(A)
25	(C)
26	(C)
27	(C)
28	(C)
29	(C)
30	(D)
31	(E)
32	(C)
33	(B)
34	(E)
35	(C)
36	(A)
37	(B)
38	(D)
39	(C)
40	(D)
41	(B)
42	(E)
43	(A)
44	(B)
45	(A)
46	(E)

Nr.	Genetik Allgemein
47	(C)
48	(D)
49	(C)
50	(C)
51	(B)
52	(E)
53	(E)
54	(B)
55	(D)
56	(C)
57	(B)
58	(C)
59	(D)
60	(C)
61	(A)
62	(C)
63	(E)
64	(D)
65	(C)
66	(B)
67	(E)
68	(B)
69	(C)
70	(E)
71	(B)
72	(A)
73	(D)
74	(C)
75	(C)
76	(C)
77	(B)
78	(D)
79	(C)
80	(C)
81	(C)
82	(B)
83	(D)
84	(C)
85	(E)
86	(A)
87	(C)
88	(C)
89	(A)
90	(D)
91	(D)
92	(D)
93	(B)

Nr.	Genetik auf molekularer Ebene				
94	(A)	(B)	(C)	(D)	**(E)**
95	(A)	(B)	(C)	**(D)**	(E)
96	(A)	(B)	(C)	(D)	**(E)**
97	(A)	(B)	(C)	**(D)**	(E)
98	(A)	(B)	(C)	**(D)**	(E)
99	(A)	(B)	**(C)**	(D)	(E)
100	(A)	(B)	(C)	**(D)**	(E)
101	(A)	**(B)**	(C)	(D)	(E)
102	(A)	(B)	(C)	**(D)**	(E)
103	(A)	**(B)**	(C)	(D)	(E)
104	(A)	(B)	(C)	**(D)**	(E)
105	(A)	(B)	(C)	**(D)**	(E)
106	(A)	(B)	(C)	**(D)**	(E)
107	(A)	**(B)**	(C)	(D)	(E)
108	**(A)**	(B)	(C)	(D)	(E)
109	(A)	**(B)**	(C)	(D)	(E)
110	(A)	(B)	**(C)**	(D)	(E)
111	(A)	(B)	(C)	**(D)**	(E)
112	(A)	(B)	(C)	(D)	**(E)**
113	**(A)**	(B)	(C)	(D)	(E)
114	(A)	(B)	**(C)**	(D)	(E)
115	(A)	(B)	**(C)**	(D)	(E)
116	(A)	**(B)**	(C)	(D)	(E)
117	(A)	**(B)**	(C)	(D)	(E)
118	(A)	(B)	(C)	**(D)**	(E)
119	**(A)**	(B)	(C)	(D)	(E)
120	(A)	(B)	(C)	(D)	**(E)**
121	**(A)**	(B)	(C)	(D)	(E)
122	(A)	**(B)**	(C)	(D)	(E)
123	(A)	(B)	(C)	**(D)**	(E)
124	(A)	**(B)**	(C)	(D)	(E)
125	(A)	(B)	(C)	**(D)**	(E)
126	(A)	(B)	**(C)**	(D)	(E)

Nr.	Fortpflanzung und Entwicklung des Menschen				
127	(A)	(B)	(C)	**(D)**	(E)
128	(A)	(B)	(C)	**(D)**	(E)
129	(A)	**(B)**	(C)	(D)	(E)
130	**(A)**	(B)	(C)	(D)	(E)
131	(A)	**(B)**	(C)	(D)	(E)
132	**(A)**	(B)	(C)	(D)	(E)
133	(A)	(B)	(C)	(D)	**(E)**
134	(A)	(B)	(C)	**(D)**	(E)
135	(A)	(B)	(C)	**(D)**	(E)
136	**(A)**	(B)	(C)	(D)	(E)
137	(A)	**(B)**	(C)	(D)	(E)
138	(A)	(B)	(C)	**(D)**	(E)
139	(A)	(B)	**(C)**	(D)	(E)
140	**(A)**	(B)	(C)	(D)	(E)
141	(A)	(B)	(C)	**(D)**	(E)
142	(A)	(B)	(C)	**(D)**	(E)
143	(A)	**(B)**	(C)	(D)	(E)
144	(A)	(B)	(C)	(D)	**(E)**
145	(A)	**(B)**	(C)	(D)	(E)
146	(A)	(B)	**(C)**	(D)	(E)
147	(A)	(B)	**(C)**	(D)	(E)
148	(A)	(B)	(C)	(D)	**(E)**
149	(A)	(B)	(C)	**(D)**	(E)
150	**(A)**	(B)	(C)	(D)	(E)
151	(A)	(B)	**(C)**	(D)	(E)
152	(A)	(B)	(C)	**(D)**	(E)
153	(A)	**(B)**	(C)	(D)	(E)
154	(A)	(B)	(C)	**(D)**	(E)
155	**(A)**	(B)	(C)	(D)	(E)
156	(A)	(B)	(C)	(D)	**(E)**
157	(A)	**(B)**	(C)	(D)	(E)
158	**(A)**	(B)	(C)	(D)	(E)
159	(A)	(B)	**(C)**	(D)	(E)
160	(A)	(B)	**(C)**	(D)	(E)
161	(A)	(B)	(C)	**(D)**	(E)
162	(A)	(B)	**(C)**	(D)	(E)
163	(A)	**(B)**	(C)	(D)	(E)
164	(A)	(B)	(C)	(D)	**(E)**
165	(A)	(B)	(C)	(D)	**(E)**
166	(A)	(B)	(C)	(D)	**(E)**
167	(A)	(B)	(C)	(D)	**(E)**
168	(A)	(B)	(C)	**(D)**	(E)
169	**(A)**	(B)	(C)	(D)	(E)
170	(A)	**(B)**	(C)	(D)	(E)
171	**(A)**	(B)	(C)	(D)	(E)

Nr.	Evolution				
172	(A) ☐	(B) ☐	(C) ☐	(D) ☐	(E) ■
173	(A) ☐	(B) ☐	(C) ■	(D) ☐	(E) ☐
174	(A) ■	(B) ☐	(C) ☐	(D) ☐	(E) ☐
175	(A) ☐	(B) ☐	(C) ■	(D) ☐	(E) ☐
176	(A) ☐	(B) ☐	(C) ■	(D) ☐	(E) ☐
177	(A) ■	(B) ☐	(C) ☐	(D) ☐	(E) ☐
178	(A) ☐	(B) ☐	(C) ☐	(D) ☐	(E) ■
179	(A) ☐	(B) ☐	(C) ☐	(D) ☐	(E) ■
180	(A) ☐	(B) ☐	(C) ☐	(D) ☐	(E) ■
181	(A) ☐	(B) ☐	(C) ☐	(D) ■	(E) ☐
182	(A) ☐	(B) ☐	(C) ☐	(D) ■	(E) ☐
183	(A) ☐	(B) ☐	(C) ☐	(D) ☐	(E) ■
184	(A) ■	(B) ☐	(C) ☐	(D) ☐	(E) ☐
185	(A) ■	(B) ☐	(C) ☐	(D) ☐	(E) ☐
186	(A) ☐	(B) ☐	(C) ☐	(D) ☐	(E) ■
187	(A) ☐	(B) ■	(C) ☐	(D) ☐	(E) ☐
188	(A) ■	(B) ☐	(C) ☐	(D) ☐	(E) ☐
189	(A) ■	(B) ☐	(C) ☐	(D) ☐	(E) ☐
190	(A) ☐	(B) ☐	(C) ☐	(D) ■	(E) ☐
191	(A) ☐	(B) ☐	(C) ☐	(D) ■	(E) ☐
192	(A) ☐	(B) ☐	(C) ☐	(D) ■	(E) ☐
193	(A) ☐	(B) ■	(C) ☐	(D) ☐	(E) ☐
194	(A) ☐	(B) ☐	(C) ☐	(D) ■	(E) ☐
195	(A) ☐	(B) ☐	(C) ■	(D) ☐	(E) ☐
196	(A) ☐	(B) ☐	(C) ■	(D) ☐	(E) ☐
197	(A) ☐	(B) ☐	(C) ☐	(D) ☐	(E) ■
198	(A) ☐	(B) ☐	(C) ■	(D) ☐	(E) ☐
199	(A) ☐	(B) ☐	(C) ☐	(D) ☐	(E) ■
200	(A) ☐	(B) ☐	(C) ☐	(D) ☐	(E) ■
201	(A) ☐	(B) ■	(C) ☐	(D) ☐	(E) ☐
202	(A) ☐	(B) ☐	(C) ■	(D) ☐	(E) ☐
203	(A) ☐	(B) ☐	(C) ☐	(D) ■	(E) ☐
204	(A) ☐	(B) ☐	(C) ☐	(D) ■	(E) ☐
205	(A) ☐	(B) ■	(C) ☐	(D) ☐	(E) ☐
206	(A) ■	(B) ☐	(C) ☐	(D) ☐	(E) ☐
207	(A) ☐	(B) ☐	(C) ■	(D) ☐	(E) ☐

Nr.	Ökologische Aspekte				
208	(A) ☐	(B) ☐	(C) ■	(D) ☐	(E) ☐
209	(A) ☐	(B) ☐	(C) ☐	(D) ■	(E) ☐
210	(A) ☐	(B) ■	(C) ☐	(D) ☐	(E) ☐
211	(A) ■	(B) ☐	(C) ☐	(D) ☐	(E) ☐
212	(A) ☐	(B) ■	(C) ☐	(D) ☐	(E) ☐
213	(A) ☐	(B) ☐	(C) ■	(D) ☐	(E) ☐
214	(A) ☐	(B) ☐	(C) ☐	(D) ■	(E) ☐
215	(A) ☐	(B) ☐	(C) ☐	(D) ■	(E) ☐
216	(A) ☐	(B) ☐	(C) ■	(D) ☐	(E) ☐
217	(A) ☐	(B) ☐	(C) ■	(D) ☐	(E) ☐
218	(A) ☐	(B) ☐	(C) ■	(D) ☐	(E) ☐
219	(A) ☐	(B) ☐	(C) ☐	(D) ■	(E) ☐
220	(A) ☐	(B) ■	(C) ☐	(D) ☐	(E) ☐
221	(A) ☐	(B) ☐	(C) ☐	(D) ☐	(E) ■
222	(A) ☐	(B) ☐	(C) ☐	(D) ☐	(E) ■
223	(A) ☐	(B) ☐	(C) ☐	(D) ☐	(E) ■
224	(A) ☐	(B) ☐	(C) ☐	(D) ■	(E) ☐
225	(A) ☐	(B) ■	(C) ☐	(D) ☐	(E) ☐
226	(A) ☐	(B) ■	(C) ☐	(D) ☐	(E) ☐

Nr.	Der Körper des Meschen – Grundlagen				
227	(A) ☐	(B) ☐	(C) ☐	(D) ☐	(E) ■
228	(A) ■	(B) ☐	(C) ☐	(D) ☐	(E) ☐
229	(A) ☐	(B) ☐	(C) ☐	(D) ☐	(E) ■
230	(A) ☐	(B) ☐	(C) ■	(D) ☐	(E) ☐
231	(A) ☐	(B) ■	(C) ☐	(D) ☐	(E) ☐
232	(A) ☐	(B) ☐	(C) ☐	(D) ☐	(E) ■
233	(A) ☐	(B) ☐	(C) ☐	(D) ☐	(E) ■
234	(A) ☐	(B) ■	(C) ☐	(D) ☐	(E) ☐
235	(A) ☐	(B) ■	(C) ☐	(D) ☐	(E) ☐
236	(A) ■	(B) ☐	(C) ☐	(D) ☐	(E) ☐
237	(A) ☐	(B) ☐	(C) ■	(D) ☐	(E) ☐
238	(A) ☐	(B) ■	(C) ☐	(D) ☐	(E) ☐
239	(A) ☐	(B) ☐	(C) ■	(D) ☐	(E) ☐
240	(A) ☐	(B) ☐	(C) ☐	(D) ■	(E) ☐
241	(A) ■	(B) ☐	(C) ☐	(D) ☐	(E) ☐
242	(A) ☐	(B) ☐	(C) ☐	(D) ■	(E) ☐
243	(A) ☐	(B) ☐	(C) ■	(D) ☐	(E) ☐
244	(A) ☐	(B) ■	(C) ☐	(D) ☐	(E) ☐
245	(A) ☐	(B) ☐	(C) ☐	(D) ☐	(E) ■
246	(A) ☐	(B) ☐	(C) ☐	(D) ■	(E) ☐
247	(A) ☐	(B) ☐	(C) ☐	(D) ☐	(E) ■
248	(A) ☐	(B) ☐	(C) ☐	(D) ☐	(E) ■
249	(A) ☐	(B) ☐	(C) ☐	(D) ■	(E) ☐
250	(A) ☐	(B) ☐	(C) ■	(D) ☐	(E) ☐
251	(A) ■	(B) ☐	(C) ☐	(D) ☐	(E) ☐
252	(A) ☐	(B) ☐	(C) ■	(D) ☐	(E) ☐
253	(A) ☐	(B) ☐	(C) ☐	(D) ☐	(E) ☐
254	(A) ☐	(B) ■	(C) ☐	(D) ☐	(E) ☐
255	(A) ☐	(B) ☐	(C) ☐	(D) ☐	(E) ■
256	(A) ☐	(B) ☐	(C) ☐	(D) ☐	(E) ■
257	(A) ☐	(B) ☐	(C) ☐	(D) ☐	(E) ■
258	(A) ☐	(B) ☐	(C) ☐	(D) ■	(E) ☐
259	(A) ☐	(B) ☐	(C) ■	(D) ☐	(E) ☐
260	(A) ☐	(B) ☐	(C) ☐	(D) ☐	(E) ■
261	(A) ☐	(B) ☐	(C) ■	(D) ☐	(E) ☐
262	(A) ☐	(B) ☐	(C) ☐	(D) ☐	(E) ■
263	(A) ☐	(B) ☐	(C) ☐	(D) ☐	(E) ■
264	(A) ☐	(B) ☐	(C) ☐	(D) ■	(E) ☐
265	(A) ■	(B) ☐	(C) ☐	(D) ☐	(E) ☐
266	(A) ☐	(B) ☐	(C) ☐	(D) ■	(E) ☐
267	(A) ☐	(B) ☐	(C) ☐	(D) ■	(E) ☐
268	(A) ☐	(B) ■	(C) ☐	(D) ☐	(E) ☐
269	(A) ☐	(B) ☐	(C) ☐	(D) ☐	(E) ☐
270	(A) ☐	(B) ☐	(C) ☐	(D) ☐	(E) ■
271	(A) ☐	(B) ☐	(C) ☐	(D) ☐	(E) ☐
272	(A) ☐	(B) ■	(C) ☐	(D) ☐	(E) ☐
273	(A) ■	(B) ☐	(C) ☐	(D) ☐	(E) ☐
274	(A) ☐	(B) ☐	(C) ☐	(D) ■	(E) ☐
275	(A) ■	(B) ☐	(C) ☐	(D) ☐	(E) ☐
276	(A) ☐	(B) ☐	(C) ☐	(D) ■	(E) ☐
277	(A) ■	(B) ☐	(C) ☐	(D) ☐	(E) ☐
278	(A) ☐	(B) ☐	(C) ☐	(D) ☐	(E) ■
279	(A) ☐	(B) ☐	(C) ☐	(D) ☐	(E) ■
280	(A) ☐	(B) ☐	(C) ■	(D) ☐	(E) ☐
281	(A) ■	(B) ☐	(C) ☐	(D) ☐	(E) ☐
282	(A) ☐	(B) ☐	(C) ☐	(D) ☐	(E) ☐
283	(A) ☐	(B) ☐	(C) ☐	(D) ■	(E) ☐
284	(A) ☐	(B) ☐	(C) ☐	(D) ☐	(E) ☐
285	(A) ☐	(B) ☐	(C) ■	(D) ☐	(E) ☐
286	(A) ☐	(B) ☐	(C) ☐	(D) ☐	(E) ■
287	(A) ☐	(B) ☐	(C) ☐	(D) ■	(E) ☐
288	(A) ☐	(B) ☐	(C) ☐	(D) ☐	(E) ☐
289	(A) ☐	(B) ☐	(C) ■	(D) ☐	(E) ☐
290	(A) ☐	(B) ☐	(C) ☐	(D) ☐	(E) ☐
291	(A) ☐	(B) ☐	(C) ☐	(D) ☐	(E) ■
292	(A) ☐	(B) ☐	(C) ☐	(D) ☐	(E) ☐
293	(A) ☐	(B) ☐	(C) ■	(D) ☐	(E) ☐
294	(A) ■	(B) ☐	(C) ☐	(D) ☐	(E) ☐
295	(A) ☐	(B) ☐	(C) ■	(D) ☐	(E) ☐
296	(A) ☐	(B) ☐	(C) ■	(D) ☐	(E) ☐
297	(A) ■	(B) ☐	(C) ☐	(D) ☐	(E) ☐
298	(A) ■	(B) ☐	(C) ☐	(D) ☐	(E) ☐
299	(A) ☐	(B) ☐	(C) ☐	(D) ■	(E) ☐
300	(A) ☐	(B) ☐	(C) ☐	(D) ☐	(E) ☐
301	(A) ☐	(B) ☐	(C) ☐	(D) ■	(E) ☐
302	(A) ☐	(B) ☐	(C) ☐	(D) ■	(E) ☐
303	(A) ☐	(B) ☐	(C) ■	(D) ☐	(E) ☐
304	(A) ■	(B) ☐	(C) ☐	(D) ☐	(E) ☐
305	(A) ☐	(B) ☐	(C) ☐	(D) ■	(E) ☐
306	(A) ☐	(B) ☐	(C) ☐	(D) ■	(E) ☐
307	(A) ☐	(B) ☐	(C) ☐	(D) ☐	(E) ■
308	(A) ☐	(B) ☐	(C) ☐	(D) ■	(E) ☐
309	(A) ☐	(B) ☐	(C) ■	(D) ☐	(E) ☐
310	(A) ☐	(B) ☐	(C) ☐	(D) ■	(E) ☐
311	(A) ☐	(B) ☐	(C) ■	(D) ☐	(E) ☐
312	(A) ☐	(B) ☐	(C) ☐	(D) ☐	(E) ☐
313	(A) ☐	(B) ☐	(C) ☐	(D) ■	(E) ☐
314	(A) ☐	(B) ☐	(C) ■	(D) ☐	(E) ☐
315	(A) ☐	(B) ■	(C) ☐	(D) ☐	(E) ☐
316	(A) ■	(B) ☐	(C) ☐	(D) ☐	(E) ☐
317	(A) ☐	(B) ☐	(C) ■	(D) ☐	(E) ☐
318	(A) ☐	(B) ☐	(C) ☐	(D) ■	(E) ☐
319	(A) ☐	(B) ☐	(C) ☐	(D) ☐	(E) ■
320	(A) ☐	(B) ☐	(C) ☐	(D) ■	(E) ☐
321	(A) ☐	(B) ■	(C) ☐	(D) ☐	(E) ☐
322	(A) ■	(B) ☐	(C) ☐	(D) ☐	(E) ☐
323	(A) ☐	(B) ☐	(C) ☐	(D) ■	(E) ☐
324	(A) ☐	(B) ☐	(C) ☐	(D) ■	(E) ☐
325	(A) ☐	(B) ☐	(C) ☐	(D) ■	(E) ☐
326	(A) ☐	(B) ☐	(C) ☐	(D) ☐	(E) ■
327	(A) ■	(B) ☐	(C) ☐	(D) ☐	(E) ☐
328	(A) ☐	(B) ■	(C) ☐	(D) ☐	(E) ☐

#	(A)	(B)	(C)	(D)	(E)
329	☐	☐	☐	☐	■
330	☐	■	☐	☐	☐
331	■	☐	☐	☐	☐
332	☐	☐	☐	☐	■
333	☐	■	☐	☐	☐
334	☐	☐	☐	☐	■
335	☐	■	☐	☐	☐
336	☐	☐	☐	■	☐
337	■	☐	☐	☐	☐
338	☐	☐	☐	■	☐
339	☐	☐	■	☐	☐
340	☐	☐	■	☐	☐
341	☐	☐	■	☐	☐
342	☐	☐	☐	■	☐
343	☐	☐	☐	☐	■
344	☐	☐	☐	■	☐
345	☐	☐	■	☐	☐
346	☐	☐	☐	☐	■
347	☐	■	☐	☐	☐
348	☐	☐	☐	■	☐
349	☐	☐	☐	■	☐
350	☐	☐	■	☐	☐

12 ANTWORTEN

12.1 CYTOLOGIE

1. **Lösung (C).** Zur Erklärung eine Gegenüberstellung der Unterschiede. Plastide sind Zellorganellen von Pflanzen und Algen, die ähnlich den Mitochondrien aus einer Endosymbiose entstanden sind. Sie spielen eine wichtige Rolle, z.B. als Chloroplast bei der Fotosynthese. Nicht zu verwechseln sind sie mit Plasmiden, den ringförmigen DNA-Stücken der Prokaryoten.

	Eukaryoten	Prokaryoten
Zellname	Euzyte	Protozyte
Beispiele	Menschen, Tiere, Pilze, Algen, Einzeller	Bakterien und Archaeen
Zellgröße (Ø)	10-50 µm	1-20 µm
Anteil nichtkodierender DNA	ca. 70-90% (niedrige Gendichte)	5-25% (hohe Gendichte)
Zellkern	vorhanden	nicht vorhanden
Ort des Erbguts	im Zellkern	freischwimmend im Cytoplasma
Speicherungsform des Erbguts	in mehreren Chromosomen	im Bakterienchromosom und den Plasmiden
Zellkompartiment	stark kompartimentiert	schwach kompartimentiert
Ribosomen	80 S-Ribosomen	70 S-Ribosomen
Zellwand	Pflanzenzellen (+), Tierzellen (-)	vorhanden
Mögliche Organellen	Chloroplasten, Endoplasmatisches Retikulum, Golgi-Apparat, Leukoplasten, Lysosomen, Mitochondrien, Peroxisomen, Ribosomen, Vesikel, Zellkern	Chlorosom, Flagellum, Magnetosom, Nucleoid, Plasmid, Ribosomen, Thylakoid
Fortbewegungsorgane	Geißel	Flagellum

2. **Lösung (A).** Die DNA der Prokaryonten kann zwar ringförmig vorliegen, ist jedoch nicht durch Histone verpackt.

3. **Lösung (E).** Die Zellwand bietet zusätzlich zur Zellmembran eine Abgrenzung zur Außenwelt und wird von Pflanzen, Algen, Pilzen und Prokaryoten genutzt. Tierische Zellen hingegen besitzen nur eine Zellmembran, die das Innere der Zelle umschließt. Jede tierische Zelle enthält einen Kern, der mit seinem Karyoplasma ein eigenes Kompartiment bildet und von einer zusätzlichen Kernmembran umschlossen wird.

4. **Lösung (D).** Die Zellmembran (auch: Zytoplasmamembran) umgibt jede Zelle und bildet eine essenziell wichtige Abgrenzung zur Außenwelt. Sie besteht aus einer Doppelschicht an Phospholipiden, die dank ihrer Anordnung weitestgehend undurchlässig ist. In diese Dop-

pelschicht sind Proteine eingelagert, die nach dem Fluid-Mosaik-Modell keinen festen Platz haben, sondern sich frei nach lateral durch die Membran bewegen. Einige nach außen angelagerte Kohlenhydrate (Glykoproteine und Glykolipide) bilden auf der externen Seite der Zellmembran die sogenannte Glykokalix. Diese spielt vor allem eine Rolle bei der Interaktion von Zellen.

Der Stoffaustausch findet nur für sehr kleine Stoffe (z.B. Wasser oder Sauerstoff) in Form von direkter Diffusion durch die Membran statt. Alle anderen Stoffe gelangen durch erleichterten Stoffaustausch oder aktiven Transport in die Zelle. Ersterer gelingt durch spezielle Proteine, die in der Zellmembran eingelagert sind und Kanäle oder Pumpen bilden. Dieser passive Transport gelingt jedoch nur entlang eines Konzentrationsgefälle von z.B. Ionen.

5. **Lösung (A).** Die Zellmembran erfüllt eine wichtige Barrierefunktion für die Zelle. Nur sehr kleine Stoffe wie Gase (z.B. Sauerstoff und Kohlenstoffdioxid) sowie Wasser können sie direkt passieren. Alle anderen Stoffe müssen durch zusätzliche Transportmechanismen in das Zellinnere gebracht werden. Erleichterte Diffusion geschieht über spezielle Membranproteine, die als Kanäle oder Pumpen fungieren und z.B. Glucose entlang eines Konzentrationsgradienten von Ionen durch die Membran schleusen. Größere Moleküle müssen teilweise auch über energieverbrauchende (aktive) Transporter in die Zelle gebracht werden.

6. **Lösung (E).** Größere Moleküle können die Zellmembran nur überwinden, wenn sie durch spezielle Proteine geschleust werden. Sofern dies nicht entlang eines Konzentrationsgefälles geschieht (erleichterte Diffusion), muss Energie aufgewandt werden (aktiver Transport). Als Energiequelle dient dabei meist das Nukleotid Adenosintriphosphat (ATP). Bei der Abspaltung eines Phosphatrestes (Hydrolyse) kommt es zur Freisetzung von Energie.
Sehr häufig wird aktiver Transport für geladene Teilchen wie Natrium oder Kalium benötigt. Eine bestimmte Konzentration dieser Ionen intrazellulär ist essenziell für die elektrische Leitfähigkeit der Zelle, weshalb sich der Energieaufwand für den Transport gegen den elektrischen Gradienten besonders lohnt.

7. **Lösung (C).** Carrier sind besondere Proteine in der Zellmembran, die nicht nur ähnlich wie Kanalproteine für den passiven Transport durch die Membran zuständig sind, sondern auch aktiv Stoffe transportieren können. Wie die meisten Membranproteine werden auch Carrier in Ribosomen synthetisiert, die an das endoplasmatische Retikulum gebunden sind. Sie sind spezifisch für den jeweils zu transportierenden Stoff und verändern bei Bindung an diesen derart ihre Gestalt (auch: Konformitätsänderung), dass der Stoff in das Zellinnere gelangt. Sie besitzen jedoch im Gegensatz zu den einfacheren Kanalproteinen auch die Fähigkeit zwei Stoffe zugleich (Symport) oder im Austausch miteinander (Antiport) zu transportieren. Dies ist eine Form des aktiven Transports, der auch entgegen eines Gradienten stattfinden kann.

8. **Lösung (B).** Die Zellmembran (auch: Biomembran) besteht bei allen Eukaryoten aus Phospholipiden, die zu einer Doppelschicht angeordnet sind. Diese Lipide haben jeweils einen wasserliebenden (hydrophilen) Kopfteil und einen wasserabweisenden (hydrophoben) Schwanzteil. Die Doppelschicht entsteht durch Anordnung der Schwanzteile zueinander.

Die Lipide sorgen dafür, dass eine Membran kein starres Gebilde ist, sondern flexibel und dadurch unempfindlicher ist. Laut dem Flüssig-Mosaik-Modell kann man sich die Lipiddoppelschicht nicht wie ein festes Gebilde vorstellen. Die eingelagerten Proteine können sich vielmehr frei in seitliche (laterale) Richtung bewegen. Die Einlagerung von Cholesterin bestimmt dabei die Fließfähigkeit der Membran. Ein hoher Cholesteringehalt steigert die Viskosität und macht die Membran somit zähflüssiger.

9. **Lösung (A).** Das Zytoplasma bezeichnet den gesamten Inhalt einer Zelle, also sowohl Zellflüssigkeit (Zytosol) als auch Zellorganellen. Es besteht wie der gesamte Körper zum größten Teil, nämlich etwa 80%, aus Waser. Andere Bestandteile sind Proteine (~15%), Fette (~2%), Polysaccharide (~1%) und weiterhin kleine Mengen RNA, DNA und Mineralien.

10. **Lösung (A).** Organellen sind kleine Einheiten einer Zelle, die eine spezielle Funktion erfüllen und durch eine Lipidmembran abgegrenzt sind. Beispiele für Zellorganellen sind Mitochondrien, Chloroplasten und der Zellkern. Sie sind histologisch anfärbbar und können verschiedene Arten von Gewebe aufweisen.
    Bei Prokaryoten werden auch funktionelle Einheiten ohne Membran, wie z.B. Geißeln und Zilien, als Organellen bezeichnet.

11. **Lösung (A).** Ribosomen und Lysosomen sind einfache zelleigene Organellen, die nur eine Membran besitzen.
    Der Zellkern hingegen besitzt eine zweite Membran, die von endoplasmatischem Retikulum gebildet wird. Damit die Information der DNA noch aus dem Kern hinaus transportiert werden kann, sind die beiden Membranen an einigen Stellen durch Poren verbunden.
    Laut der Endosymbiontenhypothese hat es in der Geschichte der Zellentwicklung eine Symbiose zwischen Eukaryoten und Prokaryoten gegeben. Demnach wurde ein Bakterium durch Phagozytose in die Zelle aufgenommen. Dabei hat es seine eigene Membran behalten und wurde bei seiner Aufnahme zusätzlich von einer Hülle aus Zellmembran umschlossen. Der Theorie nach lässt sich so der Ursprung von Mitochondrien und Chloroplasten, die beide eine doppelte Membran besitzen, erklären.

12. **Lösung (E).** Als Zytoplasma wird die eine die Zelle ausfüllende Grundstruktur bezeichnet, die aus dem flüssigen Cytosol mit verschiedenen gelösten Stoffen sowie dem festeren Cytoskelett besteht. In ihr sind Organellen inklusive Zellkern (Nucleus) enthalten und durch verschiedene Membranen gegen das Cytoplasma abgegrenzt. Der Zellkern enthält eine ähnliche Grundsubstanz, sie nennt sich jedoch Karyoplasma.

13. **Lösung (B).** Der Zellkern besitzt zwei Membranen, von denen die äußere vom rauen endoplasmatischen Retikulum gebildet wird. Der Stoffaustausch wird durch Verschmelzungen der beiden Membranen, sogenannte Kernporen, ermöglicht. Einer der wichtigstens Vorgänge innerhalb des Zellkerns ist die Transkription, d.h. die Übersetzung von DNA in ihre Transportform, die RNA. Letztere wird durch die Kernporen aus dem Kern heraus in das Zytoplasma transportiert und dort an Ribosomen in Aminosäuren übersetzt (Translation).

Zwar enthalten die meisten Zellen genau einen Kern, es gibt allerdings auch Ausnahmen. Rote Blutkörperchen (Erythrozyten) beispielsweise verlieren ihren Kern während sie reifen um mehr Platz für das Sauerstofftransportprotein Hämoglobin zu schaffen. Andere Zellen, wie z.B. Skelettmuskelzellen, entstehen durch Verschmelzung von einzelnen Zellen und haben daher mehrere Zellkerne.

14. **Lösung (B).** Prokaryotische Zellen enthalten keine Mitochondrien. Dagegen kommen Mitochondrien in den Zellen fast aller Eukaryoten vor. Mitochondrien sind durch Endosymbiose entstanden, besitzen daher ein eigenes Genom und eine eigene Maschinerie zur Proteinbiosynthese. Sie werden daher als semiautonome Organellen bezeichnet.
Mitochondrien werden auch als die „Kraftwerke" der Zellen bezeichnet, weil in ihnen das energiereiche Molekül Adenosintriphosphat (ATP) gebildet wird. Besonders viele Mitochondrien befinden sich in Zellen mit hohem Energieverbrauch; das sind unter anderem Muskelzellen, Nervenzellen, Sinneszellen und Eizellen. In Herzmuskelzellen erreicht der Volumenanteil von Mitochondrien mehr als 1/3!

15. **Lösung (B).** Mitochondrien sind die Energiekraftwerke der eukaryotischen Zellen. Sie sind Schauort der aeroben Energiegewinnung durch Zellatmung. Entsprechend ihrer Funktion kommen sie besonders zahlreich in Zellen mit hohem Energieverbrauch vor, wie z.B. Muskel-, Nerven-, Sinnes- und Eizellen. Im Herzmuskel machen sie sogar ein Drittel des gesamten Zellvolumens aus. Die Endosymbiontenhypothese besagt, dass Mitochondrien ursprünglich autonome Prokaryoten waren, die von Eukaryoten zu ihrem Nutzen phagozytiert wurden. Dies erklärt, warum Mitochondrien eine eigene DNA sowie eine zweite Membran besitzen. Mitochondriale DNA wird im Gegensatz zur restlichen Erbinformation allein mütterlich vererbt. Prokaryoten besitzen keine Zellorganellen wie Zellkern oder Mitochondrien. Die Energiegewinnung findet hier auf anderen Wegen, z.B. durch Gärung, statt. Die äußere Membran ähnelt der eukaryotischen Plasmamembran. Sie ist für kleine Stoffe unter 5000 Dalton zur freien Diffusion permeabel, wohingegen große Makromoleküle nicht frei passieren können.

16. **Lösung (B).** Mitochondrien sind die Energiekraftwerke der eukaryotischen Zellen. Sie enthalten viele verschiedene Proteine, von denen die meisten im Mitochondrium codiert und synthetisiert werden. Darunter fällt auch die ATP-, bzw. Energiegewinnung durch das Enzym ATP-Synthase. Zu den Proteinen die aus dem Cytoplasma importiert werden gehört unter anderem das Cytochrom C, welches als Elektronentransporter ebenfalls eine wichtige Rolle in der Energiegewinnung spielt. Mitochondrien besitzen zwei Membranen, wobei die innere Membran zum Zweck der Oberflächenvergrößerung mehrfach eingestülpt und gefaltet ist. Es gibt verschiedene Formen der Einfaltung, von denen die häufigste röhrenförmig ist und auch Cristae genannt wird. Die innere Membran ist nicht nur Ort der oxidativen Phosphorylierung, sondern fungiert auch als wichtige Barriere zur Abgrenzung zum Zytosol. Die äußere Membran enthält Proteinporen, die durchlässig für Makromoleküle sind. Zwar gibt es auch im Spermium Mitochondrien, jedoch setzen sich bei der Befruchtung allein die Mitochondrien der Eizelle durch. Im Gegensatz zur übrigen Erbinformation wird mitochondriale DNA daher allein mütterlich vererbt.

17. **Lösung (D).** Das endoplasmatische Retikulum ist eine komplexe Struktur, die röhrenförmig die gesamte Zelle durchzieht und zum einen als Reaktionsraum, zum anderen als Ort für Transport und Speicherung dient. Es kann unterschieden werden in glattes (sER, s von „smooth") und raues endoplasmatisches Retikulum (rER).
Das sER spielt eine Rolle bei der Entgiftung und der Steroidhormonsynthese. Desweiteren dient es der Bildung von Cholesterin und Phospholipiden. Im Muskel wird das sER als sarkoplasmatisches Retikulum bezeichnet. Hier dient es insbesondere der schnellen Ausbreitung eintreffender Reize und als Calciumspeicher. Das rER erhält seine raue Erscheinung durch die Auflagerung von Ribosomen an seiner Oberfläche. Es dient der Synthese und Modifikation von allerlei Proteinen, die anschließend in Vesikel verpackt und abtransportiert werden. Auch an der Bildung von Membranen ist das rER beteiligt.

18. **Lösung (A).** In der Zelle findet die Produktion von Lipiden am glatten endoplasmatischen Retikulum statt. Dies verdankt seinen Namen der Tatsache, dass es keine Ribosomen besitzt und somit mikroskopisch glatt erscheint. Neben der Entgiftung und seiner Funktion als Calcium-Reservoir kommt dem glatten ER die Synthese einiger wichtiger Lipide, wie z.B. Membranlipiden und Steroiden, zu.

19. **Lösung (D).** Ribosomen bestehen sowohl aus RNA, als auch aus Proteinen. Sie sind essenziell für die Produktion von Proteinen in der Zelle, da an ihnen die Translation stattfindet. Frei im Zytoplasma, am endoplasmatischen Retikulum oder auch in Mitochondrien können sie ihre Arbeit verrichten.
In ihrer inaktiven Form liegen Ribosomen als zwei getrennte Untereinheiten vor, die sich erst vereinigen, wenn die Translation beginnt. Mit der Vereinigung bilden sich drei mögliche Bindungsstellen für tRNA, von denen immer zwei besetzt sind.
Ribosomen können ihre Aufgaben mehrfach erfüllen und werden erst unter schlechten Bedingungen in der Zelle durch Exonukleasen abgebaut.

20. **Lösung (D).** Ribosomen sind Ort der Translation, d.h. der Übersetzung von RNA in Eiweiße (Proteinbiosynthese). Sie bestehen aus Ribonukleoproteinen (2/3 RNA und 1/3 Proteine), aus denen zwei Untereinheiten geformt sind. Während die Untereinheiten nicht gebraucht werden, liegen sie in der Regel getrennt vor. Sobald RNA zur Ablesung bereit liegt, lagern sie sich zusammen und beginnen mit der Translation. Dabei wird ein RNA-Stück teilweise auch von mehreren Ribosomen bearbeitet. Der Verbund mehrerer Ribosomen an einer RNA wird als Polysom bezeichnet.
Eukaryoten und Prokaryoten besitzen zwar beide Ribosomen mit gleichem Aufbau, diese unterscheiden sich jedoch in einigen Apsekten. Aufgrund unterschiedlicher Sedimentationsverhalten werden eukaryotische Ribosomen als 80S-Typ und prokaryotische als 70S-Typ bezeichnet. Bei Eukaryoten sind die Ribosomen entweder frei im Zytoplasma oder direkt am endoplasmatischen Retikulum lokalisiert. Bei Prokaryoten befinden sich die Ribosomen aufgrund von Fehlen eines endoplasmatischen Retikulums hingegen immer frei im Zytoplasma.

21. **Lösung (D).** Der Golgi-Apparat bildet primäre Lysosomen (Zellorganellen). Proteine aus dem

endoplasmatischen Retikulum werden hier modifiziert, jedoch keine Lipide.
Als Calcium-Speicher dient das glatte Endoplasmatische Retikulum (im Falle der Muskelzellen sarkoplasmatisches Retikulum genannt), ATP-Synthese und Abbau von Fettsäuren erfolgen in den Mitochondrien.

22. **Lösung (E).** Der Golgi-Apparat kommt in allen Eukaryoten vor. Im Golgi-Apparat werden die Proteine, die aus dem endoplasmatischen Retikulum stammen, modifiziert. Dabei werden verschiedene Moleküle, wie z.B. Zuckerreste, an das Protein angehängt. Anschließend wird es in Vesikel verpackt und abgegeben. Weitere Aufgaben sind die Produktion von Lysosomen.

23. **Lösung (D).** Lysosomen sind eine Art Verdauungssystem der eukaryoten Zelle. Bestehend aus einer einfachen Membran und gefüllt mit Enzymen werden diese Zellorganellen vom Golgi-Apparat abgeschnürt. Die enthaltenen Enzyme sind Hydrolasen (z.B. Phosphatasen, Proteasen und Nukleasen), die am besten im sauren Milieu innerhalb der Lysosomen arbeiten. Zum Schutz vor Selbstverdauung besitzen Lysosomen eine Innenauskleidung aus Glykolipiden. Sie dienen dem Abbau zelleigener Abfallstoffe (Autophagie) sowie der Vernichtung von phagozytiertem Fremdmaterial (Heterophagie). Die Autophagie spielt unter anderem eine wichtige Rolle beim programmierten Zelltod (Apoptose). Heterophagie betreiben vor allem Zellen des Immunsystems, indem sie Krankheitserreger phagozytieren und zersetzen.

24. **Lösung (A).** Lysosomen können mit Hilfe von Verdauungsenzymen Makromoleküle zersetzen und werden zum Großteil im Golgi-Apparat gebildet. Zur Verhinderung einer Selbstverdauung der Zelle im Falle eines Lysosomen-Aufbruchs gibt es einen Schutzmechanismus: die Enzyme arbeiten nur im sauren Milieu der Lysosomen. Im neutralen Milieu des Zytoplasmas werden sie deshalb funktionslos.

25. **Lösung (C).** Zentriolen bestehen aus 27 Mikrotubuli, die in neun Dreierpaaren (Triplets) angeordnet sind. Damit ähneln sie in ihrer Struktur den Basalkörpern, also dem Ursprung von Zilien und Geißeln. Sie kommen in fast allen Eukaryoten, außer Angiospermen und manchen Protisten, vor. In der Zelle liegen sie als sogenannte Diplosomen vor. Dies sind zwei, senkrecht aufeinander stehende Zylinder, bei dem der eine Zylinder für die Neubildung des zweiten verantwortlich ist. Während der Interphase trennen sich die beiden Zylinder, die zwei Zentrosomenregionen entstehen. Von dort aus bilden sie während der Mitose den Spindelapparat aus, der zur Trennung der Chromosomen führt. Während der Zellneubildung bildet sich ein neuer, zweiter Zylinder aus, sodass nach der Zellteilung erneut ein Diplosom in jeder Zelle vorliegt.

26. **Lösung (C).** Zentriolen bestehen aus 27 Mikrotubuli, die in neun Dreierpaaren (Triplets) angeordnet sind. Damit ähneln sie in ihrer Struktur den Basalkörpern, also dem Ursprung von Zilien und Geißeln. Sie sind in tierischen und in einigen pflanzlichen Zellen enthalten.
In der Zelle liegen sie als sogenannte Diplosomen vor. Dies sind zwei, senkrecht aufeinander stehende Zylinder, bei dem der eine Zylinder für die Neubildung des zweiten verantwortlich ist. Während der Interphase trennen sich die beiden Zylinder, die zwei Zentrosomenregionen entstehen. Von dort aus bilden sie während der Mitose den Spindelapparat aus, der zur

Trennung der Chromosomen führt. Während der Zellneubildung bildet sich ein neuer, zweiter Zylinder aus, sodass nach der Zellteilung erneut ein Diplosom in jeder Zelle vorliegt.

27. **Lösung (C).** Das Zytoskelet einer eukaryoten Zelle besteht aus drei verschiedenen Fasertypen, die sich durch Unterschiede in ihrem Aufbau, ihrer Begleitproteine und ihrer Wechselwirkung mit der extrazellulären Matrix kennzeichnen. Dabei handelt es sich um: Mikrotubuli, Mikrofilamente und Intermediärfilamente.
Bei Plasmodesmen handelt es sich um zytoplasmatische Kanäle, die den Zell-Zell-Kontakt von Pflanzen ermöglichen. Über diese Kanäle kann ein Stoffaustausch stattfinden.
Connexine gehören zur Gruppe der Transmembranproteine. Dies sind Proteine, die in der menschlichen Zellmembran sitzen und ähnlich wie die Plasmodesmen einen Kanal für den Transport von Stoffen zwischen zwei Zellen formen.

28. **Lösung (C).** Das Zytoskelett einer Zelle ist ein sehr komplexes, bewegliches Netzwerk aus verschiedenen proteinhaltigen Fasertypen. Diese sorgen für eine Stabilisierung der Zelle von innen heraus, aber auch für die Beweglichkeit der Zellorganellen im Inneren. Durch diese Beweglichkeit des Zytoskeletts wird auch die Zytoplasmaströmung verursacht. Diese sorgt dafür, dass verschiedene Stoffe in der Zelle verteilt werden und an ihren Bestimmungsort gelangen. Mikrofilamente bilden zusammen mit zwei weiteren Filamenten das Zytoskelett. Da sie aus Aktin bestehen, werden sie häufig auch Aktinfilamente genannt.
Des Weiteren werden die Filamente in der Zelle konstant auf- und abgebaut und verändern ihre Struktur. Sie treten auch mit anderen Proteinen und Stoffen in der Zelle in Kontakt und sind für deren Transport und Signalübertragung verantwortlich.

29. **Lösung (C).** Mikrofilamente bilden zusammen mit den Mikrotubuli und den Intermediärfilamenten das Zytoskelett einer eukaryoten Zelle. Ihren Namen tragen sie aufgrund ihres vergleichsweise dünnen Durchmessers (8 nm), im Vergleich zu den anderen Filamenten des Zytoskeletts. Da Mikrofilamente aus dem Protein Aktin bestehen, werden sie in der Literatur oft auch als Aktinfilamente betitelt.
Das enge Zusammenlagern der einzelnen Aktinfilamente, dient der Stabilisierung der Zelle. Außerdem bilden die Mikrofilamente über eine spezielle chemische Reaktion, die Polymerisation, Haftpunkte für die Kriechbewegung der Zelle aus.

30. **Lösung (D).** Keine Form einer Zell zu Zell Verbindung stellen die Hemidesmosomen dar. Sie bilden eine Verbindung zwischen einer Zelle und einer nichtzellulären Struktur. Ihre Aufgabe ist die Befestigung einer Zelle auf einer Unterlage (Basallamina).
Desmosomen gehören zu der Übergruppe der haftenden Zell-Zell-Verbindungen und dienen der mechanischen Stabilisierung von Zellen in einem Zellverband.
Bei den Thight junctions, handelt es sich um feste Verankerung zwischen zwei benachbarten Zellwänden. Sie sorgen im Vergleich zu den Desmosomen für einen fast vollständigen Verschluss von Zellzwischenräumen. Gap junctions und Synapsen werden auch Kommunikationskontakte genannt, da sie zum Beispiel über Kanäle den Stoff- oder Informationstransport zwischen benachbarten Zellen ermöglichen.

31. **Lösung (E).** Desmosomen sind punktförmige Zell-Zell-Kontakte, die vor allem an der Zellmembran von Epithel- und Herzmuskelzellen verankert sind. Sie nehmen nicht an den Transportvorgängen im Intrazellularraum teil und sind somit nicht für die Bewegung von Stoffen im diesem Raum verantwortlich. Die Verfestigung zwischen den Zellen erfolgt extrazellulär über Anheftungsproteine (Cadherine). Diese sind zur Stabilisierung mit intrazellulären Haftplatten (zytoplasmatische Plaques) und sogenannten Keratinfilamenten verbunden. Die Keratinfilamente verbinden wiederum den intrazellulären Teil aller Desmosomen und kreieren so ein Netzwerk durch die komplette Zelle, welches dieser einen zusätzlichen Halt verleiht.

32. **Lösung (C).** Zilien und Geißeln gehören zu der Gruppe der Bewegungsorganellen. Sie dienen der eigenen Fortbewegung von Spermien und Einzellern und der Bewegung von umgebenden Flüssigkeiten oder dem Sekrettransport zum Beispiel des respiratorischen Flimmerepithels.
Eukaryote Zilien und Geißeln bestehen beide aus Mikrotubuli und gleichen sich in Aufbau, Struktur und Funktion. Ihre Unterscheidung findet sich in Länge und Dichte. Zilien sind kürzer (5-10 µm) und liegen – wenn vorhanden – in größerer Zahl vor. Geißeln sind mit 150 µm sehr viel länger, aber nur in geringerer Zahl auf einer Zelle vorhanden. Sie kommen typischerweise bei Flagellaten (Geißeltierchen) vor. Auch unterscheiden sie sich in ihrem Schlagmuster. Während der Geißelschlag mit einer Propellerrotation vergleichbar ist, geht der Zilienschlag nur hin und her.

33. **Lösung (B).** Das koordinierte, ruderartige Schlagen der beweglichen Cilien dient folgenden Funktionen:
    1. Fortbewegung der einzelnen Zelle, z.B. bei Wimpertierchen, zahlreichen Larvenstadien kleinerer, wasserbewohnender Tiere oder auch dem Spermium höherer Tiere
    2. Herbeistrudeln von Nahrungsteilchen
    3. Transport von Partikeln und Flüssigkeiten innerhalb eines Organismus, beispielsweise durch Flimmerepithel in den Luftwegen Transport von Schleim und Fremdstoffen aus den Bronchien oder im Eileiter der Transport der Eizelle.

Zur Kontaktaufnahme werden Pili (auch Fimbrien genannt) eingesetzt. Der Pilus ist ein bei Prokaryoten vorkommender, fadenförmiger Zellfortsatz. Pili sind typisch für gramnegative Bakterien die je nach Individuum einen Pilus bis viele Pili besitzen. Beispiele für Funktionen sind: Anheftung an eine Grenzfläche Feststoff/Flüssigkeit oder Gas/Flüssigkeit, Anheftung an andere Bakterien oder Anheftung an die Oberfläche tierischer Zellen.
Bei einer Konjugation können Bakterien mit Hilfe der Sexpili (Proteinröhren) DNA untereinander austauschen (horizontaler und vertikaler Gentransfer). Mittels der Sexpili können sich die Zellen annähern und dann über eine Plasmabrücke DNA von einer Zelle zur anderen übertragen. Sie dienen also auch zur Fortpflanzung.

34. **Lösung (E).** Flagellen bestehen vollständig aus Proteinen und können nach ihrer Anordnung am Bakterium unterschieden werden: beim holotrichen Typ ist die gesamte Zelloberfläche von gleichmäßig verteilten Flagellen besetzt. Der amphitriche Typ bezeichnet zwei Gruppen

von Flagellen, die an jeweils einem Zellpol stehen. Beim monotrichen Typ besitzt die Zelle eine alleinstehende Flagelle.

35. **Lösung (C).** Desmosomen bilden eine enge Haftverbindung zwischen zwei Zellen. Dazu müssen nicht die Aktin-, sondern die Intermedärfilamente der jeweiligen Zellen miteinander verbunden werden. Sie werden verankert in Proteinen und einer Art Kittsubstanz, weswegen der Interzellularraum an Desmosomen leicht verbreitert wirkt. Die Kittsubstanz besteht aus Glykoproteinen und Mukopolysacchariden. Desmosomen dienen der Stabilisierung von Zellverbänden, insbesondere in mechanisch stark beanspruchtem Gewebe, wie Muskeln. Gap junctions hingegen dienen dem Stoff- und Signalaustausch zwischen zwei Zellen.

36. **Lösung (A).** Hemidesmosomen sind Zellstrukturen in Zellmembranen, die eine Verbindung zwischen Zellen und Basallamina herstellen. Sie gehören nicht zu den Zell-Zell-Kontakten. Ihren Namen verdanken sie der Tatsache, dass sie mikroskopisch wie halbe Desmosomen erscheinen.

37. **Lösung (B).** Der intrazelluläre Stoffaustausch/Stofftransport läuft über verschiedene Mechanismen und ist essenziell für die Funktionalität einer Zelle.
Diffusion findet passiv durch die Zellmembran und entlang eines Konzentrationsgefälles statt. Ist ein Stoff zwischen zwei Räumen ungleich verteilt (Konzentrationsgefälle) wird die Diffusion angeregt um einen Konzentrationsausgleich in beiden Räumen zu schaffen. Sie beschränkt sich auf kleine und unpolare Stoffe wie Gas, Wasser oder lipophile Substanzen.
Große Stoffe, welche die Zellmembran nicht passieren können, werden mit Hilfe von Vesikeln innerhalb der Zelle über das sogenannte Membranflusssystem transportiert. Vesikel sind Abschnürungen der Zellmembran, die auch für den Transport einer Substanz in die Zelle (Endozytose) oder aus der Zelle (Exozytose) verantwortlich sind.
Das endoplasmatische Retikulum (ER) ist ein, die gesamte Zelle durchziehendes, Transport-, Synthese- und Speichersystems. Es bildet die äußere Hülle des Zellkerns und synthetisiert unter anderem Steroidhormone und Speicherfette.
Die zytoplasmatische Strömung kann in einigen eukaryoten Zellen von Pflanzen und Pilzen gefunden werden. Sie wird unter ATP Verbrauch über die Bewegung von Aktin- und Myosinfilamenten erzeugt.

38. **Lösung (D).** Prophase I und Metaphase I sind Stadien der Meiose. Bei der Meiose entstehen 4 Tochterzellen, deren genetisches Material weder untereinander noch mit der Mutterzelle identisch ist.
Während der Mitose entstehen 2 identische Tochterzellen. Die Stadien der Mitose sind Prophase, Prometaphase, Metaphase, Anaphase, Telophase.

39. **Lösung (C).** Die Prophase ist der erste Teil von sowohl Mitose, als auch Meiose. Sie beginnt mit der Kondensation des Chromatins zu Chromosomen. Die Zentrosome wandern zu den Polen der Zellen und beginnen mit dem Aufbau von Spindelfasern. Die Anordnung der Chromosomen in der Äquatorialebene erfolgt erst in der Metaphase.

40. **Lösung (D).** Merke Dir: Die Trennung der beiden Chromatiden eines Chromosoms erfolgt in der Anaphase.

41. **Lösung (B).** Bei der gezeigten Robertson-Translokation ist ein Chromosom 21 mit einem Chromosom 14 fusioniert. Der passende Karyotyp würde lauten: 45, XX, rob(14;21).
Bei dieser Art von Translokation kommt es zur Verlagerung eines Chromosomenabschnitts auf ein nicht-homologes Chromosom. Die Zahl der Chromosomen verringert sich damit auf 45 (balancierte Translokation). Da jedoch bei der Fusion nur die kurzen Arme der Chromosomen verloren gehen, ist der Informationsverlust nicht so hoch und die klinische Auswirkung gering. Es handelt sich im gezeigten Karyogramm um eine balancierte Translokation, weil nur 45 Chromosomen nachgewiesen werden können.
Bei der Fortpflanzung von Individuen mit einer balancierten Translokation kann es jedoch zu Veränderungen der Chromosomen kommen. Eine unbalancierte Translokation liegt dann vor, wenn im Chromosomensatz der Nachkommen Trisomien oder Monosomien entstehen. Diese können letal sein oder starke klinische Auswirkungen haben. Ein Beispiel dafür ist die Trisomie 21 (Down-Syndrom).

42. **Lösung (A).** In der G1-Phase liegt zunächst jedes Chromosom in Form von nur einer Chromatide vor und die Zelle wächst. In der sich anschließenden S-Phase wird die DNA dann repliziert und es entstehen je zwei Schwester-Chromatiden. In der G2-Phase werden nötige Proteine und RNA synthetisiert, bevor die Zelle in die M-Phase (Mitosephase) eintritt.
Überprüft wird die DNA an festgelegten Kontrollpunkten: vor dem Eintritt in die S-Phase und zwischen G2- und M-Phase. Fallen Fehler in der DNA auf, kann die Zelle nicht in die nächste Phase gelangen. Der Eintritt der Zelle in die G0-Phase nach der G1-Phase bietet die Möglichkeit, sie in einen Ruhezustand ohne Zellteilung zu versetzen.

43. **Lösung (A).** Der Zellzyklus beginnt mit der G1-Phase in der alle benötigten Stoffe der Zelle produziert werden. In der S-Phase findet die Replikation der DNA statt. Die G2-Phase dient dann noch einmal speziell der Vorbereitung auf die Mitose: Proteine und RNA werden verstärkt synthetisiert, die Zelle wächst und löst ihre Zell-Zell-Kontakte. Jedes Chromosom besteht bereits aus zwei Chromatiden und zur Sicherheit wird an einem Kontrollpunkt kontrolliert, ob die DNA intakt ist. Erst nach dieser Kontrolle kann die Zelle in die Mitose übergehen. In die G0-Phase hingegen treten Zellen direkt aus der G1-Phase ein, wenn sie in einen Ruhezustand versetzt werden sollen.

44. **Lösung (B).** Während der Anaphase werden die beiden Chromatiden eines Chromosoms voneinander getrennt. Diese Tochterchromosomen (Ein-Chromatid-Chromosomen) werden zu den entgegengesetzten Polen der Zelle transportiert.

45. **Lösung (A).** S steht für Synthese. Die DNA-Replikation findet demnach in der S-Phase zwischen G1- und G2-Phase statt. An ihrem Ende bestehen alle Chromosomen aus zwei Chromatiden.

46. **Lösung (E).** Die Meiose wird auch Reduktionsteilung genannt, da sie die Halbierung des Chro-

mosomensatzes zum Ziel hat. Diese Reduktion wird in die erste und zweite meiotische Reifeteilung unterteilt. In der Regel erfolgt nach beiden Teilungsschritten je eine Zellteilung, was zur Bildung von vier haploiden Tochterzellen führt. Da diese Zellteilungen mit den meiotischen Kernteilungen zusammenhängen, werden auch beide Vorgänge gemeinsam als Meiose bezeichnet. Die Halbierung des Ploidiegrads (d. h. der Anzahl der Chromosomensätze) ist eine Voraussetzung für die geschlechtliche Fortpflanzung, da sich sonst die Chromosomenzahl mit jeder Generation verdoppeln würde. Bei der Meiose I werden homologe Chromosomen voneinander getrennt, weil hier das genetische Material noch doppelt vorliegt. Die 2. meiotische Teilung läuft ähnlich wie die Mitose ab, hier kommt es zur Trennung der beiden Schwesterchromatiden jedes Chromosoms. Durch die zufällige Verteilung der Informationen auf die 4 Tochterzellen, kommt es bei der Meiose stets zu einer Rekombination des genetischen Materials. Zudem kann es in der Meiose I zu einem Austausch väterlicher und mütterlicher Information auf den Chromosomen kommen (Crossing over).

12.2 GENETIK ALLGEMEIN

47. **Lösung (C).** Ein Individuum mit zwei Chromosomensätzen (diploid) ist heterozygot in Bezug auf ein Merkmal, wenn ein Gen in den Chromosomensätzen in zwei verschiedenen Ausprägungen (Allelen) vorliegt.

48. **Lösung (D).** Von Ausnahmen abgesehen hat die menschliche Körperzellen einen zweifachen Chromosomensatz mit insgesamt 46 Chromosomen: Jeweils zwei Kopien eines Chromosoms (insgesamt 44 Autosomen) und zusätzlich zwei Geschlechtschromosomen, nämlich zwei X-Chromosomen bei Frauen oder einem X- und einem Y-Chromosom bei Männern. Eine Keimzelle hat einen haploiden Chromosomensatz mit 22 Autosomen und 1 Geschlechtschromosom. Ein Spermium hat entsprechend 22 Autosomen und 1 Y-Chromosom.

49. **Lösung (C).** 22 Automosen und 1 Y-Chromosom.

50. **Lösung (C).** Die RNA-Synthese von z.B. m-RNA erfolgt u.a. durch die RNA-Polymerase. Die RNA-Polymerase wandert entlang der DNA und fügt dabei ein Nucleotid nach dem anderen zum wachsenden Strang hinzu, immer komplementär zum codogenen DNA Strang. Abgelesen wird in 3´→ 5´Richtung, die Synthese des mRNA-Strangs erfolgt jedoch in 5' → 3' Richtung.

51. **Lösung (B).** Bei Eukaryoten sind ca. 70-90% des Genoms nicht kodierend. Im Gegensatz dazu sind bei Prokaryoten nur 5-25% nicht kodierend. Die Genexpression läuft zwar ähnlich aber nicht gleich ab. Im Gegensatz zu Eukaryoten läuft bei Prokaryoten die Genexpression räumlich nicht getrennt und die Transkription und Translation oft gleichzeitig ab. Bei Eukaryoten wird die transkribierte mRNA noch in vielfältiger Weise prozessiert (Spleißen) und modifiziert (posttranslationale Modifikation, Prozessierung). Interessanterweise spiegelt die Genomgröße nicht unbedingt die Organisationshöhe und vermeintliche Stellung innerhalb der Natur wider. Der Teichmolch weist ein Genom von $2,5 \times 10^{10}$, der Mensch ein Genom von $3,27 \times 10^{9}$ auf.

52. **Lösung (E).** Das humane Genomprojekt (HGP) war ein internationales Forschungspojekt und wurde 1990 mit dem Ziel das komplette Erbgut des Menschen zu entschlüsseln begründet. 2003 wurde unabhängig vom HGP das Genom durch eine private Firma entschlüsselt.

53. **Lösung (E).** Die Spaltungsregel besagt, dass sich heterozygote Linien, die sich in einem Merkmal genotypisch unterscheiden (z.B. Rr x Rr = alle rosa), in der Tochtergeneration in einem Verhältnis 3:1 aufspalten (3 = rot, 1 = weiß). Zu (C) Die Unabhängigkeitsregel trifft nur zu, wenn die Allele auf verschiedenen Chromosomen lokalisiert sind, da sonst in der Meiose Crossing-over und Genkopplung auftreten kann.

54. **Lösung (B).** Die erste Mendel'sche Regel ist die Uniformitätsregel. Sie besagt, dass die Nachkommen (F1-Generation) einer in einem Merkmal homozygoten Parentalgeneration (ww, RR), stets einen uniformen Phänotyp bildet.Als Beispiel: Eine weiße Blume (ww) und eine rote Blume (RR) ergeben in der Kreuzung im Falle eines dominant-rezessiven Erbgangs eine F1 Generation von ausschließlich roten Blumen (Rw).Im Falle eines intermediären Erbgangs, bei dem sich beide Merkmale gleich stark ausbilden, würden alle Blumen der F1-Generation die Farbe rosa tragen. l

55. **Lösung (D).** Reinerbigkeit, auch Homozygotie genannt, bedeutet, dass beide Allele eines besimmten Merkmals gleich sind. Zum Beispiel RR für eine rotfarbene Blume. Ein dominantes Allel setzt sich immer einem Rezessiven gegenüber durch. Eine rote Blume im Gegensatz zu einer Weißen. Dafür ist allerdings nur ein dominantes Allel notwendig (Rw) um dies im Phänotyp sichtbar zu machen.

56. **Lösung (C).** Der Genotyp AaBb mag im ersten Moment vielleicht verwirrend wirken. Die Aufgabe lässt sich allerdings gut lösen, wenn man einen Schritt zurück geht und nur die 4 verschiedenen Vererbungstypen von Aa x Aa anschaut. Das wären: AA, Aa, aA und aa. Also 1/4 Wahrscheinlichkeit, dass der Nachkomme den Genotyp aa hat. Nun kommt noch eine weitere Variable hinzu, in diesem Fall Bb x Bb, sie sich in ihrem Vererbungsmuster wie Aa verhält. Die Wahrscheinlichkeit einen Nachkommen mit dem Genotyp aabb zu zeugen liegt also bei $1/4^2$, also 1/16.

57. **Lösung (B).** Als Hemizygotie wird in der Biologie bzw. der Genetik der Zustand bezeichnet, bei dem nur ein Allel eines Gens im sonst zweifach vorhandenen (diploiden) Chromosomensatz vorkommt. Man spricht auch von einem hemizygoten Erbgang.

58. **Lösung (C).** Rot-Grün-Blindheit und die Bluterkrankheit (Hämophilie) werden x-chromosomal vererbt. Mukoviszidose oder auch zystische Fibrose genannt, ist eine autosomal-rezessiv vererbte Stoffwechselerkrankung. Das Turner-Syndrom oder Monosomie X, ist eine gonosomale Monosomie, das heißt, anstelle von zwei Geschlechtschromosomen (XX oder XY) findet sich nur ein funktionsfähiges X-Chromosom in den Körperzellen. Das Marfan-Syndrom ist eine systemische Besonderheit des Bindegewebes auf der Grundlage einer Genmutation; sie kann autosomal-dominant vererbt werden oder vereinzelt (als Neumutation) auftreten.

59. **Lösung (B).** Blutgruppen werden kodominant vererbt und Genprodukte beider Allele, z.B: A und B werden voll exprimiert. Bei 0 (00) und A (AA oder A0) der Eltern kann das Kind eine der folgenden Blutgruppen vererbt bekommen: A (A0) oder 0 (00).

60. **Antwort (C).** Heterozygotie bezeichnet das Vorhandensein von zwei verschiedenen Allelen bei einem Individuum. Ein dominantes Allel kommt gegenüber einem rezessiven Allel beim Heterozygoten zum Tragen und bestimmt somit die tatsächliche Ausprägung eines Merkmals, den Phänotyp. Der Genotyp hingegen beschreibt die auf den Allelen vorhandenen Erbinformationen ungeachtet ihrer Dominanz. Ähnlich verhält es sich mit dem Genom (syn. Idiotyp), der Gesamtheit aller Erbinformationen eines Individuums.

61. **Antwort (A).**
    Zu I. Bekanntestes Beispiel hierfür ist die Sichelzellanämie. Bei homozygoten Trägern verursacht die Sichelzellmutation schwerste Symptome. Bei heterozygoten Anlageträgern hingegen bietet die Mutation einen natürlichen Schutz vor Malaria. Die Mutation ist deshalb in Malaria-Endemie-Gebieten besonders häufig zu finden.
    Zu II. Eine rezessiv erbliche Erkrankung kommt nur bei homozygoter Trägerschaft zu vollem Ausbruch, da sich das dominante Allel definitionsgemäß phänotypisch durchsetzt. Es kann zwar eine inkomplette Dominanz geben, bei der das rezessive Merkmal in Form von leichten Symptomen zum Ausdruck kommt, nie wäre jedoch ein homozygoter Träger gesünder als ein heterozygoter Träger.

62. **Antwort (C).** Die Nachkommen einer zu betrachtenden Elterngeneration werden als F1-Generation bezeichnet. Durch Kreuzung der F1-Generation untereinander entsteht die F2-Generation.

63. **Antwort (E).**
    Zu I. Für Menschen mit einer autosomal vererblichen Erkrankung, die auf dem Allel A vererbt wird, und dem Genotyp Aa bestehen folgende Kombinationsmöglichkeiten mit einem Partner des Genotyps Bb: AB, Ab, ab und aB. Statistisch gesehen trägt also die Hälfte der Nachkommen dieses Paares das dominante mutierte Allel und erkrankt.
    Zu II. Für den oben genannten Menschen besteht mit einem Partner, der ebenfalls heterozygot für das Allel A ist (Genotyp Ab) folgende Kombinationsmöglichkeiten: AA, Ab, aA und ab. Dementsprechend steigt das Risiko zu erkranken für die Nachkommen des Paares nicht auf 100% sondern auf 75%.
    Zu III. Ein homozygoter Anlageträger (AA) hat mit einem gesunden Partner (Bb) folgende Kombinationsmöglichkeiten: AB, Ab, AB und Ab. Bei einem autosomal dominant erblichen Merkmal erkranken alle Nachkommen eines homozygoten Trägers. Das Risiko ist also höher als bei Aussage II.
    Zu IV. Ein homozygoter Anlageträger (AA) hat mit einem heterozygoten Anlageträger (Ab) die Kombinationsmöglichkeiten AA, Ab, AA und Ab. Das Erkrankungsrisiko beträgt weiterhin 100% und verändert sich im Vergleich zu Aussage III nicht.

64. Antwort (D). Kodominanz bezeichnet die seltene vollständige Ausprägung zweier verschiedener Allele im gleichen Maße. Voraussetzung hierfür ist das Vorhandensein von zwei Allelen (Diploidie) und ihre Unterschiedlichkeit (Heterozygotie). Im Gegensatz zum intermediären Erbgang bildet sich phänotypisch keine Mischform aus. Bekanntestes Beispiel ist die Vererbung von Blutgruppenmerkmalen: Die Blutgruppe AB ist gekennzeichnet durch die Kodominanz der Merkmale A und B auf der Oberfläche der roten Blutkörperchen.

65. Antwort (C). Im Gegensatz zur kodominanten Vererbung setzen sich beim intermediären Erbgang nicht beide Allele phänotypisch vollständig durch, sondern bilden eine Mischform, in diesem Falle eine rosa Farbe. Man bezeichnet diese Art der Vererbung daher heutzutage auch als unvollständige Dominanz. Laut der ersten Mendel-Regel sind die Nachkommen einer homozygoten Elterngeneration uniform. In dem beschriebenen Beispiel haben wie bei allen Erbgängen alle Nachkommen den Genotyp wr, sind aber wegen der intermediären Vererbung phänotypisch rosa.

Laut der 2. Mendel-Regel spalten sich durch Kreuzung innerhalb der F1-Generation die Genotypen in der F2-Generation wiederum auf (s.u.). Bei einem intermediären Erbgang sind je 25% der Nachkommen nun wieder homozygot für das Merkmal der Elterngeneration. Ein Viertel der Blumen sind in dieser Generation demnach weiß und ein Viertel rot. Die Hälfte der F2-Generation trägt jedoch den Genotyp wr und ist damit rosa.

Elterngeneration:	ww	x	rr	
F1-Generation:	wr	wr	x	wr	wr
F2-Generation:	ww	wr	rw	rr

66. Antwort (B). Das Marfan-Syndrom ist eine systemische Bindegewebserkrankung, die autosomal-dominant vererbt wird. Charakteristisch für die Erkrankung sind Hochwuchs und Fehler an Herz oder Hauptschlagader. Alle anderen genannten Erkrankungen sind autosomal-rezessiv vererblich. Mukoviszidose (auch: zystische Fibrose) ist eine Erkrankung bei der Sekrete der Körperdrüsen verändert sind und es so unter anderem zu schweren Funktionseinschränkungen der Lunge kommt. Lippen-Kiefer-Gaumen-Spalten sind Fehlbildungen der Embryonalzeit, die in der Regel operativ behandelt werden müssen. Die Thalassämie ist eine Erkrankung der roten Blutkörperchen, die im Mittelmeerraum gehäuft auftritt. Unter Phenylketonurie versteht man eine schwere Aminosäurestoffwechselerkrankung, die zur geistigen Retardierung und Krampfanfällen führen kann.

67. Antwort (E). Das AB0-Blutgruppensystem basiert auf der Vererbung der Allele A, B und 0, die auf Chromosom 9 lokalisiert sind und für ein Enzym, die Glykosyltransferase, kodieren. Je nach vererbten Allel unterscheidet sich die Funktion der Glykosyltransferase. Bei der Vererbung von A wird durch sie ein Kohlenhydrat (N-Acetylgalactosamin) an die Oberfläche aller Erythrozyten geknüpft. Bei der Vererbung von B wird ein anderes Kohlenhydrat (Galactose) an die roten Blutkörperchen geknüpft. Erhält ein Kind sowohl A als auch B von den Eltern, tragen seine Erythrozyten beide Kohlenhydrate und es hat die Blutgruppe AB. Fehlen jedoch sowohl das Allel A als auch das Allel B, setzt sich das Allel 0 phänotypisch durch. Es kodiert für eine funktionslose Glykosyltransferase, weswegen kein Kohlenhydrat an die Erythrozytenoberfläche genknüpft wird und die Blutgruppe 0 resultiert.

Das Rhesus-System ist ein anderes Blutgruppensystem. Es beschreibt, ob auf der Erythrozytenoberfläche ein bestimmtes Protein, der Rhesus-Faktor, vorhanden ist. Rhesus-negative Menschen können bei Kontakt mit Rhesus-positiven Blut Antikörper bilden. Dies stellt vor allem Probleme dar, wenn eine Rhesus-negative Frau mit einem Rhesus-positivem Kind schwanger ist.

68. **Antwort (B).** Die Allele A und B verhalten sich jeweils kodominant zueinander, d.h. bei dem Genotyp AB setzen sich beide Merkmale phänotypisch durch. Auf der Erythrozytenoberfläche eines Kindes mit der Blutgruppe AB sind dementsprechend beide Merkmale angeknüpft. A und B verhalten sich jeweils dominant zu 0. Daher resultiert der Genotyp A0 phänotypisch in der Blutgruppe A und der Genotyp B0 in der Blutgruppe B.

Die Blutgruppe 0 kommt nur zustande, wenn ein Kind homologer Träger des Allels 0 ist (Genotyp 00).

69. **Antwort (C).** Ein Kind mit der Blutgruppe A kann den Genotyp AA oder A0 tragen. Die Entstehung ist bei allen Elternpaaren möglich, außer bei Antwortmöglichkeit (C). Der Genotyp A0 hat mit dem Genotyp BB nur die Kreuzungsmöglichkeiten AB oder B0. Die Blutgruppe des Kindes wäre dementsprechend AB oder B.

70. **Antwort (E).**
Zu I. Die möglichen Kombinationsmöglichkeiten von A0 und B0 lauten: AB, A0, B0 und 00. Das Allel 0 verhält sich rezessiv zu A und B. Dementsprechend hat statistisch gesehen nur eines von vier Kindern des Paares die Blutgruppe 0.
Zu II. Der Genotyp eines Kindes der Blutgruppe B kann B0 oder BB lauten. Eine Mutter der Blutgruppe 0 (Genotyp 00) kann dementsprechend mit einem Vater (Genotyp BB oder B0) dieses Kind gezeugt haben.
Zu III. A und B verhalten sich kodominant zueinander. Bei der Blutgruppe AB befinden sich gleichermaßen die Merkmale A und B auf der Oberfläche der roten Blutkörperchen.
Zu IV. Die möglichen Kombinationsmöglichkeiten von AB und B0 lauten: AB, A0, BB und B0. Da B dominant zu 0 ist, hat statistisch gesehen die Hälfte der Nachkommen die Blutgruppe B.

71. **Lösung (B).** Unter Genkopplung versteht man in der Genetik das Phänomen, dass manche durch Gene codierte Merkmale im Laufe mehrerer Generationen gemeinsam vererbt werden. Die Ursache dafür ist, dass die Gene auf dem gleichen Chromosom liegen, da die Anzahl der Gene (20.000 – 25.000) die Anzahl der Chromosomen (23) bei weitem überschreitet. Gene die auf dem gleichen Chromosom liegen können in der Meiose aber auch wieder durch das sog. Crossing-over, eine Form der Rekombination, entkoppelt werden. Die 3. Mendelsche Regel (Unabhängigkeitsregel) trifft also nur für Gene zu, die auf verschieden Chromosomen liegen und somit unabhängig voneinander vererbt werden.

72. **Lösung (A).** Gen-Kopplung tritt nur während der Meiose auf. Die Kartierung von Genen auf einem Chromosom kann man durch das Kopplungsverhalten bei der Vererbung bestimmen,

da sich die Rekombinationswahrscheinlichkeit proportional zur Entfernung der Gene zueinander verhält.

73. **Lösung (D).** Die Begriffe chromosomales Crossing bezeichnen in der Genetik einen Stückaustausch zwischen väterlichen und mütterlichen Chromosomen während der Prophase I in der Meiose.

74. **Lösung (C).** Als Crossing-over bezeichnet man einen Austausch von mütterlichen und väterlichen Chromosomenstücken in der Meiose. Es findet nur bei Eukaryoten statt. Das sichtbare Ergebnis des Crossing-overs ist die Überkreuzung der Chromatiden (Chiasma), welches Licht- und Elektronenmikroskopisch dargestellt werden kann.

75. **Lösung (D).**

76. **Lösung (D).** Als extrachromosomale bzw. nicht-chromosomale Vererbung bezeichnet man die Weitergabe von Erbinformationen, die sich auf DNA-Abschnitten außerhalb des Zellkerns befinden (Mitochondrien).
Die im Zytoplasma eingebundenen Zellorganellen werden aufgrund des Größenunterschieds der Keimzellen nur über die maternale Linie weitergeben. Damit gehorcht die extrachromosomale Vererbung nicht den Mendelschen Regeln. Krankheiten, die über diesen Weg vererbt werden nennt man Mitochondriopathien.

77. **Lösung (B).**

78. **Lösung (D).** Ionisierende Strahlung (alpha, beta, gamm, Röntgenstrahlung) gilt grundsätzlich als karzinogen auf alle biologischen Systeme und kann Mutationen verursachen. UV-Strahlung wird auch als karzinogen eingestuft.
Asbest, Benzol, Acrylamid und Nitrosamine sind ebenfalls kanzerogen. Beim Erhitzen gepökelter Lebensmittel, sowie beim Wiederaufwärmen von Spinat besteht die Gefahr der Nitrosaminbildung.

79. **Lösung (C).** Triploidie bezeichnet bei der ein Lebewesen drei (lat. tri = drei) komplette haploide Chromosomensätze besitzt (3n). Beim Menschen führt Triploidie zu schweren Behinderungen und bis auf wenige Ausnahmen zum vorzeitigen Tod.

80. **Lösung (C).** Bekannte Beispiele sind Trisomie 13 (Pätau-Syndrom), Trisomie 18 (Edwars-Syndrom) und Trisomie 21 (Down-Syndrom).

81. **Lösung (B).** Nicht eine Deletion, sondern eine Genduplikation, also eine Verdoppelung eines bestimmten Abschnitts eines Chromosoms, kann durch die Eingliederung eines auseinandergebrochenen Teilstücks in die Schwesterchromatide entstehen. Die Ursache dafür kann in ungleichem Crossing over entweder zwischen homologen Chromosomen oder zwischen Schwesterchromatiden begründet sein. Chromosomenmutationen können z.B. bei einer

Trisomie 21 bereits im Lichmikroskop erkannt werden.

82. **Lösung (B).** Eine Punktmutation bezeichnet den Austausch einer Base. Die Folge daraus kann ein verändertes Protein sein. Eine bekanntes Beispiel für eine Punktmutation ist die Sichelzellanämie.

83. **Lösung (D).** Bei dieser Mutation werden zwar 2 Basen substituiert, aber das Leseraster bleibt erhalten. AAA codiert nun für Lysin und nicht mehr für Prolin (CCA).

84. **Lösung (C).** Bei eine Leserastermutation oder frameshift mutation wird das Leseraster durch Deletionen oder Insertionen so verändert, dass meist veränderte Genprodukte entstehen bzw. die Translation durch ein früh auftretendes Stoppcodon beendet wird. Wird ein Vielfache von drei Nukleotiden eingefügt oder deletiert, so bleibt das Leseraster erhalten.

85. **Lösung (E).** Die Trisomie ist keine Mutation, sondern Ursache eines Fehlers in der Reifeteilung von Eizelle oder Spermium. Resultat ist, dass ein Chromosom oder Teile davon, dreifach in allen Körperzellen vorliegen.

86. **Lösung (A).**

87. **Lösung (C).** Eine Substitution einer Base in einer codierenden Sequenzen kann folgende Mutationen nach sich ziehen:
    1. „nonsense"-Mutation (sinnentstellende Mutation): codiert für einen Stopp der Translation
    2. „missense"-Mutation oder nicht-synonyme Mutation (sinnverändernde Mutation): codiert für eine andere Aminosäure
    3. „silent"-Mutation oder synonyme (stille Mutation): codiert für die gleiche Aminosäure

88. **Lösung (D).**

89. **Lösung (A).** Die Aneuploidie ist eine Genommutation (numerische Chromosomenaberration), bei der einzelne Chromosomen zusätzlich zum üblichen Chromosomensatz vorhanden sind oder fehlen.

90. **Lösung (D).** Eine Genommutation ist eine Veränderung in der Zahl der Chromosomen eines Organismus oder einer Zelle. Derartige Veränderungen in einer Zelle werden an die Tochterzellen weitergegeben. Sind bei einer Genommutation Zellen der Keimbahn betroffen wird die Genommutation an den Nachwuchs vererbt.

91. **Lösung (D).** Zusätzlich zu den normalen 46 Chromosomen (23 Paare), liegt bei der Trisomie 18 das 18. Chromosom in dreifacher Ausführung vor. Dies erhöht die Gesamtchromosomenanzahl auf 47.

92. **Lösung (D).** Bei den anderen Antworten handelt es sich um eine Substitution.

93. **Lösung (B).** In der Genetik versteht man unter einer Nonsense-Mutation eine Punktmutation in der DNA-Sequenz, die zu einem Stopcodon führt.

12.3 GENETIK AUF MOLEKULARER EBENE

94. **Lösung (E).** Uracil ist eine Base der RNA.

95. **Lösung (D).** Die Basen Guanin und Cytosin, sowie Adenin und Thymin sind zueinander komplementär. Die komplementären Basen treten daher immer im gleichen Verhältnis zueinander in der DNA auf. Guanin und Cytosin zu je 21%, die restlichen 48% teilen sich Adenin und Thymin zu gleichen Teilen.

96. **Lösung (E).** Wasserstoffbrücken werden zwischen den Basen in der DNA-Doppelhelix ausgebildet. Zwischen Adenin und Thymin bilden sich zwei, zwischen Cytosin und Guanin drei dieser Brücken. Diese vergleichsweise schwache Bindung ist nötig, damit die DNA-Stränge beim Kopiervorgang noch voneinander gelöst werden können.
Phosphodiesterbindungen finden sich im Rückgrat der DNA, sie sorgen für einen festen Zusammenhalt von Zucker und Phosphatresten eines DNA-Einzelstranges. Durch diese Bindung entstehen auch die 3'- und 5'-Enden der DNA.
N-Glykosidische Bindungen verbinden das Rückgrat der DNA mit seinen Basen (Adenin, Cytosin, Guanin und Thymin). Auch Van-der-Waals-Kräfte treten aufgrund der Nähe vieler unpolarer Moleküle auf und stabilisieren die DNA zusätzlich. Ionenbindungen, also Anziehungen zwischen unterschiedlich geladenen Molekülen, kommen in der DNA nicht vor.

97. **Lösung (D).** Adenin und Thymin liegen in der DNA als Basenpaar vor und haben daher den gleichen Anteil.

98. **Lösung (D).** Nukleoside bestehen aus einem Zucker und einer Base. Bei den Nukleotiden kommt als dritter Bestandteil ein Phosphatrest hinzu. Der Zucker ist eine Pentose und kann entweder Desoxyribose (in der DNA) oder Ribose (in der RNA) sein. Es gibt fünf unterschiedliche Basen: Adenin, Guanin, Cytosin, Thymin und Uracil. Letztere steht anstelle von Thymin in der RNA. Die Basen sind komplementär zueinander, so paaren sich in der DNA z.B. ausschließlich Guanin und Adenin. Untereinander sind die Basen durch Wasserstoffbrücken verbunden. Zwischen Adenin und Thymin befinden sich zwei, zwischen Guanin und Cytosin je drei dieser Brücken.

99. **Lösung (C).** Die Aussage bezeichnet keinen Unterschied, da die Basen über die gleiche Bindung, eine N-glykosidische Bindung, an das C 1'-Atom der Ribose (RNA) bzw. der Desoxyribose (DNA) gehängt werden. Als Sekundärstrukturen sind bei der RNA vor allem Hairpin-, Stemloop- und Loop-Strukturen bekannt, eine Helix-Konformation ist aber ebenfalls möglich, wobei Hairpin- und Stemloop-Strukturen sowohl Einzelstrang- als auch Doppelstrangbereiche aufweisen.

100. **Lösung (D).** Weder die Nukleinbasen, Desoxyribose, noch Phosphat enthält das Element Schwefel.

101. **Lösung (B).** Die Basen der DNA sind komplementär zueinander. Liegt Guanin zu 13% vor, so liegt Cytosin ebenfalls zu 13% vor. Dementsprechend teilen sich die restlichen 74% zu gleichen Teilen auf Adenin und Thymin auf.

102. **Lösung (D).** Die Replikation, also die Verdopplung der DNA, findet im Zellkern während der Interphase statt. Einige Enzyme, wie Polymerasen, Ligasen und Helicasen, sind dafür zwingend notwendig. Die DNA-Polymerase beispielsweise fügt komplementäre Nukleotide an. Für die Proteinbiosynthese wird die DNA abgelesen und in eine messenger-RNA (mRNA) übersetzt. Dieser Vorgang wird Transkription genannt. Hierbei entsteht zunächst eine vorläufige, sogenannte prä-mRNA. Sie wird noch im Zellkern weiter verändert, z.B. durch Splicing. Die reife mRNA wird dann aus dem Zellkern ausgeschleust und erst im Zytosol an den Ribosomen in Aminosäuren übersetzt (Translation).

103. **Lösung (B).** Bei der Replikation werden verschiedene Enzyme benötigt. Zunächst entwindet und öffnet die Helikase den Doppelstrang zu zwei Einzelsträngen. Der Startpunkt der Replikation wird von der Primase markiert, indem sie ein Stück RNA, den Primer, synthetisiert. Von der DNA-Polymerase werden in 5'-3'-Richtung komplementäre Basen angefügt. Anschließend wird von einer Ribonuklease der Primer wieder entfernt und von der DNA-Ligase die gebildeten Stränge verknüpft.

104. **Lösung (D).** Die Verdopplung der DNA findet in der Interphase statt und ist Voraussetzung für die Zellteilung. Die Replikation erfolgt semikonservativ, das heißt ein Einzelstrang bleibt jeweils erhalten, während der zweite an seinem Vorbild neu synthetisiert wird. Enzyme wie Polymerasen, Primasen oder Ligasen sind hierfür essentiell. Die Primase markiert in der Initiationsphase den Startpunkt am 3'-Ende, indem sie einen Primer aus RNA synthetisiert. Da das Enzym DNA-Polymerase nur in 3'-5'-Richtung ablesen kann, erfolgt das Anfügen komplementärer Basen nur in 5'-3'-Richtung. Das Anfügen der Basen, also die Synthese eines Tochterstranges, wird auch Elongationsphase genannt. In dieser Phase verbindet die DNA-Ligase die DNA-Einzelfragmente (Okazaki-Fragmente) miteinander.

105. **Lösung (D).** Normalerweise verkürzen sich Chromosomen mit jeder Zellteilung um ein kleines Stück an ihrem 5'-Ende, weil die DNA-Polymerase hier beim Mutterstrang nicht mehr ansetzen kann. Da die Endstücke der Chromosomen (Telomere) keine wichtigen Informationen enthalten, hat dies jedoch keine großen Auswirkungen. Allerdings wird deswegen vermutlich im Alter die DNA instabiler. Die Telomerase verhindert in bestimmten Zellen (z.B. Keimbahnzellen) durch die Wiederherstellung der Telomere, dass die Chromosomen mit jeder Zellteilung kürzer werden und umgeht so das End-Replikationsproblem.

106. **Lösung (D).** Die DNA-Polymerase kann ausschließlich in 3'-5'-Richtung ablesen. Der Leitstrang (3'-5') kann deshalb nach Ansatz eines einzelnen Primers kontinuierlich abgelesen werden.

Es kann problemlos ein Tochterstrang (5'-3') entstehen. Der Folgestrang hingegen verläuft antiparallel in 5'-3'-Richtung. Damit die DNA-Polymerase komplementäre Basen anfügen kann, wird die DNA durch viele Primer in kurze Sequenzen geteilt, die dann in der richtigen Richtung abgelesen werden können. Die Replikation erfolgt also diskontinuierlich und der Tochterstrang besteht zunächst aus Fragmenten (Okazaki-Fragmente), die in einem anschließenden Prozess verbunden werden müssen.

107. **Lösung (B).** Thymin wird in der RNA durch Uracil ersetzt.

108. **Lösung (A).** Das Spleißen (engl.: Splicing) findet im Zellkern während der Transkription statt. Es ist einer der ersten Verarbeitungsschritte der zunächst entstandenen prä-RNA. Die prä-RNA enthält Informationsabschnitte, die für Proteine kodieren (Exons), sowie funktionslose Abschnitte (Introns). Letztere werden beim Spleißvorgang herausgeschnitten. So wird aus der prä-RNA eine reife RNA, die den Zellkern verlassen kann.
Als Polyadenylierung bezeichnet man hingegen die Anheftung von weiteren Nukleotiden an das 3'-Ende der prä-RNA, vermutlich zur Stabilisierung.

109. **Lösung (B).** Splicing bezeichnet eine Verarbeitung der prä-RNA, bei der angrenzende Exons zu fertiger RNA verknüpft werden. Dazu werden die nicht kodierenden Abschnitte (Introns) herausgeschnitten und verworfen. Mutationen, die das Spleißen verändern, spielen wahrscheinlich bei einer Vielzahl von Krankheiten eine Rolle. Bakterien besitzen keinen Zellkern und keine Möglichkeit, Introns direkt anhand ihrer Sequenz zu erkennen. Sie spleißen ihre RNA daher gar nicht, sondern besitzen andere Mechanismen zur Verarbeitung.
Alternatives Splicing bezeichnet die Möglichkeit, variable RNA herzustellen, indem verschiedene Introns herausgeschnitten werden. So kann aus derselben Information der DNA unterschiedliche RNA werden. Daraus können dann wiederum verschiedene Proteine hergestellt werden. So erhöht sich die Informationsdichte der DNA. Gleichzeitig widerlegt dies die „Ein-Gen-Ein-Enzym"-Hypothese, die besagt, dass ein Genabschnitt für genau ein Enzym kodiert.

110. **Lösung (C).** Der genetische Code beschreibt, wie aus der Erbinformation Proteine entstehen. Dazu müssen die Basen der RNA (Adenin, Uracil, Cytosin und Guanin) in Aminosäuren übersetzt werden (Translation). Jeweils drei Basen (auch: Triplett, Codon) kodieren für eine Aminosäure. Aus den 4 verschiedenen Basen ergeben sich so 64 verschiedene Kombinationsmöglichkeiten. Da es naturgemäß nur 20, bzw. 21, verschiedene Aminosäuren gibt, werden die meisten Aminosäuren durch mehrere Tripletts kodiert. Eine Ausnahme bilden Tryptophan (UGG) und Methionin (AUG), die beide nur ein Codon besitzen. Letzteres ist zudem das Startcodon, hier beginnt die Translation an den Ribosomen. Jedes Gen hat außerdem eines von drei Stopcodons (UAA, UAG oder UGA), welches das Ende der Translation markiert.

111. **Lösung (B).** Die tRNA (Transfer-RNA) fungiert als Übermittler zwischen RNA und Aminosäuren bei der Translation. Sie besteht aus den entsprechenden Anticodons zur mRNA, verläuft also antiparallel und hat komplementäre Basen. Zur Erinnerung: die Basenpaarung der RNA lautet Adenosin mit Uracil und Guanin mit Cytosin. Dementsprechend wird aus der mRNA 5'-UGC-3' die tRNA 3'-ACG-5'. Das Basentriplett ACG kodiert für Threonin.

112. **Lösung (E).** Kann nicht berechnet werden, da wegen des Einzelstranges nicht durch Basenpaarung auf die restlichen Basenanteile geschlossen werden kann.

113. **Lösung (A).** Die mRNA entsteht bei der Transkription im Zellkern anhand der DNA. Sie ist antiparallel zur DNA und enthält komplementäre Basen. Zu beachten gilt es, dass die Base Thymin in der RNA durch Uracil ersetzt wird. Anhand dessen lassen sich die übrigen Antworten ausschließen. Zur Erinnerung: die Basenpaarungen lauten Cytosin und Guanin, Adenosin und Uracil.

114. **Lösung (B).** Der genetische Code ist universell, d.h. alle Lebewesen nutzen die gleichen Basentripletts zur Kodierung von Aminosäuren. Hierbei gibt es allerdings wenige Ausnahmen, wie z.B. die mitochondriale DNA. Zudem zeichnet den genetischen Code aus, dass er eindeutig ist: ein Codon steht für genau eine Aminosäure. Andersherum werden die meisten Aminosäuren von mehreren Tripletts kodiert. Dies liegt daran, dass es durch die vier verschiedenen Basen $4^3 = 64$ verschiedene Kombinationsmöglichkeiten gibt, jedoch naturgemäß nur 20, bzw. 21, Aminosäuren. Der genetische Code gilt deshalb als degeneriert. Wichtig für seine Eindeutigkeit ist zudem, dass Informationssequenzen nicht überlappen und kommafrei abgelesen werden können.

115. **Lösung (C).** Der genetische Code baut sich aus den vier Basen der RNA (Adenosin, Uracil, Guanin und Cytosin) auf, die jeweils zu dritt für eine Aminosäure kodieren. Sie werden auch Codons oder Tripletts genannt. Es ergeben sich aus ihnen $4^3 = 64$ verschieden Kombinationsmöglichkeiten. Da es nur 20, bzw. 21, verschiedene Aminosäuren gibt, werden manche durch mehrere Tripletts kodiert. Eine Ausnahme bildet Methionin. Diese Aminosäure wird allein durch AUG kodiert, welches gleichzeitig das Startcodon ist. Hier beginnt die Translation an den Ribosomen. Zeichen für das Ende der Translation sind die drei Stopcodons (UAG, UAA, UGA).

116. **Lösung (B).** Promoter sind Genabschnitte, die die Expression regulieren. Dabei wirken weitere Genabschnitte entweder verstärkend (Enhancer) oder abschwächend (Silencer).
Operon beschreibt den Genabschnitt, auf dem typischerweise die regulatorischen Elemente bei Prokaryoten liegen. In Prokaryoten findet kein Splicing der RNA statt. Dementsprechend gibt es keine Introns, sondern nur kodierende Genabschnitte, die Exons.

117. **Lösung (B).** Im Gegensatz zu Prokaryoten findet in Eukaryoten bereits eine Prozessierung der RNA im Zellkern statt. Durch das sogenannte Splicing werden aus der präRNA Introns herausgeschnitten. Introns („intervening regions") kodieren im Gegensatz zu Exons nicht für Proteine. Nach dem Spleißen sind die Exons miteinander verbunden und die reife RNA kann den Zellkern verlassen.

118. **Lösung (D).** Die Proteinbiosynthese findet an den Ribosomen im Zellplasma statt.

119. **Lösung (A).** Die Schritte der Transkription sind Initiation – Elongation – Termination. Die Initiation markiert den Beginn der Transkription. Die Doppelstränge der DNA müssen zunächst entwunden und geöffnet werden. Im Gegensatz zur DNA-Replikation wird kein Primer benötigt.

Während der Elongation kommt es zur Synthese einer RNA anhand des DNA-Einzelstranges mithilfe der RNA-Polymerase. Die RNA ist dementsprechend antiparallel und enthält komplementäre Basen. Die Base Thymin wird dabei durch Uracil ersetzt. Die Termination beschreibt das Ende der Transkription. Sie wird eingeleitet durch eine bestimmte Sequenz auf der DNA.

120. **Lösung (E).** Die Transkription erfordert weder Ribosomen, noch tRNAs, sie erfolgt in Eukaryoten und Prokaryoten und das Syntheseprodukt kann sowohl mRNA, tRNA, als auch rRNA sein.

121. **Lösung (A).** Die Genexpression von Prokaryoten und Eukaryoten unterscheidet sich in einigen Punkten. Da Prokaryoten keinen Zellkern besitzen, findet bei ihnen Transkription und Translation ohne räumliche Trennung und gleichzeitig statt. Prokaryotische Gene besitzen keine Introns und müssen nicht gespleißt werden. Bei ihnen finden Modifikationen erst nach der Translation statt. Bei Eukaryoten hingegen wird die RNA erst nach Abschluss der Transkription und einigen Modifikationen, wie z.B. dem Splicing, aus dem Zellkern transportiert. Beim Splicing werden nicht kodierende Genabschnitte (Introns) herausgeschnitten. Die reife RNA enthält dann nur noch Exons, die für Proteine kodieren. Die Translation findet anschließend im Zytoplasma an den Ribosomen statt.

122. **Lösung (B).** Bei der Transkription entsteht RNA anhand einer DNA als Vorlage. Dieser Vorgang findet im Zellkern statt und ist der erste Schritt zur Synthese von Proteinen. An die Transkription schließt sich zunächst eine Modifikation an. Die reife RNA wird dann in das Zytoplasma transportiert, wo sie an den Ribosomen translatiert wird.

123. **Lösung (D).** Die RNA entsteht bei der Transkription anhand der DNA. Es können dabei sowohl mRNA (Messenger RNA), als auch tRNA (Transfer RNA) und rRNA (Ribosomale RNA) gebildet werden. Bei Eukaryoten geschieht dies im Zellkern, bei Prokaryoten im Zytoplasma. An die Transkription schließt sich bei Eukaryoten eine Modifikation an. Anschließend wird die RNA in das Zytoplasma transportiert. An den Ribosomen erfolgt dann die Translation, d.h. die Übersetzung der RNA in Aminosäuren.

124. **Lösung (B).** Ein Anticodon ist ein tRNA-Abschnitt, bestehend aus 3 Nukleinbasen, der komplementär zum Codon der mRNA ist.

125. **Lösung (D).** Die Transkription findet bei Eukaryoten im Zellkern statt. Anschließend wird die RNA in das Zytoplasma transportiert, um dort an den Ribosomen in Aminosäuren übersetzt zu werden (Translation).

126. **Lösung (C).** Die mRNA wird bei der Transkription anhand von DNA synthetisiert. Sie ist deshalb antiparallel zur DNA und hat komplementäre Basen. Zu beachten ist, dass die RNA statt Thymin die Base Uracil enthält. Zur Erinnerung: die Basenpaarung lautet Cytosin mit Guanin, sowie Adenosin mit Thymin.

12.4 FORTPFLANZUNG UND ENTWICKLUNG DES MENSCHEN

127. Lösung (D). Der paarig angelegte Eierstock – in der medizinischen Fachsprache als Ovar (von lat. Ovarium) bezeichnet – ist ein primäres, weibliches Geschlechtsorgan. Als Gonade (Keimdrüse) entspricht sie dem Hoden männlicher Individuen und ist der Produktionsort der Eizellen und weiblichen Geschlechtshormone. Die Ovulation, das Loslösen der Eizelle vom Eierstock, erfolgt einmal monatlich bei einer geschlechtsreifen Frau.

128. Lösung (D). Der 14. Zyklustag ist lediglich eine durchschnittliche Angabe für den Eisprung. Von Frau zu Frau und auch von Zyklus zu Zyklus können sich die Zykluslängen um einige Tage unterscheiden und somit kann auch der Zeitpunkt des Eisprungs etwas variieren. Da die Spermien einige Tage (24 Stunden an der Luft, bis zu sieben Tagen vaginal) überleben können, kann Geschlechtsverkehr auch schon Tage vor dem Eisprung zu einer Schwangerschaft führen. Die Regelblutung findet zu Beginn eines jeden Zyklus statt.

129. Lösung (B). FSH und LH werden in der Adenohypophyse gebildet und spielen eine Rolle bei der Steuerung des Menstruationszyklus. Der Progesteronspiegel ist in der ersten Zyklushälfte, wozu die Menstruationsphase zählt, sehr niedrig. Der FSH-Spiegel ist in der ersten Zyklushälfte etwas höher, da das FSH ja für die Follikelreifung zuständig ist. Der Gelbkörper entwickelt sich erst NACH dem Eisprung und die Proliferationsphase geht dem Eisprung voraus.

130. Lösung (A). Der Progesteronspiegel steigt zwar in der Sekretionsphase, sinkt aber dann nach einigen Tagen wieder ab, wenn es nicht zu einer Befruchtung gekommen ist → erst durch das Absinken kommt es zur Schleimhautabstoßung.

131. Lösung (B). Die Ovulation findet etwa in der Mitte eines jeden Zyklus statt. Pro Zyklus entsteht i.d.R. nur ein sprungreifer Follikel (entweder im linken ODER rechten Ovar). Wenn zwei sprungreife Follikel entstehen, kann das zu zweieiigen Zwillingen führen. Das Wachstum der Follikel wird durch das follikelstimulierende Hormon (FSH) gefördert. Die Eizelle wird aus dem Ovar in den Eileiter entlassen und wandert erst von dort aus, ggf. im befruchteten Zustand, in den Uterus.

132. Lösung (A). Der Gelbkörper produziert nicht nur Progesteron, sondern auch Östrogene. Bevor die Plazenta entsteht, wird auch schon hCG gebildet und zwar vom Trophoblasten. hCG wird nicht vom ersten Tag der Schwangerschaft an gebildet, sondern erst nachdem die Blastozyste entstanden ist. Die höchsten Progesteronspiegel liegen normalerweise um den 22. Zyklustag herum vor (Mitte der Gelbkörperphase). Von der Adenohypophyse werden FSH und LH ausgeschüttet. Die Östrogenbildung findet im Ovar, der Nebennierenrinde und der Plazenta statt.

133. Lösung (E). Progesteron HEMMT den Eisprung, da es hemmend auf das luteinisierende Hormon wirkt (welches wiederum den Eisprung fördert). Die Minipille, die ein Gestagen als Wirkstoff enthält, macht sich diesen Effekt zu Nutze.

134. **Lösung (D).** Der Gelbkörper produziert in erster Linie Progesteron aber auch Östrogene. LH dagegen wird von der Adenohypophyse ausgeschüttet und bewirkt die Ausreifung des Gelbkörpers.

135. **Lösung (D).** FSH wird in der Adenohypophyse gebildet, dem Vorderlappen der Hirnanhangsdrüse. FSH bewirkt bei Männern die Spermatogenese (d.h. es regt die Spermienbildung an). LH ist das entscheidende Hormon für die Entwicklung des Gelbkörpers.

136. **Lösung (A).** Produktionsorte der Östrogene sind v.a. die Ovarien, die Follikel und der Gelbkörper. Auch in der Nebennierenrinde werden in geringen Mengen Östrogene produziert. Während der Schwangerschaft übernimmt zusätzlich die Plazenta die Östrogenproduktion und im Fettgewebe wir ein Teil des Testosterons durch das Enzym Aromatase in Östrogene umgewandelt. Auch der Mann produziert im Hoden in kleinen Mengen Östrogen.

137. **Lösung (B).** Der Urintest weist hCG nach, das von der Plazenta bzw. dem Fetus gebildet wird und die Schwangerschaft aufrecht erhält. V.a. in den ersten 5 Wochen kann die Nachweisgrenze des Urintests trotz Schwangerschaft unterschritten werden. Ein Bluttest kann schon ca. 9 Tage nach Empfängnis hCG nachweisen.

138. **Lösung (D).** Die Anzahl der Eizellen einer Frau erreicht schon im 5. Entwicklungsmonat ihr Maximum. Zu diesem Zeitpunkt hat ein weiblicher Fetus in etwa 6 - 7 Millionen Oozyten. Danach entstehen keine mehr, sondern es sterben laufend Eizellen ab. Bei Geburt sind noch 400.000 - 700.000, im Extremfall bis zu 2 Millionen vorhanden. Bei Eintritt in die Pubertät sind es noch etwa 40.000.

139. **Lösung (A).** Die Eizellen werden alle schon vorgeburtlich produziert. Sie erreichen im 5. Entwicklungsmonat ihr Maximum und werden dann immer weniger.

140. **Lösung (A).** Der Zellkern befindet sich im Kopfteil des Spermiums. Die anderen Anteile degenerieren nach der Imprägnation. Das Spermium besitzt selbstverständlich einen Zellkern. Darin befindet sich die gesamte Erbinformation, die der Vater an sein Kind weitergibt. Das Akrosom dagegen ist eine Art Lysosom, also ein enzymhaltiges Kompartiment im Spermienkopf, das wichtige Enzyme zum Durchdringen der Corona radiata und Zona pellucida der Eizelle enthält.

141. **Lösung (D).** Das Spermium enthält keine Ribosomen, da im Spermium keine Proteinbiosynthese stattfindet. Die Zellorganellen erhält der Embryo von der Eizelle. Die Mitochondrien des Spermiums werden nach der Imprägnation aufgelöst. Die Mitochondrien benötigt das Spermium nur für die Bereitstellung der Energie, die für die Bewegung der Geißel notwendig ist.

142. **Lösung (A).** Die Bildung der Spermien findet im Hoden statt, die Lagerung und Ausreifung dagegen im Nebenhoden. Während des Transports durch den Nebenhodengang verändern die

Spermien sowohl ihr Aussehen als auch ihre funktionellen Eigenschaften. Die Prostata produziert ein Sekret, das die Spermien vor dem sauren Scheidenmilieu schützt, das Ejakulat dünnflüssiger macht und die Spermien zur Bewegung anregt. Es macht ca. 30 % des Ejakulats aus. Hier werden aber keine Spermien gelagert oder ausgereift. Das Sekret vermischt sich lediglich mit den Spermien bei der Ejakulation. Der Samenleiter dagegen dient als Verbindungsstück zwischen Nebenhoden und Harnröhre. In ihm werden also die bereits ausgereiften Spermien weitergeleitet. Die Bulbourethraldrüsen, auch als „Cowpersche Drüsen" bezeichnet, bilden ein Sekret, das schon vor der Ejakulation beim Geschlechtsverkehr abgegeben wird und der Spülung der Harnröhre dient.

143. **Lösung (A).** Die Befruchtung findet in der Regel in der Ampulle des Eileiters statt. Das Ovar dagegen produziert Follikel und gibt die reife Eizelle frei. Die (befruchtete) Eizelle erreicht die Gebärmutter über den Eileiter nach etwa vier Tagen und nistet sich dann am sechsten Tag in die Gebärmutterschleimhaut ein. Ureter ist der medizinische Fachbegriff für die paarig vorhandenen Harnleiter, welche die Nieren mit der Harnblase verbinden. Sie haben mit der Befruchtung nichts zu tun. In den Gebärmutterhals tritt eine Eizelle nur dann ein, wenn sie abgestoßen wird. Die befruchtete Eizelle erreicht den Gebärmutterhals nicht, sondern nistet sich in der Gebärmutterschleimhaut ein. Erst bei der Geburt passiert das Kind den Gebärmutterhals.

144. **Lösung (E).** Von einer Eizelle spricht man nur im unbefruchteten Stadium, danach durchläuft sie die Stadien A-D der Reihe nach. Zwischen Zygote und Morula finden sich noch das Zwei-, das Vier- und das Achtzellstadium, welche die Eizelle über die Furchungsteilungen erreicht.

145. **Lösung (B).** Als Zygote bezeichnet man eine befruchtete Eizelle. Oozyte ist der medizinische Fachbegriff für eine Eizelle, die noch unbefruchtet ist. Als Morula wird das 16- bis 32-Zellstadium bezeichnet. Danach beginnt das Blastozystenstadium, in dem dann schon zwei verschiedene Zellarten vorhanden sind. Ab der dritten Entwicklungswoche erkennt man eine Keimscheibe, welche wiederum aus drei Keimblättern besteht (Ento-, Ekto- und Mesoderm).

146. **Lösung (C).** 4-5 Tage nach der Befruchtung liegt eine Blastozyste vor. Dieses Stadium folgt dem Morulastadium. Als Blastozyste erreicht der Embryo die Gebärmutter und nistet sich darin ein.

147. **Lösung (C).** Nach der Befruchtung durchwandert die befruchtete Eizelle zunächst den Eileiter, was in etwa 4-5 Tage dauert. Nachdem sie als Blastozyste die Gebärmutter erreicht hat, wandert sie darin vorerst ca. zwei Tage herum, bis sie sich in der Gebärmutterschleimhaut einnistet.

148. **Lösung (E).** Das Nervengewebe wird nicht vom Ento-, sondern vom Ektoderm, also dem äußeren Keimblatt gebildet. Dieses formt außerdem die Haut und deren Anhangsgebilde (Nägel, Haare) sowie den Zahnschmelz. Aus dem Entoderm dagegen bilden sich z.B. die Tonsillen, verschiedene drüsige Organe (Schilddrüse, Thymus, Bauchspeicheldrüse etc.) und verschie-

dene Epithelien (z.B. des Gastrointestinaltraktes, des Respirationstraktes und der Harnwege).

149. **Lösung (B).** In den allerersten Entwicklungswochen sind die Zellen des Embryos noch nicht/kaum ausdifferenziert, weshalb in dieser Zeit ein gewisser Schutz gegenüber schädigenden Faktoren von außen besteht. Auch die Plazenta, über die schädigende Stoffe übertreten könnten, ist noch nicht ausgebildet. Deshalb ist die Antwort Zygote falsch. Die kritische Periode ist dagegen die Zeit der Organogenese (4.-8. Entwicklungswoche). Diese fällt in die Zeit der ersten drei Monate, weshalb (B) die richtig Antwort ist.

150. **Lösung (A).** Die Keimblätter entstehen bei der Gastrulation aus der Blastula und stellen eine erste Differenzierung dar. Aus ihnen entwickeln sich unterschiedliche Strukturen, Gewebe, Organe.

151. **Lösung (C).** Aus dem Mesoderm geht sämtliches Binde- und Stützgewebe hervor, also Bindegewebe, Blutgefäße, Knochen, Knorpel, Muskeln etc. Außerdem entwickeln sich daraus Nieren und Milz sowie das Herz und die Hoden/Eierstöcke. Ento- und Ektoderm sind die anderen beiden primären Keimblätter neben dem Mesoderm.

152. **Lösung (D).** Die Knochen zählen zum Binde- und Stützgewebe, welches aus dem Mesoderm hervorgeht.

153. **Lösung (B).**

154. **Lösung (D).** Die Zygote beginnt nach ca. 30 Minuten mit den Furchungsteilungen. Die befruchtete Eizelle wird als Zygote bezeichnet. Die Furchungsteilungen erfolgen in der Tuba uterina. Erst in der Blastozyste lassen sich zwei verschiedene Zellarten unterscheiden.

155. **Lösung (A).** Erst am sechsten (bis achten) Tag heftet sich die Eizelle an der Uteruswand an. Die Zona pellucida löst sich i.d.R. erst kurz vor dem Anheften der Eizelle an die Uteruswand auf, also etwa am sechsten Tag. Die Implantation erfolgt im Blastozystenstadium. Die Implantation ist erst am Ende der zweiten Woche abgeschlossen. Nicht aus der inneren, sondern aus der äußeren Zellmasse der Blastozyste entwickelt sich die Plazenta. Aus der inneren Zellmasse entwickelt sich dagegen der Embryo.

156. **Lösung (E).** Die obere Extremität ist der unteren in der Entwicklung immer etwas voraus. Erst in der 9.-12. Woche beginnt der Fetus Fruchtwasser zu schlucken. Die Ausbildung der Fingerstrahlen beginnt erst ab der 6. Entwicklungswoche.

157. **Lösung (B).** Die Genitalien unterscheiden sich bis zum Ende der 9. Entwicklungswoche bei männlichen und weiblichen Feten nicht, sondern erst frühestens ab der 12. Entwicklungswoche.

158. **Lösung (A).** Ein Spermium verfügt über einen haploiden Chromosomensatz. Es muss erst spä-

ter in der Zygote ein diploider Chromosomensatz vorhanden sein. Dieser ergibt sich aus den beiden haploiden Chromosomensätzen von Spermium und Eizelle. Die Kapazitation bezeichnet einen Reifungsprozess, den die Spermien durchlaufen müssen. Die Spermien können zwar schon nach einer Stunde bei der Eizelle angelangt sein, müssen aber vor der Befruchtung den Prozess der Kapazitation durchlaufen, welcher 5-6 h dauert.

159. **Lösung (C).** Die Corona radiata besteht aus Follikelepithelzellen. Die Zona pellucida dagegen ist größtenteils aus Glykoproteinen aufgebaut.

160. **Lösung (C).** Die drei Keimblätter sind erst in der 3. Entwicklungswoche vorhanden. Die Haut entwickelt sich aus dem Ektoderm. Das mittlere Keimblatt wird Mesoderm genannt. Ektoderm ist das äußere Keimblatt. Die Organogenese findet in der Embryonalperiode statt.

161. **Lösung (C).** Als Embryo bezeichnet man das ungeborene Kind ab der 3. Entwicklungswoche. Ab der 11. Entwicklungswoche spricht man von Fötus oder Kind. Als Zygote wird die befruchtete Eizelle bezeichnet, bevor sie mit den Furchungsteilungen beginnt. Unter Konzeption versteht man die Befruchtung der Eizelle. Das Gestationsalter bezeichnet das Alter des ungeborenen Kindes, gerechnet ab dem ersten Tag der letzten Regelblutung. Rechnet man mit dem Konzeptionsalter, so dauert eine Schwangerschaft durchschnittlich 38 Wochen. Konzeptions- und Gestationsalter unterscheiden sich um zwei Wochen, weil der Eisprung etwa zwei Wochen nach dem ersten Tag der letzten Regelblutung stattgefunden haben muss.

162. **Lösung (C).** Das erste Trimenon ist durch die Anlage und Ausbildung aller wichtigen Organe gekennzeichnet. Die Organe werden im ersten Trimenon angelegt. Das Kind ist etwa ab der 24. Schwangerschaftswoche lebensfähig oder grob gesagt ab Beginn des 3. Trimenons. Die Befruchtung findet normalerweise in der Ampulle der Tuba uterina statt.

163. **Lösung (B).** Die Spermien gelangen von der Vagina aus über den äußeren Muttermund in den Gebärmutterhals und von dort aus weiter in die Gebärmutter. Sich an den Duftstoffen der Eizelle orientierend schwimmen sie dann weiter in den entsprechenden Eileiter, wo die Eizelle dann befruchtet werden kann.

164. **Lösung (E).** Es können zwar Antikörper durch Pinozytose (= Aufnahme von Flüssigkeit und darin gelösten Stoffen in das Zytoplasma einer Zelle durch Vesikelbildung) über die Plazenta übertragen werden, allerdings handelt es sich dabei nicht um die sehr großen IgM-Antikörper, sondern um die viel kleineren IgG-Antikörper.

165. **Lösung (E).** Die Plazenta kann an verschiedenen Stellen der Uteruswand sitzen.

166. **Lösung (B).** Giftstoffe können zumindest zum Teil auch übertreten, so z.B. gibt es verschiedene Medikamente, die übertreten können, aber auch Alkohol und andere schädigende Stoffe können über die Plazenta in den Kreislauf des Kindes übertreten.

167. Lösung (E). ADH, das antidiuretische Hormon, wird vom Hypothalamus produziert und bewirkt eine Wasserrückresorption in der Niere sowie eine Blutdrucksteigerung. Es hat also mit dem Corpus luteum nichts zu tun. FSH wird von der Adenohypophyse produziert und seine Ausschüttung hat die Follikelreifung zur Folge. LH wird ebenfalls von der Adenohypophyse produziert. Durch einen steilen LH-Anstieg wird der Eisprung ausgelöst und danach bildet sich unter dem Einfluss von LH der Gelbkörper. Der Gelbkörper ist NICHT Teil der Plazenta, aber er übernimmt die Progesteronproduktion, bis die Plazenta dies selbst macht. Nachdem der Gelbkörper Hormone produziert hat, kann er als endokrine Drüse bezeichnet werden.

168. Lösung (D). Die Plazenta wird aus der Dezidua (Uterusschleimhaut während der Schwangerschaft), dem Chorion und den dazwischen liegenden Zotten gebildet. Das Chorion stellt den kindlichen Anteil der Plazenta dar. Die Zotten enthalten die kindlichen Blutgefäße und werden von mütterlichem Blut umspült. Das Gewicht der Plazenta liegt bei etwa einem Sechstel des Fetalgewichts.

169. Lösung (A). Zu einer Rhesusinkompatibilität kommt es bei einer rhesusnegativen Mutter mit einem rhesuspositiven Kind. Die D-Antikörper können erst durch z.B. Geburtstraumata von der Mutter gebildet werden. Die Plazenta schützt nicht vor dem D-Antikörper Übertritt. Die Plazenta sollte i.d.R. NICHT auf dem Muttermund sitzen. Das ist eine gefährliche Variante der Plazentalage! Die Plazentaschranke verhindert den Übertritt von Anti-A-Antikörpern zum Kind, da die AB0-Blutgruppen von IgM-Antikörpern erkannt werden. Die Nabelschnur verfügt i.d.R. über drei Gefäße. Zwei Nabelarterien, die kohlenstoffdioxidreiches und nährstoffarmes Blut vom Kind zur Plazenta leiten, und eine Nabelvene, die Blut von der Plazenta zum Kind leitet.

170. Lösung (B). Alle Aussagen sind richtig.

171. Lösung (A). Die Plazenta produziert für die Schwangerschaft nötige Hormone, die z.B. das Uteruswachstum fördern, oder verhindern, dass ein weiterer Eisprung während der Schwangerschaft auftritt. Cortisol wird hauptsächlich von der Nebennierenrinde produziert, wobei zu viel davon während der Schwangerschaft eher negative Auswirkungen hat. Testosteron wird bei Frauen nur in geringer Menge produziert und zwar nicht in der Plazenta, sondern z.B. in den Eierstöcken oder der Nebennierenrinde.

12.5 EVOLUTION

172. Lösung (E). Stanley Miller gewann im Jahr 1953 mit seiner Simulation einer früheren Erdatmosphäre Aufmerksamkeit. Er versuchte damit zu beweisen, dass unter dieser Uratmosphäre organische Moleküle aus anorganischen entstehen konnten, was man heute als chemische Evolution bezeichnet. Dazu mischte er Wasser, Methan, Ammoniak, Wasserstoff und Kohlenstoffmonoxid. Unter Energiezufuhr entstanden unter anderem Aminosäuren, Nukleotide und Carbonsäuren. Den Rest bildete Teer. Miller konnte also beweisen, dass in jener Zeit lebenswichtige Stoffe aus anorganischen Molekülen unter Energiezufuhr entstanden. Erst wesentlich später bildeten sich auf Grundlage dieser Atmosphäre die ersten Zellen.

173. **Lösung (C).** Die chemische Evolution bezeichnet den Vorgang der Erdgeschichte vor etwa vier Milliarden Jahren, in welcher aus anorganischen Stoffen in einer Uratmosphäre organische Stoffe als Grundlage des Lebens entstanden. Was man heute darüber weiß gründet auf Experimenten, wie dem Miller-Experiment von 1953. Die Uratmosphäre enthielt Wasser, Methan, Ammoniak, Wasserstoff und Kohlenstoffmonoxid, welche vor allem aus Vulkanausbrüchen stammten. Unter Energieeinfluss (aus Sonnenstrahlen, Gewitter, vulkanischer Hitze) bildeten sich daraus die biologisch wichtigen organischen Moleküle, wie u.a. Aminosäuren, Zucker (Glucose), Nukleotide und Carbonsäuren. Diese Moleküle lösten sich im Wasser und bildeten die sogenannte Ursuppe. Die zufälligen Gemische dieser Biomoleküle bildeten einen fließenden Übergang zur biologischen Evolution, in der dann die ersten Organismen entstanden.

174. **Lösung (A).** Vor vier Milliarden Jahren fand sich eine Uratmosphäre auf der Erde vor, die aus den anorganischen Stoffen Wasser, Methan, Ammoniak, Wasserstoff und Kohlenstoffmonoxid bestand. Daraus entstanden dann erst im Rahmen der chemischen Evolution die ersten organischen Moleküle, wie u.a. Aminosäuren, Zucker, Nukleotide und Carbonsäuren. Dies konnte Stanley Miller im Jahr 1953 anhand eines Experimentes zeigen, in welchem er die Uratmosphäre imitierte. Die dafür nötige Energiezufuhr stammte aus Sonnenlicht, Gewittern und vulkanischer Hitze.
Diese Biomoleküle lösten sich im Wasser und bildeten die sogenannte Ursuppe, in der sich zunächst zufällig Proteine und später auch die ersten organischen Systeme entwickelten. Für diese Reaktionen brauchte es keine extremen Temperaturen. Alles daraus entstandene Leben beruht auf Nukleinsäuren, wie der universell gültige genetische Code zeigt.

175. **Lösung (C).** Die Protobionten waren die ersten Urorganismen auf der Erde. Sie entstanden aus der Ursuppe und besaßen eine minimale Ausstattung: eine Lipidmembran, abiotisch gebildete Proteine und Nukleinsäuren. Wichtige Merkmale waren ihre Fähigkeit zu Wachstum, Selbstorganisation und Selbstvermehrung (Reproduktion). Bei der Replikation ihres sogenannten Urgens (bestehend aus 50-200 Nukleotiden) passierten viele Fehler und so entstanden verschiedene Protobionten. Ihre Selektion markiert den Anfang der biotischen Evolution.

176. **Lösung (C).** Im Rahmen der biologischen Evolution entstanden zunächst Algen, deren Photosynthese die nötige Sauerstoffkonzentration in der Atmosphäre schuf. Daraufhin konnten sich nacheinander erste wirbellose Organismen, Fische, Dinosaurier und zuletzt Säugetiere entwickeln.

177. **Lösung (A).** Die Endosymbiontentheorie (griech. „endo" = innen; „symbiosis" = Zusammenleben) besagt, dass einige Zellorganellen der eukaryotischen Zelle eigentlich Prokaryoten waren, die im Rahmen der Evolution in die Zelle aufgenommen wurden. Dies gilt für Plastiden und Mitochondrien. Plastiden findet man in Pflanzen und Algen, sie dienen als Chloroplasten

unter anderem der Photosynthese. Mitochondrien spielen eine große Rolle im Energiestoffwechsel aller eukaryotischen Zellen, sie werden auch als Kraftwerke bezeichnet. Die Hypothese wird davon unterstützt, dass beide Zellorganellen noch Merkmale von Prokaryoten tragen.

178. **Lösung (E).** Die Endosymbiontentheorie (griech. „endo" = innen; „symbiosis" = Zusammenleben) besagt, dass zwei sehr wichtige Zellorganellen der Eukaryoten ursprünglich eigenständige Prokaryoten waren, die in die Zelle aufgenommen wurden. Die Hypothese wird davon gestützt, dass beide Organellen – Plastiden und Mitochondrien – noch Merkmale von Prokaryoten tragen. Wie alle Prokaryoten besitzen sie keinen Zellkern. Sie haben jedoch eigenes genetisches Material in Form von ringförmiger DNA, die nicht an Histone gebunden ist. Zudem haben sie eigene Ribosomen, mit denen sie Proteine herstellen können. Auch eine eigenständige Vermehrung über die sog. mitochondriale Biogenese ist möglich, was Plastiden und Mitochondrien zu sehr eigenständigen Organellen macht. Ihre Doppelmembran gibt zudem Hinweis auf einen stattgefundenen Verschmelzungsprozess: Die innere Membran ähnelt der eines Prokaryoten, während die äußere Membran wahrscheinlich von der Wirtszelle stammt.

179. **Lösung (E).** Die Endosymbiontentheorie (griech. „endo" = innen; „symbiosis" = Zusammenleben) besagt, dass zwei sehr wichtige Zellorganellen der Eukaryoten ursprünglich eigenständige Prokaryoten waren, die in die Zelle aufgenommen wurden. Dies betrifft zum einen die Plastiden, die essentiell für die Photosynthese sind und nach genetischen Analysen Ähnlichkeit mit Cyanobakterien haben. Zum anderen betrifft es Mitochondrien, die Kraftwerke der Zellen, die Ähnlichkeit mit aeroben Bakterien haben. Einige Merkmale der beiden Zellorganellen unterstützen diese Theorie. Sie besitzen als einzige Organellen eigene Proteinfabriken (Ribosomen) sowie DNA in Form von Ringen und ohne Histone. Wie auch Prokaryoten besitzen sie keinen eigenen Zellkern. Sie haben allerdings eine Doppelmembran, was Hinweis auf einen Verschmelzungsprozess gibt. Untersuchungen zufolge ähnelt die innere Membran der eines Prokaryoten und die äußere Membran stammt von der Wirtszelle, dem Symbionten.

180. **Lösung (E).** Es gibt einige Faktoren, die Kennzeichen für Leben sind. Dazu gehört die Entwicklung, was sowohl die individuelle Entwicklung als auch die Evolution umfasst. Lebewesen können außerdem wachsen, haben einen eigenen Stoffwechsel und können sich vermehren. Ihre Information wird dabei in Form von DNA weitergegeben. Sie reagieren zudem auf Reize aus der Umwelt, wie z.B. Pheromone, Berührungen und Geräusche.
Die kleinste Einheit des Lebens ist die Zelle.

181. **Lösung (D).** Bei der Definition von Leben bilden Viren einen Grenzfall, über den immer noch gestritten wird. Sie haben zwar eine Erbinformation in Form von DNA und können sich replizieren, dafür sind sie jedoch auf eine Wirtszelle angewiesen. Demnach können sie sich nicht selbstständig vermehren. Außerdem besitzen sie keinen eigenen Stoffwechsel, sie haben weder Ribosomen noch Mitochondrien. Viren vermehren sich andererseits schnell und haben eine hohe Mutationsrate, ihre eigene Evolution ist also ausgeprägt. Sie können sich schnell an veränderte Bedingungen anpassen, so entsteht z.B. jedes Jahr ein neues Influenza-Virus. Viren können sich zwar nicht aktiv fortbewegen, das ist jedoch auch kein Definitionskriterium für Leben. Ob Viren

sterben können hängt davon ab, ob man sie als lebendig definiert. In jedem Fall können sie ihre Funktion verlieren, wenn z.B. ihre Proteine in extremen Temperaturen denaturieren.

182. **Lösung (D).** Die Selektionstheorie bildet einen wichtigen Aspekt von Charles Darwins Evolutionstheorie. Demnach funktioniert die natürliche Selektion nach dem Prinzip „survival of the fittest" – also dem Überleben der Arten, die am besten ihrer Umwelt angepasst sind und sich deshalb fortpflanzen können. Grundlage hierfür ist die Variation der Individuen auf Grundlage der genetischen Variabilität. Durch zufällige Mutationen unterscheiden sich Individuen untereinander und es gibt welche, die zufällig besser ihren Umweltfaktoren angepasst sind. Weitere Grundlage ist die Vererbung: ein gut angepasster Organismus kann sich eher fortpflanzen und seine nützlichen Merkmale eher seinen Nachkommen vererben. Nur ein vererbbares Merkmal ist für die Evolution bedeutend. Durch Überproduktion von Nachkommen kommt es zudem zu Konkurrenz der Lebewesen untereinander, sodass die schlecht Angepassten automatisch ausselektiert werden, d.h. sie können sich schlechter fortpflanzen und ihre Erbanlage geht verloren. Intelligenz hingegen ist keine Grundlage der Selektionstheorie, sondern lediglich ein positives Selektionsmerkmal. Genau wie körperliche Fitness oder Widerstandsfähigkeit bringt sie einen Vorteil zur Reproduktion gegenüber der Konkurrenz.

183. **Lösung (E).** Die Evolution basiert auf mehreren Faktoren. Grundlegend ist die genetische Variabilität, die auf Mutationen basiert. Hierdurch entstehen unterschiedliche Individuen, von denen die am besten Angepassten selektiert werden. Das heißt sie können überleben, sich fortpflanzen und so ihr Erbgut weitergeben. Schlecht Angepasste hingegen sind nicht in der Lage zu überleben, konkurrenzfähig zu bleiben und sich fortzupflanzen. Ihr Erbgut geht verloren – sie werden ausselektiert. Auch die Isolation bestimmt die Evolution. Wurde eine Art zum Beispiel durch Verschiebung der Kontinente getrennt, entwickeln sich die jeweiligen Populationen auf unterschiedliche Weisen weiter. Der Zufall ist ebenfalls eine treibende Kraft der Evolution. Durch zufällige Ereignisse, wie z.B. einen Vulkanausbruch, kommen sowohl gut als auch schlecht angepasste Individuen ums Leben. Bei kleinen Populationen sorgt dies für eine erhebliche Einschränkung der Variabilität. In den nachfolgenden Generationen können sich nun ganz andere Merkmale durchsetzen. So können beispielsweise neue Lebensräume erobert werden (Gründereffekt).

184. **Lösung (A).** Charles Darwin veröffentlichte 1859 nach 20 Jahren Forschung sein Buch „On the Origin of Species" (dt. „Über die Entstehung der Arten"), in dem er die Evolutionstheorie postulierte. Begonnen hatte er seine Theorien bei einer Weltreise mit der HMS Beagle. Auf der Reise entdeckte er unter anderem die unterschiedlichen Finken auf den Galapagos-Inseln, die heute als Darwin-Finken bekannt sind. Nachdem Darwin zunächst in der religiös geprägten Zeit für sein Buch geächtet wurde, ist es heute die fast unverändert gültige Grundlage der Evolutionsbiologie.

185. **Lösung (A).** Darwins Evolutionstheorie stützt sich auf das Vorhandensein einer natürlichen Selektion, bzw. dem „survival of the fittest". Demnach überleben die am besten angepassten Individuen. Weil sie konkurrenzfähiger sind, können sie sich besser fortpflanzen und so ihre

Merkmale an ihre Nachkommen vererben. Für die Evolution wirksam sind allerdings nur solche Merkmale, die vererbbar sind, also keine erworbenen Eigenschaften.

Wichtig dafür ist die genetische Variabilität, dass also zufällig neue Merkmale durch Rekombination und Mutation im Erbgut auftreten. Dadurch gibt es viele unterschiedliche Individuen. Da eine Überproduktion von Nachkommen vorherrscht, stehen diese immer in Konkurrenz zueinander – einem ständigen Wettbewerb um lebenswichtige Ressourcen, den der am besten Angepasste gewinnt. Auf lange Sicht gesehen hat die Selektion von Organismen, die besser angepasst sind, zur Entwicklung immer komplexerer Merkmale geführt (Höherentwicklung). So kamen große strukturelle Veränderungen zustanden, z.B. wurden Einzeller zu Mehrzellern (Bauplan-Transformation).

186. **Lösung (E).** Die biologische Fitness ist ein Konzept der Selektionstheorie. Sie hat nichts zu tun mit der umgangssprachlichen körperlichen Fitness, mit der man im Alltag leistungsfähiger und belastbarer ist. Die Fitness im biologischen Sinne definiert sich als Überlebens-, Konkurrenz- und Fortpflanzungsfähigkeit. Sie ist ein Maß der Angepasstheit, denn nur ein an seine Umgebung angepasstes Individuum findet beispielsweise genügend Nahrung um zu überleben, kann dadurch konkurrieren und sich fortpflanzen. Nach dem Prinzip „survival of the fittest" setzen sich Individuen mit der höchsten Fitness durch und geben ihr Erbgut weiter. Dabei spielt nicht unbedingt die Stärke eine Rolle, sondern die Angepasstheit aller Merkmale an Umweltfaktoren.

Eine erfolgreiche Anpassung spiegelt sich nicht in der Anzahl der Nachkommen wider, sondern wiederum in ihrer biologischen Fitness.

187. **Lösung (B).** Das morphologische Artkonzept unterscheidet Organismen anhand von wesentlichen Merkmalen, z.B. ist ein Hund morphologisch abgrenzbar von einer Katze. Ein Dalmatiner stimmt jedoch mit einem Labrador in den wesentlichen Merkmalen überein, sie gehören beide der Spezies Hund an.

Der biologische Artbegriff unterscheidet Organismen anhand ihrer Fähigkeit, gemeinsam lebensfähige und fruchtbare Nachkommen zu zeugen. So lässt sich zwar eine Pferdestute mit einem Eselhengst kreuzen, das daraus entstehende Maultier ist jedoch unfruchtbar.
Der ökologische Artbegriff unterscheidet Organismen anhand der ökologischen Nischen, in der sie leben. Z.B. lebt ein Kamel unter den Bedingungen einer Wüste und ein Affe unter den Bedingungen eines Waldes.
Der genealogische Artbegriff unterscheidet Organismen anhand ihrer genetischen Geschichte. So ähneln sich Menschen und Affen in ihrer Genstruktur.

188. **Lösung (A).** Das biologische Artkonzept fasst Individuen anhand ihrer reproduktiven Fähigkeit zusammen. Dazu muss eine Fortpflanzung unter den gegebenen Bedingungen möglich sein, die Nachkommen müssen überlebensfähig und selbst fruchtbar sein.

Reproduktive Isolation entsteht durch mechanische Hindernisse, räumliche Trennung, aber auch Unfruchtbarkeit der Nachkommen. Zum Beispiel kann eine Pferdestute mit einem Eselhengst gekreuzt werden, das daraus entstehende Maultier ist jedoch unfruchtbar. Pferd und

Esel können deshalb nicht derselben Art angehören.

189. **Lösung (A).** Die Definition passt zum biologischen Artbegriff, wonach Individuen zu einer Art zusammengefasst werden, die zusammen überlebensfähige, fruchtbare Nachkommen zeugen können. Das morphologische Artkonzept unterscheidet Organismen anhand von wesentlichen Merkmalen, z.B. ist ein Hund morphologisch abgrenzbar von einer Katze. Der ökologische Artbegriff hingegen unterscheidet Organismen anhand der ökologischen Nischen, in welchen sie leben. Der genealogische Artbegriff unterscheidet Organismen anhand ihrer genetischen Geschichte. So ähneln sich z.B. Menschen und Affen in ihrer Genstruktur.

190. **Lösung (D).** Evolutionsfaktoren, also treibende Kräfte für die Evolution, sind zum einen Rekombination und Mutation, die für die genetische Variabilität einer Population sorgen. Zum anderen kommt es durch Selektion zur natürlichen Auslese derjenigen Individuen, deren Erbgut ihnen eine gute Anpassung an ihre Umwelt erlaubt. Der Gendrift bringt den Zufall mit hinein. Werden z.B. bei einem Vulkanausbruch viele Organismen einer Population ausgelöscht, können sich danach neue Merkmale durchsetzen. Die Parthenogenese hingegen ist eine eingeschlechtliche Fortpflanzung. Die Nachkommen sind Klone ihrer Mutter. Demnach fehlen dieser Fortpflanzungsart die Grundlagen der Evolution.

191. **Lösung (D).** Durch Inselbildung und Kontinentaldrift kommt es im Laufe der Geschichte öfter zur Isolation von Organismen. Dadurch werden Teile einer Population abgetrennt und durchlaufen eine eigene Anpassung und Entwicklung. Voraussetzung dafür ist, dass der Genfluss zwischen den Populationen unterbunden ist. So können sich zwei neue Arten bilden (allopatrische Artbildung).

192. **Lösung (D).** Durch zufällige Ereignisse, wie z.B. einem Vulkanausbruch, werden sowohl gut als auch schlecht angepasste Individuen einer Population ausgelöscht. Besonders bei kleinen Populationen verändert sich dabei die Allelfrequenz stark. Anschließend können sich vorher unterrepräsentierte Merkmale durchsetzen (Gründereffekt). So können beispielsweise neue Lebensräume erobert werden und neue Arten entstehen. Diesen Evolutionsfaktor nennt man Gendrift.

193. **Lösung (B).** Rekombination beschreibt die Umverteilung genetischen Materials, also den Austausch von Allelen oder ganzen Chromosomen während der Meiose. Dadurch wird der Genpool zwar im Gegensatz zur Mutation nicht verändert, die vielen Kombinationsmöglichkeiten führen jedoch trotzdem zu einer größeren genetischen Variabilität. Es ergeben sich durch die Bildung von Keimzellen und ihrer Verschmelzung miteinander 35 Billionen Kombinationsmöglichkeiten. Zwei identische Nachkommen zu zeugen ist damit, abgesehen von eineiigen Zwillingen, unmöglich. Bei den eineiigen Zwillingen trennen sich die Organismen nach der Befruchtung und dementsprechend erst nach Ablauf der Rekombination. Bei Eukaryoten betrifft die Rekombination das gesamte Genom.

194. **Lösung (D).** Die Bergmann'sche Regel gründet auf der Beobachtung, dass innerhalb einer Art die Individuen in kälteren geographischen Gebieten größer sind als in warmen. Dieses Phäno-

men lässt sich dadurch erklären, dass ein größerer Körper relativ gesehen weniger Oberfläche hat als ein kleinerer. So verlieren z.B. die 120 cm großen Pinguine in der Antarktis weniger Wärme als die 50 cm großen Pinguine auf den Galapagos-Inseln. Die Regel ist auf gleichwarme Tiere anzuwenden, da diese auf eine solche Thermoregulierung über ihre Oberfläche angewiesen sind.

195. **Lösung (C).** In der Evolution entsteht kein perfekter Organismus, da jedes Individuum zahlreichen, teils widersprüchlichen Anforderungen ausgesetzt ist. Die Anpassung fördert so manchmal Merkmale, die für einen anderen Umweltfaktor nachteilig sind. Dies nennt man Kompromiss.

    Mit der Zeit hat sich das Merkmal der langen Stoßzähne in der natürlichen Selektion durchgesetzt, da das Elefantenjunge so besser verteidigt und damit die Weitergabe des Erbguts gesichert werden konnte. Die Länge der Stoßzähne war eine Anpassung an den Fressfeind. Mit den Wilderern kommt nun ein widersprüchlicher Umweltfaktor hinzu: Die Menschen sorgen dafür, dass Elefanten mit kürzeren Stoßzähnen eher überleben. Die Ausprägung der Stoßzähne – ob lang oder kurz – ist nun immer ein Kompromiss zwischen zwei bedrohenden Faktoren.

196. **Lösung (C).** Durch Zufall, wie z.B. einem Vulkanausbruch, werden Populationen dezimiert. Dabei kommen sowohl gut als auch schlecht angepasste Individuen um, so dass sich die Allelhäufigkeit zufällig und unabhängig von der natürlichen Selektion ändert. Dies fällt mehr ins Gewicht, je kleiner die Population ist. Nach dem Ereignis kann sich ein vorher selteneres Merkmal dann durchsetzen. So können z.B. neue Lebensräume erobert werden (Gründereffekt). Diesen Evolutionsfaktor nennt man Gendrift.

197. **Lösung (E).** Die genetische Variabilität entsteht durch verschiedene Mechanismen. Das Auftreten verschiedener Genvarianten innerhalb einer Population wird als Polymorphismus bezeichnet. Z.B. sorgen Mutationen für eine Veränderung des Erbguts. Sie können positive oder negative Effekte für das Individuum haben oder aber sich neutral auswirken (neutrale Mutation). Zum Teil entstehen dabei neue Allele. Durch sexuelle Rekombination wird das Erbgut zwar nicht verändert, jedoch während der Meiose neu durchmischt. Durch die große Zahl an möglichen Kombinationen sorgt sie dafür, dass kein Organismus dem anderen gleicht.

    Auch der Heterozygotenvorteil erhöht die Variation. Damit ist gemeint, dass es für einige Allelpaare nützlicher ist homozygot als heterozygot zu sein. Bekanntestes Beispiel dafür ist die Sichelzellanämie: Homozygote Träger erkranken schwer und haben einen Nachteil in der Reproduktion. Heterozygote Träger hingegen weisen bessere Überlebenschancen für Malaria auf und erhöhen somit ihre Reproduktivität.

198. **Lösung (C).** Als Gendrift bezeichnet man die Verminderung der Allelfrequenz durch ein zufälliges Ereignis, wie z.B. einem Vulkanausbruch. Durch Dezimierung der Population verändert sich zufällig die Zusammensetzung des Genpools. Dies fällt umso mehr ins Gewicht, je kleiner die betroffene Population ist. Durch das Ereignis kommen sowohl gut als auch schlecht angepasste Organismen ums Leben, also gänzlich unabhängig von ihrer Fitness. Da sich nach dem Ereignis seltenere Merkmale plötzlich durchsetzen können, trägt der Gendrift zur Eroberung

neuer Lebensräume und zur Artbildung bei (Gründereffekt). Gendrift, Genshift (der zufällige Austausch ganzer Gensegmente) und die natürliche Selektion sind Evolutionsfaktoren, die unabhängig voneinander gleichzeitig wirken können. Allerdings verringern Gendrift und Genshift auch die genetische Vielfalt einer Population. Bei einer starken Verringerung (Flaschenhalseffekt) kann sich die Population schlechter an veränderte Bedingungen anpassen und stirbt gegebenenfalls aus.

199. **Lösung (E).** Der Begriff Mutation beschreibt die Veränderung des Erbguts, die entweder spontan oder durch Einwirkung äußerer Faktoren, sogenannten Mutagenen, entsteht. Abspielen kann sich eine Veränderung auf Gen-, Chromosomen- oder Genomebene. Eine Mutation kann sich in einer Änderung des Phänotyps widerspiegeln, muss sie aber nicht zwingend (stille Mutation). Neu gewonnene Merkmale können sowohl positive Effekte (z.B. eine bessere Anpassung an Umweltfaktoren) als auch negative Folgen (z.B. eine Krankheit) haben. Mit neutraler Mutation ist gemeint, dass der Phänotyp verändert wird, sich dies aber weder positiv noch negativ auf den Organismus auswirkt. Unterteilt werden die Mutationen u.a. nach ihrer Erblichkeit. Keimbahnmutationen betreffen Eizellen, Spermien und ihre Vorläufer. Sie haben auf den Organismus keine Auswirkung, jedoch auf dessen Nachkommen. Im Gegensatz dazu betreffen somatische Mutationen die nichtgeschlechtlichen Zellen. Damit wirken sie sich auf den Organismus aus, haben jedoch keinen Einfluss auf die Nachkommen.

200. **Lösung (E).** Es gibt verschiedene Umweltfaktoren, die Mutationen auslösen können. Sie werden Mutagene genannt und besitzen die Fähigkeit, Gene zu verändern. Zu den Mutagenen gehören physikalische Faktoren, wie Temperaturschocks oder radioaktive Strahlung. Auch kurzwelliges UV-Licht wirkt mutagen, was z.B. zu Hautkrebs nach langem Sonnenbaden führen kann. Zudem gibt es mutagene Chemikalien, wie Nitrosamine und Arsensäure. Asbest beispielsweise war früher sehr beliebt in der Industrie und ist heute aufgrund seiner gesundheitsschädigenden Wirkung verboten. Ultraschall hingegen ist daran unbeteiligt.

201. **Lösung (B).** Genetische Variabilität wird auf Ebene einer Population betrachtet und bestimmt ihre Chancen auf Fortbestand.

202. **Lösung (C).** Genetische Rekombination bezeichnet die Umsortierung von Allelen während der Meiose. Anders als bei der Mutation wird das Erbgut hierdurch nicht verändert. Da es jedoch 35 Billionen verschiedene Kombinationsmöglichkeiten gibt, trägt dieser Mechanismus maßgeblich zur genetischen Variabilität in einer Population bei. Faktoren, die zu einer Rekombination führen, sind die zufällige Verteilung der väterlichen und mütterlichen Chromosomen, das Crossing-over während der Meiose, Mutationen, Duplikationen und Gendrift.

203. **Lösung (D).** Genetische Rekombination bezeichnet die Umsortierung von Allelen. Anders als bei der Mutation wird das Erbgut hierdurch nicht verändert. Es gibt verschiedene Vorgänge, die zur Umverteilung führen. Z.B. werden bei dem Zusammentreffen der Keimzellen bei der Befruchtung zufällig väterliche und mütterliche Chromosomen durchmischt. Bei der Meiose werden die jeweiligen Schwesterchromatiden zufällig auf die Tochterzellen verteilt. Umwelt-

einflüsse können auf diesen Prozess keinen direkten Einfluss nehmen.

Die ungeschlechtliche Fortpflanzung und auch das Klonen entziehen sich einer Rekombination. Zusammen mit der Entstehung eineiiger Zwillinge sind sie die einzigen Möglichkeiten, zwei genetisch identische Organismen zu erzeugen.

204. **Lösung (D).** „Homo sapiens" (lat. einsichtsfähiger/weiser Mensch) gehört zur Familie der Menschenaffen (Hominidae) und bezeichnet den heutigen modernen Menschen. Er ist vermutlich direkter Nachfahre des „Homo erectus" (Frühmensch). „Homo" bezeichnet die Gattung und „sapiens" die Art.

205. **Lösung (B).** Die taxonomische Klasse des Menschen lautet Säugetier. Chordatier wäre sein Stamm, Landlebewesen seine Reihe und Primat seine Ordnung.

206. **Lösung (A).** Die korrekte taxonomische Systematik für den Menschen lautet:
Reich: Tiere, Stamm: Chordatiere, Klasse: Säugetiere, Ordnung: Primaten, Familie: Menschenaffen, Gattung: Menschen, Art: sapiens.

207. **Lösung (C).** Bereits der Homo habilis (Urmensch) ernährte sich als erster Jäger und Sammler von Beutetieren, Pflanzen und Insekten. Dazu baute er einfache Steingeräte, die als erste zweckorientierte Werkzeuge dienten. Seine Ernährung und soziale Interaktion waren wichtige Faktoren für seine Entwicklung. So entstand vor fast zwei Millionen Jahren sein Nachfolger, der Homo erectus (Frühmensch). Eine Zeit lang lebte der Homo erectus parallel mit dem Homo habilis und dessen Vorgänger, dem Australopithecus (Vormensch) auf der Erde.

12.6 ÖKOLOGISCHE ASPEKTE

208. **Lösung (C).** Als Symbiose bezeichnet man eine Wechselbeziehung zwischen zwei Organismen, die für beide von Vorteil ist. Ein Beispiel dafür ist der Putzerfisch: Er ernährt sich von Verunreinigungen und Parasiten auf der Haut von großen Raubfischen. Die Raubfische werden dabei gereinigt und verschonen deshalb ihre kleinen Begleiter.

209. **Lösung (D).** Joel Asaph Allen postulierte, dass bei gleichwarmen Tieren die Körperanhänge (Extremitäten, Schwanz, Ohren, etc.) kleiner sind, je kälter ihr Lebensraum ist. Der Grund dafür liegt darin, dass über eine größere Oberfläche mehr Wärme verloren geht als über eine kleinere. Für Tiere in kalten Regionen ist es überlebenswichtig möglichst wenig Wärme zu verlieren. Andersherum schützen sich Tiere in heißen Regionen mit dem Verlust von Wärme über ihre Körperanhänge vor Überhitzung. Bekanntes Beispiel dafür sind Luchse: Der Wüstenluchs kommt vor allem in Afrika vor und hat wesentlich größere Ohren als der eurasische Luchs, der in Tundren lebt.

Zu beachten ist, dass bei der komplementierenden Bergmann'schen Regel der Zusammenhang andersherum besteht: je kälter der Lebensraum, desto größer der Körper. Dies liegt daran, dass es um die Relation von Körperoberfläche zu Volumen geht. Bei einem großen Körper gibt es weniger Oberfläche im Verhältnis zum Volumen und es geht wiederum weniger Wärme verloren.

210. **Lösung (B).** Abiotische Faktoren sind die unbelebten Lebensumstände eines Organismus. Dazu zählen beispielsweise Temperatur (Wärme und Kälte), Feuchtigkeit, Wasser, Wind und Licht. Parasitismus ist ein Faktor der belebten Umwelt und wird deshalb als biotisch bezeichnet.

211. **Lösung (A).** Biotische Faktoren sind die belebten Lebensumstände eines Organismus. Dazu gehören Beutetiere, Sexualpartner, Konkurrenten, Parasiten und Fressfeinde, wie z.B. Raubtiere. Der pH-Wert hingegen ist unbelebt und gehört deshalb zu den abiotischen Faktoren.

212. **Lösung (B).** Das Pflanzenwachstum ist von einigen abiotischen Faktoren abhängig. Zum einen brauchen Pflanzen Licht, über das sie durch Fotosynthese ihren Energiebedarf decken. Außerdem brauchen sie, je nach ihrer Angepasstheit, eine bestimmte Temperatur. Der pH-Wert ist ebenso wichtig, da z.B. Pflanzen bei einer Versauerung von Böden absterben können. Bekanntermaßen brauchen Pflanzen auch Wasser, welches ebenfalls zur Fotosynthese herangezogen wird. Auch mineralische Nährelemente sind ein wichtiger Wachstumsfaktor und beeinflussen den Ertrag.

213. **Lösung (C).** Die Populationsdichte wird von abiotischen und biotischen Umweltfaktoren begrenzt. Dazu gehören zum einen Ressourcen wie z.B. Nahrung: Wird die Dichte einer Population mit gleichen Nahrungsgewohnheiten zu groß, wird auch die Konkurrenz größer und Individuen sterben an Nahrungsmangel. Umweltkapazität bezeichnet die maximale Anzahl an Individuen, für die ein Lebensraum überhaupt geeignet ist. Da manche Ressourcen begrenzt sind, ist auch die Kapazität begrenzt.
Ein anderer Faktor ist sozialer Stress. Darunter versteht man Komplikationen innerhalb des Zusammenlebens, wie z.B. Aggression und Gedränge. Sozialer Stress kann die Fruchtbarkeit verringern und so das Populationswachstum begrenzen. Auch Krankheiten und Parasiten können dazu beitragen. Auf engem, dicht besiedeltem Raum können sie sich gut ausbreiten und zum Tod vieler Individuen führen.

214. **Lösung (D).** Die Beschreibung ist die Definition einer Population. Als Habitat wird in der Biologie ein Lebensraum bezeichnet. Spezies und Art sind Synonyme und stellen eine Unterteilung von Lebewesen nach verschiedenen (z.B. morphologischen, biologischen oder genealogischen) Konzepten dar. Phytozoenosen sind Gemeinschaften von Pflanzen.

215. **Lösung (C).** Das Konkurrenzausschlussprinzip besagt, dass zwei Arten mit den gleichen ökologischen Ansprüchen (ökologische Nische) nicht im gleichen Biotop nebeneinander existieren können. Dies begründet sich darauf, dass Organismen mit den gleichen Ansprüchen, z.B. in Bezug auf Nahrung, in einem gemeinsamen Biotop miteinander in Konkurrenz treten müssen. Dabei setzt sich die konkurrenzstärkere Art langfristig durch und die jeweils andere Art stirbt aus. Letzteres kann nur durch Konkurrenzvermeidung verhindert werden: Die kon-

kurrenzschwächere Art weicht in einen anderen Lebensraum aus oder passt ihre Nahrungsgewohnheiten an.

216. **Lösung (C).** Der Toleranzbereich bezeichnet den Schwankungsbereich eines Umweltfaktors, in dem ein Organismus überleben kann. Dabei sind nicht nur chemische Faktoren wichtig, sondern z.B. auch Temperaturen. Für verschiedene Arten und verschiedene Umweltfaktoren kann der Toleranzbereich sehr unterschiedlich sein. Wenn man die Intensität eines Umweltfaktors gegen den Lebensvorgang aufträgt, erhält man eine Toleranzkurve. Sie wird begrenzt von Minimum und Maximum. Oberhalb, bzw. unterhalb dieses Wertes kann ein Individuum nicht überleben. Weiterhin lässt sich ein Optimum ablesen – der Wert, bei dem das Individuum am besten leben und sich am stärksten fortpflanzen kann. Der Bereich um das Optimum herum wird vom Individuum bevorzugt und heißt deswegen auch Präferendum. Das Pessimum hingegen befindet sich in der Nähe von Maximum und Minimum: In diesen Bereichen kann der Organismus gerade noch überleben, aber sich nicht fortpflanzen.
Die ökologische Potenz beschreibt die Intensität eines Umweltfaktors, in der sich ein Organismus fortpflanzen, bewegen und entwickeln kann. In der Toleranzkurve bildet die ökologische Potenz die gesamte Toleranz abzüglich der Pessima bei Maximum und Minimum.

217. **Lösung (C).** Zwischen Räubern und ihrer Beute entwickelt sich eine Dynamik, die von Lotka und Volterra beschrieben wurde. Grundlage dieser Dynamik ist nicht die Jahreszeit, sondern die Tatsache, dass bei einer großen Zahl an Beutetieren die Zahl an Räubern durch das Nahrungsangebot steigen kann. Die vielen heranwachsenden Räuber reißen jedoch so viele Beutetiere, dass diese Population wieder sinkt. Aufgrund von Nahrungsmangel sinkt dann zeitlich versetzt dazu auch wieder die Zahl der Räuber. Bei wenig lebenden Räubern kann sich die Beutetierpopulation wieder erholen und der Zyklus beginnt von vorne.
Lotka und Volterra haben diese Beobachtung in Form von Regeln festgehalten. Solange kein äußerer Faktor einwirkt, schwanken die beiden Populationen periodisch um einen Mittelwert herum und bleiben über längere Zeiträume betrachtet relativ konstant. Die daraus entstehenden Kurven sind phasenverschoben. Sterben durch äußere Faktoren sowohl Räuber als auch Beutetiere, erholt sich die Population der Beutetiere zuerst davon.

218. **Lösung (C).** Der Nahrungskreislauf im See beginnt mit dem Produzenten. Der Produzent ist autotroph, d.h. er produziert seine Energie selbst. Dazu gehört z.B. das Phytoplankton. Zooplankton hingegen betreibt keine Photosynthese, sondern ernährt sich von Phytoplankton. Das macht es zum Konsumenten erster Ordnung. Friedfische ernähren sich nicht von anderen Fischen sondern von Zooplankton. Sie sind Konsumenten zweiter Ordnung. Raubfische hingegen ernähren sich als Konsumenten dritter Ordnung von kleineren Fischen.

219. **Lösung (D).** Die Winterstagnation kommt durch eine Abnahme der Temperatur zustande. Wegen der Dichteanomalie des Wassers bildet sich eine Schicht aus Oberflächenwasser (<4°C) und eine Schicht aus tiefem Wasser (>4°C). Dies verhindert eine Durchmischung des Wassers. Bildet sich eine geschlossene Eisdecke, wird dieser Effekt verstärkt.

220. **Lösung (B).** Die Wachstumsrate einer Population lässt sich vereinfacht ausdrücken als Differenz zwischen Geburtenrate und Sterberate.

221. **Lösung (E).** Die Gewässergüte wird genutzt, um Gewässer qualitativ zu beurteilen. Dabei werden Kennzeichen hinzugezogen, die auf den Grad der organischen Belastung hinweisen. Dazu zählen chemische Parameter, wie der Sauerstoffgehalt, Stickstoffgehalt und pH-Wert. Auch die Temperatur spielt eine wichtige Rolle, da sie alle Lebewesen und Gasaustauschvorgänge beeinflusst. Im Rahmen des sogenannten Saprobienindex werden vor allem Mikroorganismen zur Beurteilung herangezogen. Der Fischbestand hingegen dient primär nicht der Klassifizierung.

222. **Lösung (E).** Der See wird unterteilt in verschiedene Schichten. Die Freiwasserschicht (Pelagial) ist die oberste Schicht, sie reicht bis zum Ufer und ist lichtdurchflutet. Die direkt darunter liegende Nährschicht (Epilimnion) erhält noch genügend Licht, um Phytoplankton zu beherbergen. Zudem finden sich hier Zooplankton und Destruenten vor. Da jedoch mehr Substrate durch Fotosynthese produziert als durch Organismen verbraucht werden, ist die Energiebilanz dieser Schicht positiv. Die Kompensationsschicht (Metalimnion) ist die Grenze zwischen der Nähr- und der Zehrschicht. In der Zehrschicht (Hypolimnion) kommt nicht genügend Licht an, um Fotosynthese zu ermöglichen. Hier werden durch heterotrophe Organismen mehr Substrate verbraucht, als durch Phytoplankton produziert wird. Die Energiebilanz dieser Schicht ist also negativ und die Organismen ernähren sich hauptsächlich von herabsinkenden Substraten aus der Nährschicht.

223. **Lösung (E).** Zur Enthärtung des Wassers werden in manchen Waschmitteln Phosphate eingesetzt. Diese sind allerdings auch vielgenutzte Düngemittel. Gelangen sie in Flüsse oder Seen, führen sie zu einem übermäßigen Wachstum von Pflanzen und Algen, was das sensible ökologische Gleichgewicht stört. Der Zusatz von Phosphaten wird zumindest in Europa immer stärker verboten.

224. **Lösung (D).** Destruenten spielen die Rolle des Recyclers im Kreislauf eines Ökosystems. Zu ihnen gehören beispielsweise Regenwürmer, Bakterien und Pilze. Als letztes Glied der Nahrungskette zersetzen sie anfallendes organisches Material, wie z.B. Exkremente und tote Organismen. Dabei wird das Material zu anorganischen Verbindungen umgebaut (mineralisiert), welche den Produzenten (z.B. Pflanzen) zum Aufbau neuer Biomasse zur Verfügung gestellt werden können, von der sich wiederum die Konsumenten ernähren können. Mit ihnen schließt sich also der Materiekreislauf.

225. **Lösung (B).** Im Wasserkreislauf spielen die Meere die größte Rolle, da sie fast drei Viertel der Erdoberfläche bedecken. In Form von Luftfeuchtigkeit geht von der Wasseroberfläche das Wasser durch Verdunstung in die Atmosphäre über. Die treibende Kraft hierfür ist die Sonnenstrahlung.
Auch in Gebirgen, Wäldern, Grasland und kleineren Gewässern verdunstet Wasser, jedoch in weit geringerer Menge als aus den Ozeanen.

226. **Lösung (B).** Die meisten Ökosysteme sind so komplex und sensibel, dass sie nicht künstlich ersetzt werden können. Es gibt auf der Erde keine Landschaft mehr, die nicht vom Menschen durch Besiedelung, Nutzung oder Schadstoffemission beeinflusst wurde. Um einen Verlust von Ökosystemen zu vermeiden und um die Artenvielfalt zu erhalten, ist ein intensiver Umwelt- und Naturschutz nötig.

12.7 DER KÖRPER DES MENSCHEN – GRUNDLAGEN

227. **Lösung (E).** Es gibt kein mehrreihig verhorntes Flimmerepithel, da Flimmerhaare auf unverhorntem Grund stehen. Einschichtig kubisches Epithel kommt z.B. im Epithel der Nierenkanälchen vor, mehrschichtig verhorntes Plattenepithel findet sich in der Epidermis der Haut, einschichtiges Plattenepithel kommt im Blutgefäßendothel vor, Urothel kleidet z.B. das Epithel der Harnblase aus.

228. **Lösung (A).** Muskulatur wird anhand ihres Aussehens unter einem Lichtmikroskop und ihrer Funktion unterschieden. Es gibt die Übergruppe der quergestreiften Muskulatur, zu der die Skelettmuskulatur (oder Bewegungsmuskulatur) und die Herzmuskulatur gezählt werden. Die Herzmuskulatur bildet eine eigene Untergruppe, da sie ein eigenes Reizleitungssystem besitzt. Die glatte Muskulatur bildet die zweite große Gruppe des Muskeltypen. Sie ist nicht willkürlich steuerbar und kommt vornehmlich in den Wänden aller Hohlorgane (zB. Darm, Atemwege, Blutgefäße) vor.

229. **Lösung (E).** Neben den genannten Funktionen: Bindefunktion, Stoffwechselfunktion, Kontrolle des Wasserhaushalts, Wundheilung und Immunabwehr hat das Binde- und Stützgewebe auch eine Speicherfunktion z.B. von Kalorien im Fettgewebe inne.

230. **Lösung (C).** Man unterscheidet zwischen Bindegewebe, zudem auch das Fettgewebe gezählt wird, und Stützgewebe, zu dem Knochen und Knorpel gehören. Blut ist kein Binde- oder Stützgewebe.

231. **Lösung (B).** Epithelien haben keine Blutgefäße, da Sie vom darunter liegenden Bindegewebe per Diffusion versorgt werden (I.), sie besitzen Haftkomplexe (tight junctions bei einschichtigem Epithel), um sich seitlich miteinander zu verbinden und den Interzellulärspalt abzudichten. Alle anderen Antworten treffen ebenso zu.

232. **Lösung (E).** Je nach Ort und Aufgabe übernehmen Epithelien all diese Funktionen.

233. **Lösung (E).** Apokrine Sekretion oder Apozytose beschreibt die Abgabe von Sekret gemeinsam mit dem apikalen Teil der Zellmembran, beispielsweise in der Milchdrüse der Mamma. Die holokrine Sekretion beschreibt einen Vorgang, bei dem die gesamte Zelle zerfällt, um Ihr Sekret freizusetzen, v.a. bei Talgdrüsen. Im Gegensatz dazu gehen bei der merokrinen (und auch ekkrinen) Sekretion kaum Zytoplasma- oder Zellmembranbestandteile der Zelle verlo-

ren. Bei der ekkrinen Sekretion kommt es zur Exozytose, dem Verschmelzen von intrazellulären Sekretvesikeln mit der Zellmembran, bei dem das Sekret ausgeschieden wird.

234. **Lösung (B).** Die Herzmuskulatur wird, neben der Skelettmuskulatur und der glatten Muskulatur, als eigenständiger Muskulaturtyp begriffen. Sie hat Eigenschaften der glatten Muskulatur (z.B. mittelständige Zellkerne) und der Skelettmuskulatur. Zusammen mit der Skelettmuskulatur wird sie als quergestreifte Muskulatur bezeichnet, da sie im Mikroskop eine charakteristische Streifung aufweist. Längsgestreifte Muskulatur gibt es nicht.

235. **Lösung (B).**

236. **Lösung (A).** Die Epidermis ist das Oberhautgewebe. Es ist mehrschichtig verhornend und setzt sich von basal nach apikal aus folgenden Schichten (strata) zusammen: Stratum basale, Stratum spinosum, Stratum granulosum, Stratum lucidum, Stratum corneum. Mehrreihig prismatisches Epithel gibt es beispielsweise in der Trachea (=Luftröhre).

237. **Lösung (C).** Stütz- und Stoffwechselfunktionen werden unter anderem vom Stütz-und Bindegewebe übernommen, zu dem auch das Fettgewebe gehört (Stoffwechsel).

238. **Lösung (B).** Die Haut ist ein Organ und keine Gewebeart. Sie besteht aus Epithelien (Epidermis) und Bindegewebe (Dermis und Subkutis) sowie Hautanhangsgebilden.

239. **Lösung (C).** Die Epidermis (=Oberhaut) besteht im Gegensatz zu allen anderen Antwortmöglichkeiten aus mehrschichtig verhornendem Plattenepithel.

240. **Lösung (D).** Die Speiseröhre (=Ösophagus) ist von mehrschichtig unverhorntem Plattenepithel ausgekleidet.
241. **Lösung (A).** Hämoglobin wird als roter Blutfarbstoff, Myoglobin als roter Muskelfarbstoff bezeichnet. Myoglobin hat eine ca. 6-fach höhere Sauerstoff-Affinität als Hämoglobin. Es übernimmt den Sauerstoff aus dem Blut vom Hämoglobin und gibt ihn an die Muskelzelle weiter.

242. **Lösung (C).** Der Magen befindet sich links unter dem Zwerchfell in der Bauchhöhle (Peritoneum).

243. **Lösung (C).** Die Gallenblase speichert die von den in der Leber gelegenen Gallegängen sezernierte Gallenflüssigkeit. Nach der Nahrungsaufnahme werden selbige freigesetzt und helfen beispielsweise bei der Verdauung von Fetten.

244. **Lösung (B).** Auf den Zwölffingerdarm (=Duodenum) folgen Leerdarm (=Jejunum) und Krummdarm (=Ileum). Zusammen bilden sie den Dünndarm. Der Blinddarm (=Caecum) ist der proximal gelegenste Teil des Dickdarms (=Colon).

245. **Lösung (E).** Die Leber ist ein Stoffwechselorgan mit vielen Aufgaben. Die in ihren Gallengän-

gen gebildete Gallenflüssigkeit wird allerdings in der Gallenblase gespeichert.

246. **Lösung (D).**

247. **Lösung (E).** Der Speisebrei wird durch Magenkontraktion durchmischt und anschließend über den Magenpförtner (Pylorus) portionsweise an den Zwölffingerdarm (Duodenum) abgegeben. Von dort wird die aufgenommene, zerkleinerte Nahrung durch peristaltische Wellen entlang des Darms transportiert und verdaut. Die Pfortader sammelt das nährstoffreiche Blut aus den unpaaren Bauchorganen (Magen, Dünndarm, Dickdarm, Teile des Mastdarms, Bauchspeicheldrüse, Milz) und führt es der Leber zu.

248. **Lösung (E).**

249. **Lösung (D).** Auf den Zwölffingerdarm (=Duodenum) folgen Leerdarm (=Jejunum) und Krummdarm (=Ileum). Zusammen bilden sie den Dünndarm. Der Blinddarm (=Coecum) ist der proximal gelegenste Teil des Dickdarms (=Colon).

250. **Lösung (C).**

251. **Lösung (A).** Die Oberflächenstruktur des Dünndarms setzt sich aus Falten, Zotten, Mikrovilli und Krypten zusammen, die die Oberfläche enorm vergrößern. Daher hat der Dünndarm letztendlich eine Resorptionsoberfläche von rund 180 m². Im Gegensatz dazu weißt der Dickdarm als spezifisches Merkmal keine Zotten und nur tiefe Krypten auf, dessen Zellen Gleitschleim produzieren und Wasser resorbieren, um den Stuhl einzudicken.

252. **Lösung (C).** Die Pulmonalklappe befindet sich am Ausgang des rechten Ventrikels (Kammer), die Aortenklappe am Ausgang des linken; die Trikuspidalklappe befindet sich zwischen dem rechten Atrium (Vorhof) und dem rechten Ventrikel, die Mitral- oder Bikuspidalklappe zwischen dem linken Atrium und Ventrikel. Eine Ventralklappe gibt es nicht.

253. **Lösung (C).** Beachte, dass die Taschenklappen (Aorten- und Pulmonalklappe) am Ausgang der Ventrikel und nicht zwischen Atrium und Ventrikel liegen. Zwischen Atrium und Ventrikel liegen die sog. Segelklappen: Die Bikuspidalklappe mit ihren zwei Segeln im linken, die Trikuspidalklappe mit ihren drei Segeln im rechten Herz. Das linke und rechte Herz pumpen das gleiche Volumen pro Herzschlag, allerdings sind die Druckverhältnisse unterschiedlich. Der Blutdruck ist im Lungenkreislauf (20/8 mmHg) deutlich niedriger als im Blutkreislauf (120/80 mmHg).

254. **Lösung (B).** Rechtes und linkes Herz sind ähnlich strukturiert und einfach hintereinander geschaltet. Die Körpervenen erreichen das rechte Herz, durchlaufen Atrium, Segelklappen und Ventrikel und werden über die Pulmonalklappe in die Lungenarterien gepumpt. In der Lunge wird das Blut oxygeniert (= mit Sauerstoff angereichert) und fließt über die Lungenvenen zum linken Herzen, wo es erneut Vorhof und Kammer durchläuft, um über die Aortenklappe in den Körperkreislauf gepumpt zu werden.

255. **Lösung (E).** Arterielles Blut ist ein Synonym für sauerstoffreiches, venöses Blut ein Synonym für sauerstoffarmes Blut. Die einzigen Außnahmen sind der Truncus pulmonalis, der aus der rechten Kammer entspringt und sauerstoffarme Blut führt und die Lungenvenen, die in den linken Vorhof münden und sauerstoffreiche Blut führen. Das Herz führt natürlich auch arterielles Blut, schließlich muss es den Körper mit Sauerstoff versorgen.

256. **Lösung (E).** Venen fließen zum Herzen hin, Arterien vom Herzen weg. Die Venen des Körperkreislaufes transportieren sauerstoffarmes – der Sauerstoff wurde in der Peripherie des Körpers verbraucht – und die Arterien in der Lunge mit Sauerstoff angereichertes Blut. Für den Lungenkreislauf hingegen verhält es sich genau umgekehrt. Die Lungenarterien, die aus dem rechten Herzen gespeist werden, transportieren sauerstoffarmes Blut, das in der Lunge oxygeniert wird, und dann über die Lungenvene in den linken Vorhof gelangt. Daher ist das Blut in den Lungenvenen sauerstoffarm.

257. **Lösung (E).** Die Aussagen (A) bis (D) sind korrekt. Die Aorta ist die Hauptschlagader und transportiert das sauerstoffreiche Blut der linken Herzkammer, die Klappenfunktion und die Lage der rechten Herzkammer ist richtig beschrieben. Allerdings heißen die Klappen zwischen Vorhof und Kammer Segelklappen.

258. **Lösung (D).** Arterien sind definiert als Gefäße, die vom Herzen weg, Venen als Gefäße, die zum Herzen hinführen. Antworten III. und IV. sind deshalb falsch, weil im Lungenkreislauf die Oxygenierung genau gegensätzlich ist: Hier transportieren die (Lungen-)Venen sauerstoffreiches und die (Lungen-)Arterien sauerstoffarmes Blut.

259. **Lösung (C).** Ein Thrombus bezeichnet ein Blutgerinnsel, ein Embolus ein Objekt, das ein Gefäß verlegt. Eine Ischämie ist eine minderdurchblutetes Areal, als Windkessel wird die Funktion der Aorta bezeichnet, das Blut, obwohl es vom linken Herzen im Schwall gepumpt wird, relativ gleichmäßig in den Körperkreislauf zu entlassen. Ein Aneurysma bezeichnet tatsächlich eine irreversible Aussackung eines Gefäßes.

260. **Lösung (E).** Die Gefäße des Körpers sind in folgender Reihenfolge hintereinander geschaltet: Arterien – Arteriolen – Kapillaren – Venolen – Venen. Kapillaren sind sehr fein verästelte arterielle und venöse Blutgefäße, die ein Netz, das sog. Kapillarnetz, bilden.

261. **Lösung (C).** Der normale Blutdruck liegt bei 120/80 mmHg und wird als normoton bezeichnet.

262. **Lösung (E).** Die Lunge besteht aus zwei Lungenflügeln (auch rechte und linke Lunge genannt). Die rechte Lunge hat drei Lappen (Ober-, Mittel- und Unterlappen), die linke nur zwei (Ober- und Unterlappen), da das Herz auf der linken Seite mehr Platz im Brustraum einnimmt. Bei der Einatmung dehnt sich der Thorax aus, das Zwerchfell kontrahiert sich. Dadurch dehnt sich die Lunge passiv mit und Luft strömt dem entstandenen Unterdruck nach in die Lunge. Die Lungensepten, die keine Muskeln enthalten, spielen bei der Einatmung (=Inspiration) keine Rolle.

263. Lösung (E).
Zu I.: Die oberen Atemwege sind der Mund- und Nasenraum bis zum Kehlkopf, die unteren, wie hier richtig benannt, Luftröhre und Lungen.
Zu II.: Die beiden Hauptbronchien, die aus der Luftröhre versorgen die linke und die rechte Lunge.
Zu III.: Man unterscheidet die äußere Atmung, die den Gasaustausch (Sauerstoff und Kohlendioxid) in der Lunge bezeichnet, von der inneren Atmung, der sog. Zellatmung.
Zu VI.: Die Bronchien oder auch das Bronchialsystem, sind die leitenden Luftwege der Lunge. Erst in den Lungenbläschen, den sog. Alveolen, findet der Gasaustausch zwischen Kohlenstoffdioxid und Sauerstoff statt.

264. Lösung (D). Gasaustausch bezeichnet den Vorgang bei dem Sauerstoff von der Atemluft ins Blut und Kohlendioxid vom Blut in die Ausatemluft gelangt. Mit dem Bronchialsystem werden die Luftwege in der Lunge zusammengefasst. Es lässt sich in einen konduktiven und einen respiratorischen Abschnitt einteilen.
Der luftleitende (konduktive) Teil ist allein für den Transport der ein- und ausgeatmeten Luft verantwortlich. Er zählt zum anatomischen Totraum des Bronchialsystems. Zu ihm gehören die Bronchien sowie die Bronchioli lobulares und terminales. Der respiratorische Abschnitt hingegen besteht aus den Bronchioli respiratorii und den Ductus alveolares mit Lungenbläschen (Alveolen). Er entspricht dem Anteil des Bronchialbaums, der am Gasaustausch beteiligt ist. Der alveoläre Gasaustausch erfolgt passiv über Diffusionsvorgänge durch die alveolokapilläre Membran sowie die Molekularbewegung in den Lungenbläschen.

265. Antwort (A). Als Meningen werden die Hirn- bzw. Rückenmarkshäute bezeichnet, die das Gehirn und das Rückenmark umgeben. Eine Entzündung bezeichnet man als Meningitis.

266. Lösung (C). Beachte, dass auch das Rückenmark von Meningen umgeben ist. Zwischen den Meningen und dem Rückenmark, genauer: im sog. Subarachnoidalraum, zirkuliert die Zerebrospinalflüssigkeit.

267. Lösung (D). Vereinfacht gesagt versetzt der Sympathikus den Körper in Alarmzustand, während der Parasympathikus in Ruhephasen überwiegt: ‚Fight or Flight' im Gegensatz zu ‚Rest and Digest'. Daraus lassen sich meist die Funktionen des Parasympathikus und Sympathikus gut ableiten. Der Sympathikus erweitert die Bronchien, damit der Körper mehr Sauerstoff zur Verfügung hat, führt zu einer verbesserten Durchblutung des Herzens, erhöht die Schweißsekretion und unterdrückt die Verdauung. Er führt außerdem zu einem erstaunten, aufgeregten Gesichtsausdruck, mit großen Pupillen. Im Gegensatz verengt der Parasympathikus die Pupillen.

268. Lösung (B). Tatsächlich überwiegt in Ruhephasen der Parasympathikus (‚Rest and Digest') während in Stressphasen der Sympathikus dominiert (‚Fight or Flight'). Die beiden sind funktionelle Antagonisten und nehmen ihren Ursprung wie oben beschrieben im Hirnstamm und Sakralmark bzw. im Brust- und Lendenmark.

269. **Lösung (C).** Das Gehirn hat unterschiedliche Anteile. Ein Intermediärhirn gibt es hingegen nicht.

270. **Lösung (E).** Die Ranvier'schen Schnürringe bezeichnen Stellen am Axon an denen die Myelin- oder auch Markscheide unterbrochen ist. Die saltatorische Erregungsleitung beruht auf einem Springen der Erregung von Schnürring zu Schnürring. Diese Art der Weiterleitung ist deutlich schneller als die kontinuierliche, in unmyelinisierten Nervenfasern stattfindende.

271. **Lösung (E).** Gliazellen sind nicht an der Erregungsweiterleitung beteiligte Zellen des Nervensystems. Sie haben vielfältige Funktionen. Alle genannten Funktionen gehören dazu.

272. **Lösung (B).** Ultrakurzzeitgedächtnis und sensorisches Gedächtnis werden synonym verwendet. In dieser Form des Gedächtnis werden über die Sinnesorgane aufgenommene Informationen für sehr kurze Zeit (teilweise nur Zehntelsekunden) gespeichert. Ein Bruchteil davon wird ins Kurzzeitgedächtnis überführt. Das Langzeitgedächtnis wiederum ist der Dauerspeicher des Gehirns. Ein endokrines Gedächtnis gibt es nicht.

273. **Antwort (A).** Das enterische Nervensystem durchzieht den gesamten Gastrointestinaltrakt. Hauptkomponenten sind der Plexus myentericus (Auerbach) und Plexus submucosus (Meissner). Es reguliert unter anderem Darmmotilität und Durchblutung.

274. **Lösung (D).** Afferenzen und Efferenzen sind hier treffend beschrieben. Allerdings verlaufen afferente und efferent Bahnen auf ihrem Weg zum Gehirn im Rückenmark, das schon als Teil des zentralen Nervensystems verstanden wird.

275. **Lösung (A).** Vereinfacht gesagt versetzt der Sympathikus den Körper in Alarmzustand, während der Parasympathikus in Ruhephasen überwiegt: ‚Fight or Flight' im Gegensatz zu ‚Rest and Digest'. Daraus lassen sich meist die Funktionen des Parasympathikus und Sympathikus gut ableiten. Der Parasympathikus führt zu einer Anregung der Verdauung, die mit erhöhter Speichelproduktion und vermehrter Drüsenaktivität einher geht; die Pupillen werden verengt (‚müde Augen'). Im Rahmen dessen führt der Parasympathikus allerdings zu einer Verringerung der Herzfrequenz.

276. **Lösung (D).** Das Kleinhirn hat vielfältige Aufgaben. Neben seinen motorischen Aufgaben (Muskelspannung, prozedurales Gedächtnis) spielt es eine wichtige Rolle in der Gleichgewichtsregulation. Im Rahmen dessen werden verschiedene Informationen wie visuelle Wahrnehmungen aber auch die Gelenkstellungen integriert. Für die Regulation der Atmung auf zentraler Ebene ist hingegen vor allem das Atemzentrum in der Medulla oblongata zuständig.

277. **Lösung (A).** Nervenzellen sind polar, weil sie funktionell und strukturell unterschiedliche Fortsätze haben, nämlich Dendriten und Axone. Unipolare Neurone haben nur ein Axon und kommen beispielsweise in der Retina vor, bipolare Neurone haben ein Axon und genau einen Dendrit, multipolare Neurone ein Axon und mehrere Dendriten, die Reize empfangen. Ein

Beispiel multipolarer Neurone sind die Purkinje-Zellen des Kleinhirns. Oligopolare Nervenzellen gibt es nicht.

278. **Lösung (E).** Die Spongiosa beschreibt die Substanz im Inneren des Knochens, die aus feinen Knochenbälkchen besteht, sie hat nichts mit einem Neuron zu tun.

279. **Lösung (E).** Aussage II. trifft deshalb nicht zu, weil Teile des peripheren Nervensystems auch motorisch wirken. So aktiviert beispielsweise der Parasympathikus den M. sphincter pupillae, was zu einer Verkleinerung der Pupille führt oder das enterische Nervensystem steuert die Darmmotilität. Alle anderen Aussagen treffen zu.

280. **Lösung (C).** An der neuromuskuläre Synapse, häufig als motorische Endplatte bezeichnet, wird auf den elektrischen Reiz des Aktionspotentials hin, Acetylcholin ausgeschüttet. Dieses bindet an Rezeptoren auf der Muskelzelle, die daraufhin aktiviert wird.

281. **Antwort (A).** Acetylcholin (ACh) ist ein Neurotransmitter des sympathischen und parasympathischen Nervensystems (präganglionär bei beiden und postganglionär beim Parasympathikus). Es wird aus dem synaptischen Spalt durch die ACh-Esterase (s. I.) abgebaut. Durch Hemmung der ACh-Esterase kommt es folglich zu einer Verlängerung der Verweildauer das ACh im synaptischen Spalt und einer längeren und stärkeren Wirkung. Aussage II. trifft dementsprechend nicht zu.

282. **Antwort (C).** CRH wird im Hypothalamus freigesetzt und führt zu einer ACTH-Freisetzung aus der Hypophyse. Diese wiederum führt zu einer Freisetzung von Cortison aus der Nebenniere. Reize für die Freisetzung sind beispielsweise Stress und Krankheit. Im Sinne einer negativen Rückkopplung hemmt Cortison dann die Freisetzung von CRH und ACTH.

283. **Lösung (D).** Das Atemzentrum ist im Nachhirn lokalisiert und agiert unbewusst. Es ist aufgebaut aus mehrere Gruppen von Nervenzellen, die die Formatio reticularis im Stammhirn bilden.

284. **Lösung (A).** Die Adaptation beschreibt die Anpassung des Auges an die Helligkeit der Umgebung. Sie geschieht mittels einer Veränderung der Pupillengröße (Menge des einfallenden Lichts verändert sich) sowie der Umschaltung von Zapfen- auf Stäbchensehen oder andersherum und einer veränderten Sehfarbstoff-Konzentration. Die dynamische Anpassung der Brechkraft wird als Akkomodation bezeichnet.

285. **Lösung (C).** Richtungshören mit nur einem Ohr ist nicht (oder nur sehr schwer) möglich.

286. **Antwort (E).** Hauptaufgabe der Sinnesorgane ist die Umwandlung von Informationen in elektrische Reize. Je nach Sinnesmodalität geschieht das auf unterschiedlichem Wege, was bedingt, dass die Sinnesorgane unterschiedlich komplex aufgebaut sind. Die 5 klassischen Sinnesorgane sind Auge, Ohr (mit Hör- und Gleichgewichtssinn), Nase, Haut und Zunge (nicht Mund). Sie haben neben ihren Wahrnehmungsfunktionen vielfältige andere Funktionen.

287. **Lösung (D).** Die Knochenhaut, auch Periost, ist eine dünne, alle Knochen überziehende Haut und kommt im Auge nicht vor.

288. **Lösung (D).** Die Spinngewebshaut, auch Arachnoidea mater, ist Teil der Rückenmarks- und Hirnhäute. Sie bildet die mittlere Schicht zwischen Pia und Dura mater und kommt im Auge nicht vor.

289. **Lösung (C).** Die Stäbchen der Netzhaut sind wichtig für die Lichtwahrnehmung und das skotopische Sehen (Licht- und Dämmerungssehen). Sie können im Gegensatz zu den Zapfen, die für das Scharfsehen und damit auch die Gesichtserkennung wichtig sind, keine Farben wahrnehmen.

290. **Lösung (A).** Zapfen sind die Farbrezeptoren des Auges. Sie kommen insbesondere am Punkt des schärfsten Sehens, der sog. Fovea centralis vor, ihre Dichte nimmt zur Peripherie der Netzhaut hin ab. Zahlenmäßig sind sie den lichtempfindlicheren Stäbchen, die deshalb eine wichtige Rolle im Nacht- und Dämmerungssehen spielen, deutlich unterlegen.

291. **Lösung (E).** Durch die Ohrmuschel trifft der Schall auf das Trommelfell. Die Gehörknöchelchenkette (Hammer, Amboss, Steigbügel) verstärkt den Schall mechanisch und leitet ihn auf das Innenohr weiter. Die Hörsinneszellen der Gehörschnecke, auch Cochlea, bilden daraus einen elektrischen Reiz. Der Hörnerv verlässt die Schnecke und zieht ins Gehirn, zum Temporallappen.

292. **Lösung (D).** Das paarige Vestibularorgan des Menschen liegt im Innenohr. Es unterteilt sich in je fünf Bestandteile: drei Bogengänge, Sacculus und Utriculus.

293. **Lösung (C).** Die fünf Geschmacksqualitäten werden an verschiedenen Stellen der Zunge verschieden stark wahrgenommen. Im hinteren Bereich wird bitter am stärksten wahrgenommen, süß eher an der Zungensspitze und salzig an der Seite. Tatsächlich besteht dabei die höchste Empfindlichkeit für Bitterstoffe. Wichtig ist auch, dass das, was im Volksmund als Geschmack bezeichnet wird, zu einem Gutteil aus olfaktorischen Wahrnehmungen besteht.

294. **Lösung (A).** Das Riechepithel (=Riechschleimhaut) ist ein etwa zwei Quadratzentimeter großes Areal Schleimhaut in der oberen Nasenmuschel. Die Axone der Sinneszellen, die es enthält, ziehen als fila olfactoria ins Riechhirn. Sie bilden den 1. Hirnnerven, den sog. Nervus olfactorius.

295. **Antwort (C).** Erythrozyten, rote Blutkörperchen, haben keinen Zellkern. Im Verlauf ihrer Entstehung, der Erythropoese, verlieren sie alle Zellorganellen. Sie sind deshalb nicht zur Zellteilung fähig und werden nach ca. 120 Tagen von Leber, Milz und Knochenmark abgebaut.

296. **Antwort (C).** Der Thrombozyt, auch Blutplättchen, entsteht als kernlose Zelle aus dem Megakaryozyten.

297. Lösung (A). Personen mit der Blutgruppe AB weisen auf der Oberfläche der Erythrozyten die Antigene A und B auf. Man bezeichnet diese Personen mit der Blutgruppe AB positiv als Universalempfänger. Als Universalspender bezeichnet man in der Transfusionsmedizin im AB0-System Personen mit der Blutgruppe 0 negativ, da die Erythrozyten nicht von Antikörpern des Empfänger abgebunden werden.

298. Antwort (A). Träger der Blutgruppe A exprimieren selbst A-Antigene auf ihren Erythrozyten. Gegen körperfremde Antigene, wie beispielsweise B-Antigene, bilden sie daher Antikörper. Merke: Der Buchstabe der Blutgruppe gibt an, welche Antigene eine Person selbst ausprägt. Gegen alle anderen Antigene bestehen dann Antikörper.

299. Antwort (D). Rote Blutkörperchen werden im Knochenmark gebildet und haben keinen Zellkern. Nach ca. 120 Tagen, nicht erst nach einem Jahr, werden sie in Milz und Leber abgebaut.

300. Antwort (D). Leukozyten sind Teil des Immunsystems und gehen aus pluripotenten Stammzellen des Knochenmarks hervor. Grob lassen sie sich in Lymphozyten und Granulozyten unterteilen, wobei die Granulozyten den zahlenmäßig größeren Teil ausmachen.

301. Antwort (D). Es verhält sich genau anders herum: Das Blutplasma ist der ‚flüssige Teil des Blutes' und enthält noch alle Gerinnungsfaktoren. Wenn man diese entfernt, enthält man das Blutserum.

302. Antwort (D). Der Buchstabe der Blutgruppe gibt an, welche Antigene eine Person selbst ausprägt. Gegen alle anderen Antigene bestehen dann Antikörper. Eine Person mit Blutgruppe AB hat dementsprechend keine Antikörper, eine Person mit Antikörpern gegen A und B muss Blutgruppe 0 sein.

303. Antwort (C). Das Blutplasma ist der ‚flüssige' Teil des Blutes, aus dem alle zellulären Bestandteile entfernt wurden. Es besteht zum größten Teil aus Wasser, auch wenn es Mineralien, Proteine, Fett und Zucker enthält.

304. Antwort (A). Die Thrombozyten, kernlose Fragmente von Megakaryozyten des Knochenmarks, werden nicht in der Milz gebildet sondern dort abgebaut. Die restlichen Aussagen sind korrekt.

305. Lösung (D). Der Abbau der roten Blutkörperchen findet in der Milz und den Kupffer'schen Sternzellen der Leber statt. Durchschnittlich haben Erythrozyten eine Lebensdauer von 120 Tagen und werden im Anschluß in der Milz ausselektiert und abgebaut. Wichtige Bestandteile werden recycelt. Das Hämoglobin wird in einem Abbauprozess über mehrere Schritte (über Bilirubin) zu Urobilin und Sterkobilin abgebaut. Bilirubin, das wertvolles Eisen enthält, wird im enterhepatischen (Darm-Leber) Kreislauf teils wieder aufgenommen. Während Urobilin den Urin gelb färbt, ist Sterkobilin für die typische Farbe des Kots verantwortlich.

306. Lösung (D).

307. Lösung (E).

308. Antwort (D). Die Lymphe ist eine Flüssigkeit, die entlang der Lymphbahnen zu Lymphknoten transportiert wird. Sie ist Bestandteil des Immunsystems und enthält Elektrolyte, Glukose und Proteine sowie Lymphozyten. Allerdings enthält sie keine Erythrozyten. Das Lymphsystem ist auf den Transport von Nähr- und Abfallstoffen spezialisiert und entsorgt in den Lymphknoten auch Krankheitserreger wie Bakterien und Fremdkörper.

309. Antwort (C). Täglich werden etwas 2-3 Liter Lymphe, eine milchig-trübe Flüssigkeit, produziert, die sich vor allem aus extrakapillärer Flüssigkeit speist. Sie spielt eine wichtige Rolle in der Immunabwehr und bei der Drainage von Gewebsflüssigkeit.

310. Antwort (D). Das Lymphsystem ist kein wirklichen „Kreislauf". Die Lymphe, die in der Peripherie gebildet wird, wird passiv – unter anderem über die Bewegung der Gliedmaßen - über die Lymphbahnen in den Venenwinkel und die Vena cava superior (=obere Hohlvene) transportiert. Der Lymphfluss geht folglich nur in eine Richtung.

311. Lösung (C). Die Milz liegt im linken Oberbauch in Höhe der 10 Rippe.

312. Lösung (C). T-Lymphozyten bilden eine Gruppe von weißen Blutzellen, die der Immunabwehr dient. T-Lymphozyten stellen gemeinsam mit den B-Lymphozyten die erworbene (adaptive) Immunantwort. Das T im Namen steht für den Thymus, in dem die Zellen ausreifen.
Wie alle Blutzellen werden T-Zellen im Knochenmark erzeugt. Von dort wandern sie in den Thymus, wo MHC-Rezeptoren auf ihrer Oberfläche ausgebildet werden. Durch eine negative Selektion werden all diejenigen ausgemustert, die auf körpereigene Proteine reagieren. Die restlichen, übrig gebliebenen T-Zellen können dann nur körperfremde Antigene erkennen und bekämpfen den Körper dadurch nicht selbst. Die Proteine in den selektierten Zellmembranen, auch T-Zell-Rezeptoren (TCR) genannt, können dann – ähnlich wie die von B-Lymphozyten produzierten Antikörper – körperfremde Stoffe erkennen. Im Gegensatz zu Antikörpern erkennen T-Zellen körperfremde Stoffe jedoch nur dann, wenn deren Antigene auf der Oberfläche anderer Zellen an deren MHC gebunden sind. Freie Antigene werden von T-Lymphozyten nur erkannt, wenn sie von sogenannten antigenpräsentierenden Zellen aktiv vorgezeigt werden.

313. Lösung (D). Antikörper sind Proteine, die auch als Immunglobuline bezeichnet werden. Sie bestehen aus je zwei schweren Ketten (H-Ketten) und zwei leichten Ketten (L-Ketten), die über Disulfidbrücken verbunden sind und eine Y-Form bilden. An der Spitze des Y befindet sich das sogenannte „antigen binding fragment" (Fab). Jedes Immunglobulin hat zwei solche Antigenbindungsstellen und kann somit bivalent binden. Einige Antikörper besitzen zudem die Funktion sich über ein joining peptide mit anderen Immunglobulinen zu verbinden und so noch mehr Bindungsstellen zu schaffen. Es gibt fünf unterschiedliche Klassen unter den Immunglobulinen: IgA, IgD, IgE, IgG und IgM. Ihre Funktionen lassen sich kurz zusammenfas-

sen: IgA übernimmt den Schleimhautschutz und den Nestschutz von Neugeborenen, es ist somit in der Muttermilch enthalten. IgD kommt neben IgM auf der Oberfläche von B-Zellen vor. IgE spielt eine große Rolle bei der Auslösung anaphylaktischer Reaktionen und dient normalerweise der Abwehr von Parasiten und Würmern. IgG ist in größter Menge frei im Blutplasma zu finden, es dient dem Schutz vor Bakterien und Viren. IgM übernimmt die erste Abwehr bei einer akuten Infektion.

314. **Lösung (C).** Mithilfe einer Impfung erzeugt man Immunität des Körpers gegenüber einem bestimmten Antigen. Dies kann auf zwei Weisen geschehen: Bei einer aktiven Immunisierung werden abgeschwächte (=attenuierte) Erreger oder Bestandteile von Erregern injiziert, sodass der Körper sich aktiv mit dem Antigen auseinandersetzen muss. Folge ist die körpereigene Bildung von Immunglobulinen und eine lang andauernde Immunität. Der Nachteil ist, dass der gewünschte Schutz erst nach einigen Tagen bis Wochen eintritt. Beispiel einer solchen Impfung ist die Grippeimpfung.
Bei der passiven Immunisierung werden bereits fertige Antikörper injiziert, die meist von einem immunisierten Menschen stammen. Diese Antikörper sind gereinigt, somit enthält die Injektion keine weiteren Bestandteile der Immunantwort. Die Immunglobuline bieten sofortigen Schutz, was vor allem nützlich ist, wenn eine Exposition schon stattgefunden hat. Der Nachteil ist, dass der Körper so nicht zur eigenen Bildung einer Abwehr stimuliert wird. Deshalb geht der Impfschutz mit dem Abbau der Antikörper nach einigen Wochen verloren. Beispiel einer solchen Impfung ist die Tetanusimpfung bei einer verschmutzten Wunde.
Eine Simultanimpfung ist die gleichzeitige passive und aktive Impfung, wodurch sowohl ein Sofortschutz als auch eine langanhaltende Abwehr gewährleistet werden können. Hierbei gilt es zu beachten, dass die Impfstoffe an verschiedenen Körperstellen injiziert werden, damit nicht die verabreichten Immunglobuline sofort mit den Antigenen reagieren. Die Impfung Neugeborener von Müttern mit Hepatitis B ist ein Beispiel für diese Impfung.

315. **Lösung (B).** Man unterscheidet eine angeborene, nicht auf spezifische Erreger ausgerichtete Immunreaktion von einer erworbenen, erregerspezifischen Immunreaktion.
Zur unspezifischen Immunantwort zählen auf der zellulären Seite die Haut, Granulozyten, Makrophagen (auch Kupffer-Sternzellen, Langerhanszellen), Mastzellen und Natürliche Killerzellen. Auf der humoralen Seite werden das Komplementsystem, Lysozyme und Zytokine hinzugezählt.
T-Lymphozyten, B-Lymphozyten, Plasmazellen, Gedächtniszellen und Antikörper hingegen gehören zur spezifischen Immunantwort.

316. **Lösung (A).** Zu den Phagozyten gehören Makrophagen, Granulozyten und dendritische Zellen. Sie können zwar nicht Antikörper oder Komplementfaktoren bilden, doch töten sie trotzdem effektiv schädliche Bakterien: sie sind im Stande feste Partikel aufzunehmen, welche sie intrazellulär mit Hilfe von Enzymen abbauen. Diese Aufnahme der Partikel ist eine Form von Endozytose. Makrophagen präsentieren Antigene über MHC II und töten so Bakterien zusätzlich indirekt über die Stimulierung von T-Zellen.

317. Lösung (C). Das angeborene Immunsystem besteht unter anderem aus Makrophagen, Granulozyten und Natürlichen Killerzellen. Diese Zellen sind immer in Blut und Gewebe präsent. Die Immunreaktion ist allerdings weniger spezifisch, da sie nicht auf bestimmte Erreger ausgerichtet ist. Ihre Aufgabe ist es, möglichst schnell auf spezifische Antigene zu reagieren. Es werden keine Gedächtniszellen ausgebildet.

Das erworbene Immunsystem besteht unter anderem aus T- und B-Lymphozyten und Antikörpern, welche zwar immer präsent sind, jedoch erst aktiviert werden müssen. Die Immunreaktion entsteht nach der Präsentation bestimmter Antigene und ist damit spezifischer, aber auch langsamer. Aus den B-Zellen können sich zudem Gedächtniszellen bilden, die bei erneutem Antigenkontakt die Reaktion beschleunigen.

318. Lösung (D). Eine Vielfalt von Immunglobulinen ist nötig, um der großen Menge an Antigenen stattzuhalten. Die Variabilität von theoretisch 10^{11} verschiedenen Antikörpern des Menschen entsteht auf verschiedene Weisen: zunächst einmal können verschiedene leichte und schwere Ketten miteinander kombiniert werden.

Die größte Vielfalt entsteht jedoch durch die ständige Neukombination von Abschnitten auf den Genen, die für die leichten (L) und schweren (H) Ketten kodieren, dem Gen-Rearrangement. Jede leichte Kette besteht aus einem variablem Teil mit einem Leitsegment (L), einem variablen Segment (V) und einem joining Segment (J), sowie einem konstanten Teil mit einem konstanten Segment (C). Letztere ist die C-Domäne und bleibt als einzige konstant. Bei den schweren Ketten gibt es zusätzliche D-Segmente. Bereits bei der Differenzierung des B-Lymphozyten im Knochenmark werden diese Teile rekombiniert und dazwischen liegende DNA-Stücke herausgeschnitten. Diesen Vorgang nennt man somatische Rekombination (=V(D)J-Rekombination).

Zusätzliche Variationen entstehen dadurch, dass bei den dazu nötigen Splicing- und Rekombinationsprozessen keine genauen Schnittstellen vorgegeben sind. Diese Verknüpfungsungenauigkeit bewirkt eine junktionale Diversifikation.

Als letzter Schritt finden während der Affinitätsreifung der B-Lymphozyten Punktmutationen an den variablen Regionen der Antikörpergene statt. Führt eine der Mutationen zufällig zur höheren Affinität zum Antigen, wird dieser Antikörper selektiert und die restlichen gehen zugrunde.

319. Lösung (E). Antikörper werden ausschließlich von B-Zellen produziert und in 5 Klassen unterschieden: IgA, IgD, IgE, IgG und IgM. Sie bestehen aus je zwei identischen schweren (H) Ketten und zwei identischen leichten (L) Ketten, die über Disulfidbrücken zu einem Y verbunden sind. Die Ketten bestehen jeweils aus variablen und konstanten Teilen, wobei die variablen Domänen der leichten Ketten (Fab-Region) die eigentlichen Antigenbindungsstellen bilden. Bindet ein Antigen hieran, wird es neutralisiert und zur erleichterten Phagozytose bereitgestellt (Opsonierung). Zudem wird das Komplementsystem aktiviert.

320. Lösung (D). Die V(D)J-Rekombination ist eine geplante somatische Rekombination, die einzigartig bei B-Lymphozyten ist. Sie dient der Erhaltung einer enormen Antikörpervielfalt von 10^{11} möglichen Kombinationen. Dafür werden sowohl auf den Genen für die leichten als auch für die schweren Ketten Segmente neu kombiniert. Jede leichte Kette besteht aus einem variablem Teil mit einem Leitsegment (L), einem variablen Segment (V) und einem joining Segment (J), sowie einem konstanten Teil mit einem konstanten Segment (C). Nur bei den schweren Ketten gibt es zusätzliche D-Segmente. Bereits bei der Differenzierung des B-Lymphozyten im Knochenmark werden diese Teile rekombiniert und dazwischen liegende DNA-Stücke herausgeschnitten. Zusätzliche Variabilität entsteht dann durch die Kombination verschiedener leichter und schwerer Ketten.

321. **Lösung (B).** Antikörper mit ihren fünf Klassen (IgA, IgD, IgE, IgG und IgM) sind zur Gruppe der Gamma-Globuline gehörende Proteine. Sie werden ausschließlich von B-Lymphozyten produziert und gehören der humoralen spezifischen Immunabwehr an. Ihre Aufgabe ist es, Antigene zu neutralisieren und mit ihnen einen Antikörper-Antigen-Komplex zu bilden. Dies erleichtert die Phagozytose durch Fresszellen wie Makrophagen und Granulozyten, was auch Opsonierung genannt wird. Zusätzlich bewirken die Komplexe eine klassische Aktivierung des Komplementsystems.
Normalerweise sind Antikörper spezifisch für ihr Epitop und funktionieren nach dem Schlüssel-Schloss-Prinzip. In seltenen Fällen richten sich Antikörper jedoch auch gegen körpereigene Strukturen und lösen so Autoimmunerkrankungen aus.

322. **Lösung (A).** Im Knochenmark befinden sich Monoblasten, aus denen sich zunächst Monozyten entwickeln, die ins Blut abgegeben werden. Im Gewebe erst entstehen daraus Makrophagen, dementsprechend können keine Makrophagen im Blut nachgewiesen werden. Je nach Gewebe tragen die Fresszellen teilweise unterschiedliche Namen, wie z.B. Kupffer-Sternzellen in der Leber oder Langerhans-Zellen in der Haut. Sie gehören zur angeborenen Immunabwehr und ihre Aufgabe ist die Phagozytose von Fremdmaterial, wie z.B. Mikroorganismen. Anschließend wird das Antigen in ihrem Inneren mit Hilfe von lysosomalen Enzymen proteolytisch gespalten. Makrophagen besitzen außerdem die Fähigkeit, Peptidfragmente des phagozytierten Antigens über MHC II an ihrer Oberfläche zu präsentieren und so T-Zellen zu aktivieren. Sie gehören dementsprechend zu den antigenrepräsentierenden Zellen (APC). Zudem setzen aktivierte Makrophagen Entzündungsmediatoren (z.B. Prostaglandine) frei.

323. **Lösung (D).** Die Organe des Immunsystems werden in primäre und sekundäre Organe unterteilt. Zu den primären lymphatischen Organen zählt zunächst einmal das Knochenmark, in dem die meisten Abwehrzellen aus ihren Vorläuferzellen entstehen und außerdem die B-Lymphozyten reifen. Weiterhin wird der Thymus hinzugezählt, in dem die T-Lymphozyten heranreifen. In der Fetalperiode muss außerdem die blutbildende Leber mit beachtet werden. Zu den sekundären lymphatischen Organen gehören sowohl die Lymphknoten als auch die Lymphfollikel der Schleimhäute (mucosa associated lymphatic tissue = MALT), welche u.a. die Appendix (Wurmfortsatz) und die Tonsillen (Rachenmandeln) umfassen. Hier wird der wichtige Kontakt zwischen Antigenen und Abwehrzellen hergestellt, die Lymphozyten werden aktiviert und proliferieren. Selbiges gilt für die Milz.
Allein der Blinddarm (Zökum) spielt keine spezielle Rolle bei der Immunabwehr und ist nicht zu verwechseln mit der Appendix.

324. Lösung (D). Die Schilddrüse unterliegt einem Regelkreis mit dem Hypothalamus und der Hypophyse. Im Hypothalamus entsteht zunächst das TRH (Thyreotropin-Releasing-Hormone), welches die Bildung von TSH (Thyreoidin stimulierendes Hormon) im Vorderlappen der Hypophyse stimuliert. TSH hat mehrere Effekte an der Schilddrüse: es fördert die Schilddrüsenhormone, erhöht die Aufnahme von Jodid und induziert das Wachstum des Schilddrüsengewebes. Die Schilddrüse bildet ihre Hormone aus Tyrosin und benötigt dafür Jod. So entstehen Trijodthyronin (T3) und Thyroxin (T4), die gebunden an Proteine ans Blut abgegeben werden. Ihre Wirkung liegt in der Förderung von Wachstum, Gluconeogenese, Fettsäuresynthese und Steigerung des Grundumsatzes. Der Regelkreis umfasst zudem ein negatives Feedback: hohe Serumspiegel von freiem T3 und T4 hemmen die Freisetzung von sowohl TRH als auch TSH. Funktionsstörungen der Schilddrüse können mit Hilfe einer Hormonbestimmung genauer spezifiziert werden. Ein erniedrigter TSH-Blutwert bei erhöhten Schilddrüsenhormonen spricht für eine Schilddrüsenüberfunktion (Hyperthyreose). Das TSH ist in dieser Konstellation erniedrigt, weil die Schilddrüsenhormone ein negatives Feedback auf die Hypophyse ausüben.

325. Lösung (D). Der Typ-1 Diabetes tritt am häufigsten bei Kindern und Jugendlichen auf. Er entsteht durch eine autoimmunologische Zerstörung der Betazellen des Pankreas. Normalerweise wird in diesen Zellen Insulin produziert, was bei den betroffenen Patienten zu einem Insulinmangel führt. Die exogene Zufuhr ist hier lebensnotwendig.

326. Lösung (E). Exokrine Drüsen geben ihr Sekret in Körperhöhlen oder an die Körperoberfläche ab und besitzen einen Ausführungsgang. Beispiele für rein exokrine Drüsen sind Schweißdrüsen, Talgdrüsen, Duftdrüsen, Milchdrüsen und Magendrüsen. Die Zirbeldrüse hingegen gibt endokrin das Hormon Melatonin frei. Die Hypophyse betreibt ebenfalls eine endokrine Sekretion vieler Hormone. Die Schilddrüse gibt ihre Hormone an Plasmaproteine gebunden ins Blut ab. Die Bauchspeicheldrüse (Pankreas) ist eine gemischte Drüse: sie sezerniert exokrin zahlreiche Verdauungsenzyme, aber auch endokrin Hormone wie Glucagon, Insulin und Somatostatin.

327. Lösung (A). Endokrine Drüsen geben ihr Sekret, die Hormone, ins Blut ab und besitzen keinen Ausführungsgang. Sowohl der Hoden als auch das Ovar geben ihre Sexualhormone (Gonadotropine) in den Blutstrom ab. In der Nebenniere werden z.B. Kortikoide, Androgene, Adrenalin und Noradrenalin gebildet und in den Kreislauf gegeben. Zur Reifung der T-Lymphozyten sezerniert der Thymus ebenfalls endokrin den Thymus-Faktor.
Die Speicheldrüsen hingegen besitzen Ausführungsgänge und sezernieren Speichel exokrin in die Mundhöhle.

328. Lösung (B). Insulin wird in den Beta-Zellen (B-Zellen) auf den Langerhans-Inseln des Pankreas gebildet und endokrin sezerniert. Es ist das einzige Hormon, das den Blutzuckerspiegel senken kann und spielt eine wichtige Rolle in der Entstehung des Diabetes mellitus. Beim Diabetes Typ 1 werden die Beta-Zellen durch autoimmune Prozesse zerstört und es kommt zum Insulinmangel.

329. Lösung (E). Testosteron wird beim Mann im Hoden (Leydig-Zellen) und in der Nebennierenrinde aus Gestagenen produziert. Bei Frauen wird es ebenfalls in der Nebennierenrinde und in geringen Maßen auch in den Ovarien gebildet. Es fördert Wachstum, Libido, Potenz und Ausbildung eines männlichen Phänotyps (z.B. in Bezug auf Körperbehaarung). Zudem hat es anabole Wirkung, fördert also den Muskelaufbau. Obwohl es auf die restliche Behaarung einen fördernden Effekt hat, wirkt Testosteron gegenteilig auf die Kopfbehaarung. So führt ein Überschuss an Testosteron oder eine Testosteron-Therapie häufig zu Haarausfall.

330. Lösung (B). Insulin wird in den Beta-Zellen des Pankreas gebildet und spielt eine wichtige Rolle im Energiehaushalt des Körpers. Es ist das einzige Hormon, das den Blutzucker senken kann. Konkret fördert Insulin die Aufnahme von Zucker in die Muskel- und Fettzellen über den GLUT-4 Transporter. Zudem fördert es die Glykogensynthese, damit die aufgenommene Glucose gespeichert werden kann. Beim Abbau der Glucose entstehen die nötigen Derivate (z.B. Acetyl-CoA) für die Fettsäuresynthese. Deshalb hemmt Insulin zugleich den Abbau von Fettgewebe (Lipolyse) und fördert den Fettaufbau.
Da genügend Glucose im Blut ist wenn Insulin ausgeschüttet wird, hemmt es die Glykolyse und Glukoneogenese.

331. Lösung (A). Exokrine Drüsen geben ihr Sekret in Körperhöhlen oder an die Körperoberfläche ab und besitzen einen Ausführungsgang. Beispiele für rein exokrine Drüsen sind Schweißdrüsen, Speicheldrüsen und Tränendrüsen.
Schilddrüse und Hypophyse hingegen bilden Hormone und geben diese direkt an das Blut ab. Sie sind dementsprechend rein endokrine Drüsen.
Eine gemischte Drüse ist die Bauchspeicheldrüse: Sie sezerniert sowohl exokrin (Verdauungsenzyme) als auch endokrin (Insulin, Glucagon, etc.).

332. Lösung (E). Endokrine Drüsen geben ihr Sekret, die Hormone, ins Blut ab und besitzen keinen Ausführungsgang. Eine solche Drüse bildet der Thymus, indem er den Thymus-Faktor zur Reifung der T-Lymphozyten endokrin sezerniert.
Schweißdrüsen, Tränendrüsen, Talgdrüsen und Schleimdrüsen hingegen besitzen Ausführungsgänge und sezernieren ihr Produkt exokrin an die Haut- oder Schleimhautoberfläche, bzw. in die Mundhöhle.

333. Lösung (B). Die Niere besteht aus ca. 1,2 Millionen Nephronen. Ein Nephron umfasst je ein Nierenkörperchen (Glomerulus) und die Nierenkanälchen (Tubuli). Nachdem im Nierenkörperchen der Primärharn aus dem Blut abfiltriert wird, gelangt er in das Tubulus-System. Hier finden Resorptions- und Sekretionsvorgänge statt.
Die Nierenkanälchen werden unterteilt in proximaler Tubulus (pars convoluta und recta), intermediärer Tubulus (pars descendens und ascendens) und distaler Tubulus (pars recta und pars convoluta). Der gerade Teil des proximalen Tubulus, der Intermediärtubulus und der gerade Teil des distalen Tubulus werden zur Henle-Schleife zusammengefasst. Der Primärharn wird in den Tubuli, vor allem in der Henle-Schleife, durch Wasserentzug konzentriert. Dies wird gefördert durch einen osmotischen Gradienten zwischen Tubulus und Interstitium und

dem Gegenstromprinzip von der Henle-Schleife und den Nierenkapillaren. Desweiteren werden Elektrolyte, Kohlenhydrate und niedermolekulare Proteine rückresorbiert.

Nach der Passage des Nephrons gelangt der Primärharn in das Sammelrohr, wo er unter Einfluss des antidiuretischen Hormons noch weiter konzentriert wird. Als Sekundärharn wird das Filtrat erst bezeichnet, wenn es in das Nierenbecken gelangt und von dort an den Ureter abgegeben wird, welcher es in die Harnblase transportiert.

334. **Lösung (B).** Die Niere ist ein paarig angelegtes Organ. Dank einer hohen funktionellen Reservekapazität kann der Mensch allerdings auch mit nur einer gesunden Niere überleben. Ihre Aufgaben bestehen in der Volumen- und Elektrolythämöostase sowie der Ausscheidung wasserlöslicher Endprodukte des menschlichen Stoffwechsels, wie zum Beispiel Harnstoff und Ammoniak. Zudem beteiligt sie sich auch an der Hormonsynthese: in den Endothelzellen der Nierenkapillaren wird Erythropoetin gebildet, welches eine entscheidende Rolle in der Bildung der roten Blutkörperchen (Erythrozyten) spielt. Die gesamte Blutmenge durchfließt etwa 300mal am Tag die Nieren, sie wird also insgesamt von ca. 1800 Litern durchströmt. Dabei werden ungefähr 180 Liter Primärharn abfiltriert und zu 1,5 Litern Sekundärharn konzentriert. Der Sekundärharn gelangt vom Nierenbecken über den Harnleiter (Ureter) in die Harnblase und von dort über die Harnröhre (Urethra) nach außen.

Auch an der Blutdruckregulation ist die Niere maßgeblich beteiligt: Am Glomerulus befindet sich der juxtaglomuläre Apparat, in dem Renin hergestellt wird. Sinkt die Nierendurchblutung ab, wird vermehrt Renin freigesetzt und damit das Renin-Angiotensin-Aldosteron-System in Gang gesetzt (RAAS), welches eine vermehrte Natrium- und Wasserretention bewirkt. In Folge dessen steigt der Blutdruck an.

335. **Lösung (B).** Der Glomerulus (Nierenkörperchen) gehört zur funktionellen Untereinheit der Niere, dem Nephron. Er liegt in der Nierenrinde und bildet die Blut-Harn-Schranke. Von ihm geht das Tubulussystem ab, welches zum Teil im Nierenmark liegt und in das Sammelrohr übergeht. Vom Sammelrohr gelangt der Harn in das Nierenbecken (Pyelon) und von dort über den Harnleiter (Ureter) in die Harnblase.

336. **Lösung (D).** Die Harnblase ist ein muskuläres Hohlorgan im kleinen Becken und dient der Aufbewahrung von ca. 500ml Urin. Ihr Zufluss erfolgt über die beiden Harnleiter (Ureter) aus den Nierenbecken. Die Harnleiter verlaufen über eine kurze Strecke in der Blasenwand, was einen Reflux bei hoher Blasenfüllung verhindern soll. Die Einmündungen der Harnleiter befinden sich seitlich und werden als Ureterostien bezeichnet. Über die Harnröhre (Urethra) kann der Harn aus der Blase abfließen.

Die Innenwand der Blase ist, wie der Großteil der ableitenden Harnwege, von Urothel ausgekleidet. Die Blasenwand besitzt zudem eine Tunica muscularis, die durch Kontraktionen die Blasenentleerung unterstützt. Die Konzentration des Harns ist mit dem Verlassen der Sammelrohre bereits abgeschlossen.

337. **Lösung (A).** Die Niere besteht aus ca. 1,2 Millionen Nephronen. Ein Nephron ist die kleinste funktionelle Einheit der Niere und umfasst ein Nierenkörperchen (Glomerulus) und die dazu-

gehörigen Nierenkanälchen (Tubuli). Täglich wird die Niere 300mal vom gesamten Blutvolumen passiert. Dabei werden im Nierenkörperchen ca. 180 Liter Primärharn abfiltriert. Durch Resorptions- und Sekretionsvorgänge wird der Primärharn in den Nierenkanälchen und dem Sammelrohr stark konzentriert. Am Ende werden ungefähr 1,5 Liter Sekundärharn am Tag in das Nierenbecken abgegeben. Über die Harnleiter (Ureter) gelangt der Harn in die Blase, wo 500ml gespeichert werden können. Die endgültige Ausscheidung erfolgt über die Harnröhre (Urethra).

338. **Lösung (D).** Das Nierenkörperchen liegt in der Nierenrinde und gehört zur kleinsten funktionellen Einheit der Niere, dem Nephron. Seine Aufgabe ist die Filtrierung des Primärharns aus dem Blut. Es besteht aus einem Knäuel von Kapillarschlingen, dem eigentlichen Glomerulus. Entgegen der anatomischen Bezeichnung wird klinisch jedoch häufig das gesamte Nierenkörperchen als Glomerulus bezeichnet. Zuführend zu diesen Kapillaren ist das Vas afferens und ableitend das Vas efferens. Ein weiterer wichtiger Bestandteil des Nierenkörperchens ist die Bowman-Kapsel, die aus einem viszeralen und einem parietalen Blatt besteht und sich um das Kapillarknäuel legt. Das viszerale Blatt der Kapsel liegt den Kapillaren direkt an und wird von Zellfortsätzen, den Podozyten, gebildet. Das parietale Blatt besteht aus einem Plattenepithel. Zwischen den beiden Blättern befindet sich ein Raum (auch: Bowman'scher Raum), in den der Primärharn gepresst wird. Von dort kann er in die Nierentubuli gelangen.

Die Funktion des Nierenkörperchens wird von der Blut-Harn-Schranke bestimmt. Sie wird gebildet vom Kapillarendothel, den Podozyten und einer gemeinsamen Basalmembran. Aufgrund der Porengröße und ihrer Ladung ist die Blut-Hirn-Schranke impermeabel für Erythrozyten, größere Moleküle und negativ geladene Moleküle, wie z.B. Albumin.

339. **Lösung (C).** Die Spermien werden im Nebenhoden, einem stark gewundenen, insgesamt 4-6 Meter langem Gang gespeichert. Während des Transports durch diesen Gang reifen die Spermien weiter und erlangen ihre volle Beweglichkeit (Motilität).

Die Cowpersche Drüse (Bulbourethraldrüse) liegt im Beckenboden des Mannes und bildet ein schleimiges Sekret, das als Gleitmittel dient. Die Bartholinische Drüse ist die Entsprechung der Bulbourethraldrüse bei der Frau. Die Prostata (Vorsteherdrüse) liegt unterhalb der Harnblase des Mannes und produziert einen Teil der Samenflüssigkeit. Ihr sekret ist leicht sauer und enthält wichtige Enzyme, die für die Befruchtung nötig sind. Der Samenleiter (Ductus deferens) verbindet den Nebenhoden mit der Harnröhre und ermöglicht so die Weiterleitung der Spermien.

340. **Lösung (C).** Die Spermatogenese findet beim Mann in den Samenkanälchen des Hodens unter dem Einfluss von Testosteron und FSH statt. Der Vorgang dauert ca. 64 Tage und läuft ab der Pubertät konstant ab.

In den Nebenhoden werden die Spermien dann gespeichert und reifen weiter aus, bis sie ihre volle Beweglichkeit erlangen. Von dort gelangen sie über den Samenleiter in die Harnröhre.

Die Prostata spielt eine wichtige Rolle bei der Produktion der Samenflüssigkeit. Sie produziert ein leicht saures Sekret mit den nötigen Enzyme, die den Spermien eine Befruchtung der Eizelle erlauben. Die Bläschendrüse (auch Samenblase) ist eine paarig angelegte Drüse, die ebenfalls zur Produktion der Samenflüssigkeit beiträgt. Ihr Sekret ist leicht alkalisch und ernährt die Spermien.

341. **Lösung (C).** Die Spermatogenese findet beim Mann in den Samenkanälchen des Hodens statt. Der Hoden ist ein paarig angelegtes inneres Geschlechtsorgan, das aus seiner embryonalen Lage im Bauchraum durch den Leistenkanal in das Skrotum absteigt (Deszensus testis). Der Hoden liegt außerhalb der Bauchhöhle für ein optimales Klima zur Reifung der Spermien. Nach der Spermatogenese gelangen die Spermien in den Nebenhoden, wo sie gespeichert werden und weiter reifen. Von dort werden sie über den Samenleiter in die Harnröhre transportiert und zusammen mit der Samenflüssigkeit ejakuliert. Die Samenflüssigkeit enthält die nötigen Enzyme und Energielieferanten für eine erfolgreiche Befruchtung und wird von Samenbläschen, Prostata und Bulbourethraldrüsen gebildet.
Penis, Skrotum, Hoden, Prostata und Samenleiter gehören zu den primären Geschlechtsmerkmalen beim Mann. Zu den sekundären Geschlechtsmerkmalen zählen Körperbehaarung und Stimmbruch.

342. **Lösung (D).** Beim Mann werden die Spermien im Nebenhoden gespeichert und von dort über den Samenleiter (Ductus deferens) zur Harnröhre transportiert. Da die Harnröhre bis auf den blasennahen Abschnitt beim Mann gleichzeitig Harn- und Spermatransport dient, wird sie auch Harnsamenröhre genannt.
Die Prostata ist eine wichtige Geschlechtsdrüse unterhalb der Harnblase, die ein leicht saures Sekret (pH ca. 6,4) produziert, welches die notwendigen Enzyme für die Befruchtung enthält. Sie lässt sich histologisch in drei Zonen unterteilen: paraurethrale Mantelzone, Innenzone und Außenzone. Außen wird die Prostata von einer derben Bindegewebskapsel, der Capsula prostatica, umschlossen. Die Schwellkörper (Corpus cavernosa und Copus spongiosum) des Penis füllen sich mit Blut, wenn die Schwellkörperarterien sich erweitern. Durch den Druckanstieg wird der venöse Rückfluss erschwert und das Blut bleibt in den Schwellkörpern. Gesteuert wird die Gefäßerweiterung (Vasodilatation) vom Parasympathikus. Erst beim Orgasmus kommt es zur sympathisch vermittelten Kontraktion der Muskulatur und damit zur Emission des Spermas in die Harnröhre, sowie schließlich zur Ejakulation.

343. **Lösung (E).** Das männliche Genital gliedert sich in äußere und innere Geschlechtsorgane. Zu den äußeren Organen gehören Penis und Hodensack (Skrotum). Zu den inneren Organen gehören Hoden (Testis), Nebenhoden (Epididymis), Samenleiter (Ductus deferens), Vorsteherdrüse (Prostata), Samenblase (Vesicula seminalis) und die Bulbourethraldrüse. Zu beachten gilt es, dass die Hoden wegen ihrer embryonalen Herkunft zu den inneren Geschlechtsorganen zählen. Die Harnröhre (beim Mann auch Harnsamenröhre) hingegen zählt definitionsgemäß nicht zum Genital.

344. **Lösung (D).** Die Haut hat vielfältige Aufgaben. Dazu gehört zum einen der Schutz vor Krankheitserregern wie Bakterien durch eine mechanische Barriere und eigene immunologische Aktivität. Die Fresszellen der Haut nennen sich Langerhans-Zellen.
Zum anderen übernimmt sie auch Funktionen für das Körpergleichgewicht, wie z.B. die Tem-

peraturregulierung durch die Kontrolle des Blutflusses und Absonderung von Schweiß. Eine weitere wichtige Aufgabe ist die Sinneswahrnehmung, für die es jeweils spezialisierte Zellen gibt. Mittels Mechanorezeptoren kann Druck und mittels Lamellenkörperchen auch Vibration wahrgenommen werden. Freie Nervenendigungen leiten Schmerzreize weiter. Meissner-Körperchen und Merkelzellen ermöglichen einen feinen Tastsinn. Die Temperatur kann zwar über Kälte- und Wärmerezeptoren wahrgenommen werden, dies ermöglicht jedoch keine genaue Temperaturbestimmung.

Dank einer Unterhautfettschicht (subkutanes Fettgewebe), die bei Kälte weniger durchblutet wird, fungiert die Haut außerdem als Isolator.

345. Lösung (C). Das schwerste und gleichzeitig flächenmäßig größte Organ des Menschen ist die Haut. Je nach Körpergröße wiegt sie 10 bis 14 Kilogramm und hat eine Fläche von fast 2 Quadratmetern. Zum Vergleich: Der Darm ist zwar beträchtliche 8 Meter lang, aber nur 2kg schwer. Das Gehirn ist etwa 1,3kg schwer und enthält ca. 20 Milliarden Nervenzellen. Ähnlich viel wiegt die Leber mit 1,5-2kg. Sie besteht aus 100.000 Läppchen. Die Lunge wiegt nur 1kg und kann 5-6 Liter Luft fassen.

346. Lösung (E). Hautanhangsgebilde entwickeln sich aus der Haut und bilden dann eigenständige funktionelle Einheiten. Zu ihnen gehören Haare, Nägel, Talgdrüsen, Schweißdrüsen und Brustdrüsen. Bei Vögeln zählen auch Federn dazu.
Thermorezeptoren hingegen sind keine Hautanhangsgebilde.

347. Lösung (B). Als Keratinozyten werden die Epithelzellen der Epidermis bezeichnet und weisen den größten Zellanteil in der Haut auf. Die Epidermis gliedert sich in 5 Schichten: Stratum basale, Stratum spinosum, Stratum granulosum, Stratum lucidum und Stratum corneum. Diese Schichten spiegeln die unterschiedlichen Entwicklungsstufen der Keratinozyten wieder. Im Stratum corneum verbleiben die Zellen zuletzt als kernlose Verhornung und dienen so dem Schutz bis sie abgeschilfert werden.
Pigmentzellen (Melanozyten) befinden sich vereinzelt in der basalen Epidermis. Sie synthetisieren Melanin und übertragen es auf die Keratinozyten als Schutz vor UV-Licht.
Die dendritischen Zellen der Haut sind die Langerhans-Zellen, die sich vor allem im Stratum spinosum befinden. Sie können Antigene aufnehmen und präsentieren, sodass sie eine wichtige Rolle in der immunologischen Funktion der Haut spielen.
Fibroblasten kommen im Bindegewebe der Lederhaut (Dermis) vor ebenso wie Fibrozyten, ihre unbewegliche reife Form.

348. Lösung (D). Schweißdrüsen befinden sich in der Lederhaut (Dermis) und geben ihr Sekret exokrin an die Oberfläche der Haut ab. Alle Schweißdrüsen werden sympathisch innverviert, doch nicht alle mit demselben Transmitter. Sie lassen sich unterteilen in ekkrine und apokrine Schweißdrüsen.
Ekkrine Schweißdrüsen gibt es am ganzen Körper. Die Bezeichnung „ekkrin" deutet darauf hin, dass die Drüsen ihr Sekret ohne Zellverlust absondern. Ihre Aufgabe ist die Regulierung der Körpertemperatur durch Verdunstung an der Hautoberfläche. Zudem bildet der Schweiß

den natürlichen Säureschutzmantel der Haut und übernimmt eine gewisse entgiftende Funktion.

Apokrine Schweißdrüsen werden auch Duftdrüsen genannt und befinden sich nur an bestimmten Körperregionen wie der Achsel, der Brust- und der Schamregion. Die Bezeichnung „apokrin" soll darauf hindeuten, dass bei der Sekretion ein Teil der Drüsenzellen verloren geht. Ihr Sekret bestimmt den Körpergeruch und spielt so eine Rolle im Sexualverhalten.

349. **Lösung (D).** Haare sind Hautanhangsgebilde und bestehen zum größten Teil aus Keratin. Es werden drei verschiedene Haarformen unterschieden. Die erste Körperbehaarung ist pränatal das Lanugohaar, welches kurz, dünn und unpigmentiert ist. Bei einem reifen Neugeborenen ist dies bereits durch Vellushaar ersetzt. Ein weiterbestehen der pränatalen Behaarung ist daher immer pathologisch. Bis zur Pubertät hat der Mensch größtenteils das feine, weiche Vellushaar. Mit der Sexualentwicklung wird es durch das kräftigere und längere Terminalhaar ersetzt (z.B. Barthaar).Die Anzahl der Kopfhaare beim Menschen beträgt ca. 150.000, davon gehen bis zu 100 am Tag verloren. Das Haar wächst ungefähr 1cm im Monat und hat eine Lebensdauer von 6-8 Jahren. Auf Schleimhäuten wachsen keine Haare, sie können allerdings mit respiratorischem Epithel bzw. Flimmerepithel ausgestattet sein. Dieses zählt jedoch nicht zur Gruppe der Körperhaaren.

350. **Lösung (C).** Die Haut wird in drei Schichten unterteilt: die Epidermis (Oberhaut), Dermis (Lederhaut) und Subkutis (Unterhaut). Die Epidermis besteht vor allem aus Keratinozyten und hat ein mehrschichtig verhorntes Plattenepithel. Die Verhornung entsteht aus mehreren Lagen toter, kernloser Keratinozyten und dient dem Schutz. Die Epidermis hat keine eigene Blutversorgung, sondern wird aus einem kapillarisierten Gefäßsystem der Dermis ernährt.

Die Dermis besteht vor allem aus Bindegewebe und enthält die meisten Talg- und Schweißdrüsen.

Die Subkutis besteht hingegen zum Großteil aus Fettgewebe und enthält die größeren Blutgefäße und Nerven zur Versorgung der Haut.

Die Haut wird auch beim Gesunden ständig von Bakterien und Pilzen besiedelt, die die sogenannte Hautflora bilden. Solange die Hautbarriere intakt ist, sind sie keine Gefahr für den Körper und tragen zum Schutz vor Krankheitserregern bei.

ANHANG

13 BUCHEMPFEHLUNGEN

Weitere, ausführliche Informationen zu unseren Büchern, Seminaren und Online-Lernangeboten erhältst Du auf unserer Homepage www.medgurus.de. Wenn Du mehr Informationen, Bilder oder Leseproben zu den unten aufgeführten Büchern unserer TMS, EMS und MedAT Buchreihen erhalten willst, folge einfach dem QR-Link neben dem jeweiligen Buch.

13.1 UNSERE KOMPLETTE MEDAT BUCHREIHE

MEDAT 2016 – DER LEITFADEN – Tipps, Tricks und Lösungsstrategien für den Medizinaufnahmetest MedAT in Österreich

- Lösungsstrategien zu allen Untertests werden anhand anschaulicher Beispiele und Musteraufgaben erklärt
- Zahlreiche Übungsaufgaben zu allen Untertests
- Allgemeine Bearbeitungstipps und ein detaillierter Lernplan für den MedAT
- Alle Infos rund um den MedAT inkl. Erfahrungsberichten von Teilnehmern

TEXTVERSTÄNDNIS IM MEDAT – DAS ÜBUNGSBUCH

- 45 Medizinische Übungstexte zu MedAT relevanten Themen
- Lösungsstrategien, Tipps und Tricks zur effizienten Bearbeitung
- Die Themen sind an die Ansprüche des MedAT 2016 angepasst

KOGNITIVE FÄHIGKEITEN UND FERTIGKEITEN - DAS ÜBUNGSBUCH

- Zehn komplette Aufgabenblöcke zu den Kognitiven Fähigkeiten und Fertigkeiten
- Zu allen 1.150 Aufgaben sind Musterlösungen angegeben
- Alle Aufgaben sind top-aktuell und an den MedAT 2016 angepasst

MEDAT 2016 - DIE KOMPLETTE SIMULATION

- Eine komplette Simulation des MedAT 2016
- Alle Aufgaben wurden an die Ansprüche des MedAT 2016 angepasst
- Alle Aufgaben wurden von über 200 Teilnehmer getestet

MEDAT-Z - DER LEITFADEN - MANUELLE FÄHIGKEITEN IM MEDAT-Z

- Zahlreiche, erprobte Übungsaufgaben für ein ausgiebiges Training
- Tipps für eine effizientere und schnellere Bearbeitung
- Ein Set mit 30 Drähten, die den Drähten im MedAT-Z entsprechen

13.2 UNSERE MEDAT VORBEREITUNGSSEMINARE

Seit 2007 bieten wir studentische Vorbereitungskurse zu fairen Preisen für den EMS, TMS und den MedAT an. In unseren Seminaren stellen wir effiziente Bearbeitungsstrategien zu den einzelnen Untertests vor und trainieren diese mit den Teilnehmern anhand von Beispielaufgaben ein. Mehr Informationen zu unseren Kursen findest Du auf unserer Homepage **www.medgurus.de**.

DER MEDAT CRASHKURS

In zwei Tagen erfährst Du alles über den MedAT. Jedes Jahr aktualisieren und verbessern wir den Inhalt anhand der Rückmeldungen der TestteilnehmerInnen. Jeder Tipp, jede Strategie und jede Empfehlung ist im Test erprobt und von den Schülern als sehr hilfreich eingestuft worden. In unserem MedAT Crash Kurs stellen wir Dir den MedAT vor, erklären Dir die Lösungsstrategien zu allen Untertests der Kognitiven Fähigkeiten, des Sozialen Entscheidens, geben dir praktische Tipps für die Bearbeitung des Untertests Textverständnis und bringen Dir die wichtigsten Lerntechniken zur Bewältigung des geprüften Lernstoffes im BMS bei.

DER MEDAT CRASH DELUXE KURS

Es werden die gleichen Kursinhalte wie beim Crashkurs vermittelt. Zudem wird während dieses 3-tägigen Kurses eine komplette MedAT-Simulation abgehalten.

DER MEDAT KOMPLETTKURS

Unser Rundum-sorglos-Paket! Dieser fünftägige MedAT Komplettkurs stattet Dich mit allem aus, was Du für die Aufnahmeprüfung MedAT in Österreich brauchst. In den fünf Tagen behandeln wir alle wichtigen Themen und studieren die vorgestellten Lösungsstrategien gemeinsam ein.

13.3 UNSERE KOMPLETTE TMS UND EMS BUCHREIHE

Unsere TMS Buchreihe wird jährlich aktualisiert und umfasst folgende Bücher:

- TMS & EMS - Der Leitfaden
- TMS & EMS - Der Mathe Leitfaden
- Konzentriertes und sorgfältiges Arbeiten im TMS & EMS - Das Übungsbuch
- Textverständnis im TMS & EMS- Das Übungsbuch
- Muster zuordnen im TMS & EMS - Das Übungsbuch
- Figuren und Fakten lernen im TMS & EMS - Das Übungsbuch
- Schlauchfiguren im TMS & EMS - Das Übungsbuch
- Diagramme und Tabellen im TMS & EMS - Das Übungsbuch
- Medizinisch-naturwissenschaftliches Grundverständnis - Das Übungsbuch
- Die TMS Simulation - Eine komplette Simulation des TMS

14 LITERATURVERZEICHNIS

Hofmann, E./Löhle, M. (2012). *Erfolgreich Lernen*. Göttingen: Hogrefe Verlag

Faller, A. (2012). *Der Körper des Meschen*. Stuttgart: Thieme Verlag

Lüllmann-Rauch, R. (2015). *Taschenlehrbuch Histologie*. Stuttgart: Thieme Verlag